AF002746

Kohlhammer

Soziale Arbeit in der Gesellschaft

Die Reihe »Soziale Arbeit in der Gesellschaft« macht es sich zur Aufgabe, die gesellschaftlichen Themen aufzubereiten, die eine besondere Bedeutung für die Soziale Arbeit haben – vom Recht auf Unterstützung über Teilhabe bis hin zu sozialen Problemlagen wie Armut. Die einzelnen Bände liefern das Grund- und Orientierungswissen, das Studierende und Sozialarbeiter:innen benötigen, um eine professionelle Haltung zu entwickeln und ihren Adressat:innen auf Augenhöhe zu begegnen.

Eine Übersicht aller lieferbaren und im Buchhandel angekündigten Bände der Reihe finden Sie unter:

https://shop.kohlhammer.de/soziale-arbeit-in-der-gesellschaft.html

Die Autoren

Dr. Oliver Bertsche, Diplom-Pädagoge, ist seit 2016 Professor für Erziehungswissenschaft, Kinder- und Jugendhilfe und Sozialraumorientierung an der Technischen Hochschule Würzburg-Schweinfurt (THWS). Er lehrt in den Studiengängen der Sozialen Arbeit und leitet das Vertiefungsmodul Schulsozialarbeit. Seine Arbeitsschwerpunkte liegen in den Bereichen Digitalisierung, Professionalisierung und Praxistransfer.

Dr. Frank Como-Zipfel, Sozialarbeiter, Politikwissenschaftler und Kinder- & Jugendlichenpsychotherapeut, ist seit 2010 Professor für Sozialpädagogische Methoden an der Technischen Hochschule Würzburg-Schweinfurt. Er lehrt im Studiengang Soziale Arbeit und leitet dort das Vertiefungsmodul Soziale Arbeit mit psychisch kranken und suchtkranken Menschen. Seine Arbeitsschwerpunkte sind Methodenlehre, Professionsethik und Digitalisierung.

Oliver Bertsche
Frank Como-Zipfel

Digitalisierung

Herausforderungen und
Handlungsansätze für die Soziale Arbeit

Verlag W. Kohlhammer

Dieses Werk einschließlich aller seiner Teile ist urheberrechtlich geschützt. Jede Verwendung außerhalb der engen Grenzen des Urheberrechts ist ohne Zustimmung des Verlags unzulässig und strafbar. Das gilt insbesondere für Vervielfältigungen, Übersetzungen, Mikroverfilmungen und für die Einspeicherung und Verarbeitung in elektronischen Systemen.

Die Wiedergabe von Warenbezeichnungen, Handelsnamen und sonstigen Kennzeichen in diesem Buch berechtigt nicht zu der Annahme, dass diese von jedermann frei benutzt werden dürfen. Vielmehr kann es sich auch dann um eingetragene Warenzeichen oder sonstige geschützte Kennzeichen handeln, wenn sie nicht eigens als solche gekennzeichnet sind.

Es konnten nicht alle Rechtsinhaber von Abbildungen ermittelt werden. Sollte dem Verlag gegenüber der Nachweis der Rechtsinhaberschaft geführt werden, wird das branchenübliche Honorar nachträglich gezahlt.

Dieses Werk enthält Hinweise/Links zu externen Websites Dritter, auf deren Inhalt der Verlag keinen Einfluss hat und die der Haftung der jeweiligen Seitenanbieter oder -betreiber unterliegen. Zum Zeitpunkt der Verlinkung wurden die externen Websites auf mögliche Rechtsverstöße überprüft und dabei keine Rechtsverletzung festgestellt. Ohne konkrete Hinweise auf eine solche Rechtsverletzung ist eine permanente inhaltliche Kontrolle der verlinkten Seiten nicht zumutbar. Sollten jedoch Rechtsverletzungen bekannt werden, werden die betroffenen externen Links soweit möglich unverzüglich entfernt.

1. Auflage 2023

Alle Rechte vorbehalten
© W. Kohlhammer GmbH, Stuttgart
Gesamtherstellung: W. Kohlhammer GmbH, Stuttgart

Print:
ISBN 978-3-17-040464-9

E-Book-Formate:
pdf: ISBN 978-3-17-040464-9
epub: ISBN 978-3-17-040464-9

Zur Reihe »Soziale Arbeit in der Gesellschaft«

Unsere Gesellschaft wird immer mehr von inneren Spannungen geprägt: Armut, eingeschränkte Teilhabe, soziale Ungleichheit oder auch Rassismus und Gewalt sind nur einige Themen, die immer wieder hitzig diskutiert werden. In diesem Debattenklima ist es schwierig, zu einer faktenbasierten Bewertung dieser Problemlagen zu kommen, die einer sorgfältigen und nachprüfbaren theoretischen Begründung nicht entbehren. Gerade Sozialarbeiter*innen sind auf solche wissenschaftliche Analysen angewiesen – schließlich sind sie es, die täglich in ihrer Arbeitspraxis mit diesen Problemen und Debatten konfrontiert werden.

Solche Analysen bietet die Reihe »Soziale Arbeit in der Gesellschaft«. In klarer, verständlicher Sprache beantworten die einzelnen Bände für die Soziale Arbeit grundlegende Fragen: Welche Bedeutung haben die Problemlagen für die Gesellschaft und welche Herausforderungen sind damit für die Soziale Arbeit verbunden? In welchen Arbeitsfeldern der Sozialen Arbeit spielen sie eine Rolle? Welche Kompetenzen benötigen Sozialarbeiter*innen und wie können sie diese entwickeln? Und: Wie kann die Soziale Arbeit unterstützen, welche gesellschaftlichen Ziele verfolgt sie dabei und welche Handlungsansätze haben sich dafür bewährt oder müssen noch erarbeitet werden?

Die einzelnen Bände basieren auf einem breiten sozialwissenschaftlichen Fundament. Sie wollen dazu beitragen, Studierende und Fachkräfte der Sozialen Arbeit zu einer kritischen Auseinandersetzung mit einschlägigen Handlungsfeldern und Arbeitsansätzen einschließlich ihrer professionellen Haltung anzuregen.

Vorwort

Der durch den Beginn der Corona-Pandemie im Frühjahr 2020 ausgelöste gesundheitspolitische und gesamtgesellschaftliche Krisenmodus rückten diverse kommunikative und technologische Schwachstellen der staatlichen Administration in den Fokus der öffentlichen Wahrnehmung. Während zwischen den regionalen Gesundheitsämtern die aktuelle Datenlage über Infektionszahlen und Kontaktnachverfolgungen noch mit Hilfe von Fax-Geräten versandt wurde, entbrannten kontroverse öffentliche Debatten um Infektionsschutz und Datenschutz, um Tracking-Apps und kollektives Bewegungsmonitoring, um Homeoffice und Videokonferenzen, um Schulschließungen und Distanzunterricht, um digitale Impfpässe und Impfregister. Rasch wurde deutlich, dass die Digitalisierung des öffentlichen, beruflichen und privaten Lebens nicht nur eine Schlüsselrolle bei der konstruktiven Bewältigung der Krise spielen, sondern durch die Pandemie selbst eine nicht unwesentliche Beschleunigung und Transformation erfahren würde (Capgemini Research 2021).

Dieser plötzliche und unvorhergesehene Bedeutungszuwachs des Digitalen und der damit einhergehende rapide technologische Wandel wären ohne den äußeren Anlass der Krise sowie der auf soziale Distanzierung und Kontrolle ausgerichteten öffentlichen Maßnahmen zur Pandemiebekämpfung in dem nun eingeschlagenen Tempo kaum denkbar gewesen. Die damit einhergehenden Erschütterungen machen jedoch auch deutlich, was mit Blick auf die öffentliche Verwaltung in den Jahrzehnten zuvor teils sträflich vernachlässigt wurde. In nahezu allen Bereichen der Administration, des Schul- und Bildungswesens sowie in Teilen der Privatwirtschaft wurden mitunter eklatante Defizite im Bereich der digitalen Infrastruktur und barrierefreien Kommunikation augenfällig, zumal sich die Nutzung digitaler Medien bereits seit vielen Jahren als kommunikatives Standardprotokoll des gesellschaftlichen Alltags etabliert hat. Diese Entwicklung setzte bereits in den frühen 1980er Jahren mit der flächendeckenden Verbreitung des Computers im Privatleben und in der Arbeitswelt ein. Mit der Geburt des Internets durch die Freigabe des World Wide Web-Standardbrowsers *libwww* am 30. April 1993 erreichte diese Entwicklung einen weiteren Gipfelpunkt. Seit der Einführung von internetfähigen Mobilgeräten (Tablet-Computer, Smartphones u. a.) im Laufe der 2000er Jahre sind vor allem viele jüngere Nutzer*innen nun den ganzen Tag über online aktiv und erreichbar. Es bedarf keiner großen Anstrengung um zu erkennen, dass der digitale Wandel fortan eine Schlüsselfunktion in den verschiedensten gesellschaftlichen Bereichen einnehmen wird: in der Kommunikation, der Produktion, dem privatwirtschaftlichen Dienstleistungssektor, der öffentlichen Administration, der infrastrukturellen Planung, der Bildung, der Wissenschaft und dem Militär. So formulierte z. B. der Bundesverband Informationswirtschaft, Telekommunikation und neue Medien e. V. (Bitkom) im September 2020 zehn Thesen zur Sicherstellung der öffentlichen Handlungsfähigkeit angesichts des digitalen Wandels, in der die offenkundigen Schwachstellen und Barrieren benannt und konkrete Strategien zu deren Lösung formuliert werden. In deren Mittelpunkt stehen die konzertierte Modernisierung der Verwaltung, die Ermöglichung digitaler Demokratie sowie die Mobilisierung der Smart Country Deutschland (Bitkom 2020).

Die dynamischen Entwicklungen im Bereich der Digitalisierung haben auch vor der Sozialen Arbeit nicht haltgemacht. Ihre Handlungsfelder sind schon seit vielen Jahren keine technologiefreien Sphären mehr und der Einsatz digitaler Medien dort längst gängige Praxis. Entsprechend der gesamtgesellschaftlichen Perspektiven wird die Digitalisierung in den kommenden Jahren und Jahrzehnten jedoch eine noch umfassendere Bedeutung in der Sozialen Arbeit gewinnen – trotz einer verbreiteten berufspolitischen und professionsethischen Skepsis. In ihrer Theorie und Praxis fördert die Soziale Arbeit »gesellschaftliche Veränderungen, soziale Entwicklungen und den sozialen Zusammenhalt« (Deutscher Berufsverband für Soziale Arbeit 2016) während ihre zentrale Funktion »die Bearbeitung von gesellschaftlich und professionell als relevant angesehener Problemlagen« (Klüsche 1999, S. 17) ist. Das disziplinäre Selbstverständnis Sozialer Arbeit versteht sich daher, unter ausdrücklicher Berücksichtigung der Vielgestaltigkeit möglicher Zielgruppen und Handlungsformen, als »sozial gebündelte, reflexive wie tätige Antwort auf bestimmte Realitäten, die als sozial und kulturell problematisch bewertet werden« (Staub-Bernasconi 1991, S. 3). Insofern die Digitalisierung und die mit ihr einhergehenden sozialen Wandlungsprozesse als eine der drängenden gesellschaftlichen Herausforderungen der Gegenwart identifiziert sind, ist auch die Soziale Arbeit als Moderatorin sozialer Veränderungen in ihrem diesbezüglichen Handlungsauftrag ausdrücklich adressiert.

Die wachsende Bedeutung und Rezeption der Digitalisierung innerhalb der Sozialen Arbeit zeigt sich zudem in der Institutionalisierung dieses Themas. So wurde im Oktober 2020 die Fachgruppe »Soziale Arbeit und Digitalisierung« innerhalb der *Deutschen Gesellschaft für Soziale Arbeit* (DGSA) gegründet (Deutsche Gesellschaft für Soziale Arbeit 2020); daneben wurde 2021 in der *Österreichischen Gesellschaft für Soziale Arbeit* (OGSA) die Arbeitsgemeinschaft »Digitalisierung und Soziale Arbeit« neu organisiert (Österreichischen Gesellschaft für Soziale Arbeit 2021). Darüber hinaus widmete sich Europas größter Fachkongress der Kinder- und Jugendhilfe, der im Jahr 2021 online durchgeführte 17. Deutsche Kinder- und Jugendhilfetag (DJHT), umfassend der Bedeutung des digitalen Wandels. In seinem mehr als fünfzigjährigen Bestehen spiegeln die inhaltlichen Schwerpunktsetzungen des DJHT traditionell die wichtigsten brancheninternen Entwicklungen. Insofern verwundert es nicht, dass sich die Digitalisierung und der durch sie bewirkte Wandel auch als eines der innovativsten Themen der gegenwärtigen Jugendhilfe präsentierte: von »Kita digital« über »digitale Beteiligungschancen für Kinder und Jugendliche« und »Digividualpädagogik« bis zu »Künstlicher Intelligenz, Roboter und Virtual Reality« spannte sich ein vielseitig facettierter Themenbogen rund um das Thema Digitalisierung und die durch sie angestoßenen Transformationsprozesse im quantitativ größten Handlungsfeld der Sozialen Arbeit. Ein Großteil des im Jahr 2020 in kürzester Zeit vollzogenen Digitalisierungsschubs, insbesondere in sozialen und pädagogischen Berufsfeldern, war aus der Not geboren. Dies konfrontierte die dortigen Fachkräfte weitgehend unvermittelt mit Fragen der digitalen Infrastruktur und deren Finanzierung, des Schutzes von personenbezogenen Daten, den Aspekten der professionellen Handlungsfreiheit, der ethischen Rahmung des Einsatzes digitaler Technologien und nicht zuletzt mit der Qualifizierung und Kompetenzvermittlung für eine postdigitale »Kinder- und Jugendhilfe 4.0«, wie es eine der Leitveranstaltung der Arbeitsgemeinschaft für Kinder- und Jugendhilfe (AGJ) im Rahmen des dreitägigen Fachkongresses zur Diskussion stellte.

Da es offenen, modernen Gesellschaften oft schwerfällt, Herausforderungen und Krisen auch nur zu benennen, die richtigen Fragen zu stellen und geeignete Konsequenzen zu ziehen, lassen sich auch die durch die Digitalisierung angestoßenen Transformationen und Perturbationen als Dreh- und Angelpunkt einer gesamtgesellschaftlichen Orientierungskrise deuten. Die Corona-Krise erweist sich dabei als Katalysator der Digitalisierung und des durch sie ausgelösten Krisenmodus in allen gesellschaftlichen Funktionssystemen. Sie fordert auch von den in der Sozialen Arbeit tätigen Fachkräften die beständige Bereitschaft zu Flexibilität, Offenheit und Alterität, insbesondere mit Blick auf den durch den digitalen Wandel angestoßenen breitenwirksamen Ausbau im Bereich der Mensch-Technik-Interaktion, etwa im Rahmen des Einsatzes von digitalen Technologien wie z. B. digitaler Administration, Assistenzsystemen, Online-Beratung, Chatbots, Künstlicher Intelligenz (KI) und automatisierter Prognostik, digitaler Öffentlichkeitsarbeit sowie virtueller Realität.

Der sich abzeichnende Digitalisierungsschub in den Berufsfeldern der Sozialen Arbeit formuliert damit offene Fragen im Kontext der fachlichen Qualifizierung, der praxisbezogenen Aus- und Weiterbildung sowie der berufsethischen Sensibilisierung und Positionierung von Fachkräften in allen Handlungsfeldern und Funktionsbereichen der Sozialen Arbeit. Von der unmittelbaren Face-to-Face-Arbeit mit Klient*innen über die Organisation von sozialen Dienstleistungen und die Leitung von sozialen Institutionen bis hin zur sozialarbeitswissenschaftlichen Forschung muss stets der Blick auf die Konsequenzen des digitalen Wandels für die Fachlichkeit von Sozialarbeitenden und auf den Auftrag der Sozialen Arbeit geworfen werden. Der sich durch die Digitalisierung erweiternde Kompetenzrahmen für alle Fachkräfte wird seinerseits nicht nur eine neue professionelle Selbstvergewisserung, sondern in der Praxis auch eine sozialpädagogische Neujustierung des Verhältnisses von Mensch und Welt zur Folge haben. Dieses Verhältnis stellt sich im Kontext der Digitalität nämlich nicht mehr als objektiv gegebener und statisch definierbarer Erkenntnis- und Handlungsgegenstand dar, sondern wird sich zusehends pluralisieren, dynamisieren und flexibilisieren. Dieser Prozess mag zunächst als Irritation oder Disruption wahrgenommen werden, da er »Unbestimmtheitsfelder schafft« (Jörissen & Marotzki 2009, S. 20) und zwangsläufig auch traditionelle Steuerungslogiken und vermeintliche Wirkungsgarantien enttäuscht. Er ist aber auch in der Lage, ein Strukturmerkmal von Bildung freizulegen, das die hier grundgelegten Potenziale ausdrücklich anerkennt und vom »Spiel mit den Unbestimmtheiten [lebt]« (ebd., S. 21): die unlösbare Einheit von Freiheit und Verantwortung.

Das vorliegende Buch versucht sich dem Thema Digitalisierung aus zwei Blickwinkeln zu nähern. Der erste Teil widmet sich in fachlich integrativer Hinsicht einer Annäherung an das vielschichtige und schwer greifbare Phänomen der Digitalisierung sowie seiner gesellschaftlichen Folgen (▶ Kap. 1). Die so gewonnene Perspektive soll dann im zweiten Schritt anhand ausgewählter soziologischer Perspektiven theoretisch und konzeptionell vertieft werden (▶ Kap. 2). Im zweiten Teil werden ausgewählte praxisbezogene Perspektiven der Sozialen Arbeit behandelt (▶ Kap. 3, ▶ Kap.4, ▶ Kap. 5). Aufgrund der enormen Dynamiken, die den technologischen Prozessen und den gesellschaftlichen Folgen der Digitalisierung innewohnen und sich vor allem durch permanente Veränderungen, Erweiterungen, Modifikationen, Anpassungen und Revolutionen in hoher Geschwindigkeit zeigen, erheben wir natürlich nicht den Anspruch auf Vollständigkeit oder gar Abschließbarkeit. Auch wenn sich unser Buch seiner Vorläufigkeit bewusst ist, hat es jedoch den Anspruch, den interessierten Leser*innen eine fundierte Momentaufnahme sowie einen vertieften Lagebericht zu präsentieren und somit vielfältige Impulse für weitere fachliche Debatten, berufspolitische Diskussionen und professionsethische Reflexionen zu liefern.

Ein besonderer Dank gilt unseren beiden Kollegen von der Hochschule Würzburg-Schweinfurt, Herrn Dipl.-Sozpäd. Thomas Peters (Fakultät Angewandte Sozialwissenschaften) sowie Herrn Maximilian Kraus M. Sc. (Institut für Sozioinformatik) für ihre Durchsicht des Manuskripts und ihre fachkundigen Hinweise, Anregungen und Ratschläge.

Prof. Dr. Oliver Bertsche & Prof. Dr. Frank Como-Zipfel

Inhalt

Zur Reihe »Soziale Arbeit in der Gesellschaft« 5

Vorwort 7

1 Digitalisierung – Annäherungen an ein komplexes Phänomen, oder: Zur Interdependenz von Technik und Gesellschaft 17
   1.1 Digitalisierung und soziale Praxis – Zeitdiagnosen der soziotechnischen Entwicklung 19
   1.2 Digitalisierung als Technologie, oder: Zur Ambivalenz des Fortschritts 26
   1.3 Digitalisierung und politische Regulierung, oder: Zur sozialen Integration der Digitalisierung in Politik, Medizin und Kultur 35
   1.4 Digitalisierung in Arbeitswelt und Wissenschaft, oder: Über die Macht der Plattformen, den Aufstieg der Roboter und das Ende der Theorie.... 52

2 Ausgewählte Digitalisierungsdiskurse 66
   2.1 Armin Nassehi: Muster – Theorie der digitalen Gesellschaft 67
      2.1.1 Funktion 68
      2.1.2 Struktur, Form und Medium 74
      2.1.3 Technik 82
      2.1.4 Erhitzung 88

	2.2	Christoph Kucklick: Granularisierung – Die drei digitalen Revolutionen	90
		2.2.1 Die Differenzrevolution	91
		2.2.2 Die Intelligenzrevolution	94
		2.2.3 Die Kontrollrevolution	96
	2.3	Andreas Reckwitz: Digitalisierung als Singularisierung	101

3 Die Folgen der Digitalisierung für die Soziale Arbeit   **114**
   3.1 Digitalisierung und Exklusion 115
   3.2 Digitalisierung und Professionsethik 117
   3.3 Digitalisierung und Medienkonservatismus 125

4 Klientelbezogene Digitalisierungsrisiken **130**
   4.1 Die Digitale Kluft als Exklusionsrisiko 130
     4.1.1 Digitale Kluft und vulnerable Gruppen 132
     4.1.2 Digitale Kluft und Arbeitswelt 135
   4.2 Die exzessive Mediennutzung als Exklusionsrisiko .. 138
     4.2.1 Mediennutzung zwischen Alltagspraxis und Pathologisierung 142
     4.2.2 Empirische Befunde 145
     4.2.3 Hilfsangebote: Infrastruktur und Expertise .. 150

5 Die Digitalisierung in der Berufspraxis der Sozialen Arbeit **154**
   5.1 Digitale Kommunikation mit Klient*innen 157
     5.1.1 Chatbots und Serious Games 159
     5.1.2 Beratung und digitale Medien 163
     5.1.3 Digitale Öffentlichkeitsarbeit sozialer Organisationen 170
   5.2 Algorithmen und Prognosen 175
     5.2.1 Grundbegriffe 175
     5.2.2 Anwendungsgebiete in der Praxis 178
   5.3 Berufspolitische Perspektiven 187

Zwischenruf anstelle eines Schlussworts **192**

Literatur **196**

1 Digitalisierung – Annäherungen an ein komplexes Phänomen, oder: Zur Interdependenz von Technik und Gesellschaft

Der Begriff Digitalisierung und die damit assoziierten Phänomene prägen ganz ohne Zweifel die gesellschaftlichen Gegenwartsdiskurse. Die weitreichenden Maßnahmen zur Eindämmung der Covid-19-Pandemie ab dem Frühjahr 2020, vordringlich die Einschränkung unmittelbarer zwischenmenschlicher Kontakte, die Begrenzung der physischen Bewegungsfreiheit, Distanzbeschulung und Homeoffice-Regelungen, haben auch dem*der letzten Skeptiker*in unmissverständlich klargemacht: Die Digitalisierung ist zu einer sozialen Realität geworden, und es ist an uns, die Formen und Normen ihrer praktischen Gestaltung zu definieren. Allein es fehlt an Konsens darüber, was unter Digitalisierung zu verstehen ist und wodurch sie sich auszeichnet. So kommt es denn auch, dass Vertreter*innen aus den unterschiedlichen gesellschaftlichen Subsystemen, der Politik, der Arbeitswelt, der Wirtschaft, dem Kultur-, Bildungs- und Gesundheitssystem etc. zwar allesamt von der Digitalisierung als einer technisch-rationalen Realität, einer individuellen, sozialen und beruflichen Herausforderung oder als einem Leitparadigma moderner Gesellschaften sprechen, damit aber alles Mögliche assoziieren und der Begriff deshalb Gefahr läuft, sich zu einer beliebig instrumentalisierbaren Worthülse zu verformen. Allerdings, so muss man selbstkritisch einräumen, stellt uns die Vielgestaltigkeit der mit der Digitalisierung assoziierbaren Phänomene und Manifestationen, von der Computerisierung und Mediatisierung über die Technologisierung und Vernetzung bis hin zur Algorithmisierung und Robotik, definitorisch vor eine kaum lösbare Aufgabe. So muss denn auch der Versuch, eine tragfähige Definition dieses »schillernden Phänomens« (Block u. a. 2022, S. 9) zu fassen, die alle diese Aspekte abzubilden und zu integrieren vermag, entweder bereits im Ansatz scheitern oder sich, den eigenen Anspruch gleichsam limitierend, auf ausdrücklich simplifizierende Aussagen beschränken.

Vor diesem Hintergrund schlägt etwa der Kognitionspsychologe Christian Stöcker vor, als Digitalisierung den technisch-operativen Basisprozess zu bezeichnen, der es erlaubt »Daten in ein Format zu überführen, mit dem Computer umgehen können. Dieses Format ist: »Strom an, Strom aus«« (Stöcker 2020, S. 99). Stöckers Definition verweist auf einen wesentlichen, letztlich irreduziblen Aspekt der Digitalisierung: ihre Technizität. Unterdessen lässt sie aber einen anderen nicht unwesentlichen Gesichtspunkt der Digitalisierung unberücksichtigt: ihre soziale Bedeutung. So kreist denn auch ein Großteil der öffentlich geführten Digitalisierungsdiskurse weniger um den Aspekt ihrer Technizität als um die gesellschaftspolitische Relevanz der Digitalisierung, insbesondere aber ihre sozialen und individuellen Wirkungen und damit einhergehenden Perturbationen, vor allem mit Blick auf die durch sie bewirkten oder beförderten Transformationen in nahezu allen Bereichen des öffentlichen Lebens: der Kommunikations- und Diskurskultur, im Bereich der Medien und des Journalismus, der Kultur, Bildung und Wissenschaft, auf der Ebene der Politik und des Regierungshandelns, der Infrastruktur und Umwelt, der Arbeitswelt und Verwaltung, des Gesundheitswesens und nicht zuletzt im Bereich der öffentlichen Sicherheit und Verteidigung. Anders formuliert: Die Digitalisierung »beeinflusst, wie wir lernen, arbeiten, kommunizieren, konsumieren und unsere Freizeit gestalten, kurz gesagt: wie wir im Alltag leben und wirken« (Müller-Brehm, Otto & Puntschuh 2020a, S. 4). Dieses vielschichtige Transformationspotenzial findet seine Entsprechung in einem polarisierten fachwissenschaftlichen und öffentlichen Diskurs, der zwischen überschwänglichen technikoptimistischen Utopien (z. B. Kurzweil 2013; Schmidt & Cohen 2013; Pentland 2014) und sich in Auflösungsnarrativen ergehenden Dystopien (z. B. Bostrom 2016; Han 2013, 2021; Spitzer 2012, 2020) oszilliert.

Annäherung an den Begriff »Digitalisierung«

Fest steht, dass die Digitalisierung im Sinne des technischen Fortschritts nicht selbstreferentiell und isoliert für sich selbst steht, sondern in vielfältige soziale Prozesse eingebunden und mit diesen verknüpft ist. Ihre funktionalen Prämissen, Botschaften und Gesetzmäßigkeiten sowie ihre übergreifenden sozioökonomischen Verflechtungen sind jedoch nicht immer und in jedem Fall unmittelbar einsehbar und müssen erst im Rahmen eines synthetisierenden sozial-, gesellschafts- und kommunikationswissenschaftlichen Diskurses identifiziert und anschließend auf einer politischen Ebene legitimiert werden.

Bereits dieser erste Versuch einer definitorischen Annäherung an den Begriff der Digitalisierung macht deutlich, dass wir es mit einem vielschichtigen und komplexen Diskurs zu tun haben, der sich aus miteinander verknüpften und in Interaktion stehenden Ebenen zusammensetzt: Mit einem hoch dynamischen technologischen Basisprozess korrespondiert ein vielgestaltiger gesellschaftlicher Aushandlungsprozess, der Grundfragen sowohl der individuellen Lebensführung als auch des gesellschaftlichen Zusammenlebens aufwirft und seinerseits Verfahren der ethischen, politischen und rechtlichen Regulierung provoziert, mit anderen Worten: Der Begriff Digitalisierung verweist auf eine komplexe und folgenreiche »soziotechnische Konstellation« (Block u.a. 2022, S. 7), die auf den unterschiedlichsten gesellschaftlichen Ebenen in vielgestaltiger Weise tiefgreifende soziale Veränderungen bewirkt.

1.1 Digitalisierung und soziale Praxis – Zeitdiagnosen der soziotechnischen Entwicklung

Dass sich die Digitalisierung ohne soziale Bezüge nicht adäquat erfassen lässt, ist nur vordergründig betrachtet eine triviale Erkenntnis, denn erst unter einer dezidiert gesellschaftstheoretischen bzw. kulturgeschichtlichen Perspektive lässt sich die wahre Gestalt der Digitalisierung erfassen: eine hoch komplexe, synthetisierende Form, in der das Technologische und Soziale wechselseitig aufeinander verweisen. So gesehen gerät die Digitalisierung etwa in der von Andreas Reckwitz vorgeschlagenen Modellierung einer »Gesellschaft der Singularitäten« (Reckwitz 2017) zum Motor eines umfassenden Strukturwandels in der spätmodernen Gesellschaft, in der das Besondere, sowohl auf einer subjektiv-individuellen als auch auf einer objektiven Ebene, zu quasi paradigmatischer Form gerinnt.

In Armin Nassehis Theorie der digitalen Gesellschaft erweist sich das Digitale insofern als »einer der entscheidenden Selbstbezüge der Gesellschaft« (Nassehi 2019a, S. 29), als sich die Musterhaftigkeit und Komplexität der Gesellschaft, »die komplexe Regelmäßigkeit des Sozialen« (ebd., S. 56), selbst als Bezugsproblem der Digitalisierung erweist. Und dieses, so muss ergänzt werden, steht in keinem ursächlichen Zusammenhang mit dem Siegeszug moderner Digitaltechnik, sondern erreicht durch diesen vielmehr einen Punkt, an dem sich die tief im komplexen Gefüge moderner Gesellschaften angelegten funktionalen Struktur- und Ordnungsmuster in ihrer Digitalität entbergen.

Aus einer nicht unähnlichen Perspektive argumentiert die Philosophin Sybille Krämer, indem sie auf ein prozessuales Verständnis der Digitalisierung rekurriert, »das auf der Zerlegung eines Kontinuums beruht, die Codierbarkeit dieser Elemente einschließt und auf deren (Re-)Kombinierbarkeit zielt« (Krämer 2022, S. 10). Auf diese Weise gelingt es ihrem Argumentationsgang, das Digitale vom Computer zu lösen und unter Bezugnahme auf die Arbeiten von Gottfried W. Leibniz (1646–1716), Ada Lovelace (1815–1852) und Josephine Miles (1911–1985) »Keimformen des Digitalen« bereits in der alphanumerischen Schrift- und Buchkultur auszumachen.

Auch für den Kultur- und Medienwissenschaftler Felix Stalder steht fest, dass der gegenwärtig beobachtbare gesellschaftliche Transformationsprozess nicht in einem ursächlichen Zusammenhang mit technologischen Neuerungen wie der Verbreitung von Computern und dem Internet steht. Vielmehr beschreibt er in seinem Buch »Die Kultur der Digitalität« (2016) anschaulich, wie sich Mechanismen und Strukturen des Digitalen teilweise bis ins 19. Jahrhundert zurückverfolgen lassen und ihren Ursprung vor allem in Prozessen einer sich fortschreibenden gesellschaftlichen Pluralisierung finden. Hierzu zählt er neben Verschiebungen im Bereich der Arbeitswelt, insbesondere der schrittweisen Etablierung einer Wissensökonomie, auch Emanzipationsbestrebungen sozial marginalisierter Gruppen sowie einen generellen Kulturalisierungsschub. Da die sozial etablierten und tradierten Strukturen und Deutungsmuster diesen Entwicklungen vielfach nicht gewachsen sind, entwickeln Gesellschaften immer neue mediale Formen des kulturellen Ausdrucks, um den dynamischen Transformationen gewachsen zu sein. Folgerichtig identifiziert Stalder für den Gegenwartsdiskurs drei Formen der Digitalität: Referenzialität, Gemeinschaftlichkeit und Algorithmizität. Als bedeutsam gilt der Hinweis, dass die neuen Technologien »also auf bereits laufende gesellschaftliche Transformationsprozesse« (Stalder 2016, S. 21) treffen, für diese gleichsam eine kulturelle Infrastruktur schaffen und damit sukzessive ihren gesellschaftlichen Siegeszug befördern (ebd., S. 22). Dabei ist für Stalder Kultur wesenhaft Prozess und Dynamik, sie repräsentiert nicht nur eine wie auch immer geartete Deutungshoheit, sondern impliziert auch »Brüche, Differenzen, Diversität, Multiplizität und Aushandlungsprozesse, aus denen so etwas wie geteilte Bedeutung – also Kultur […] – hervorgeht« (ebd., S. 54).

Aus einen spezifisch techniksoziologischen Perspektive, die vor allem die sozialen Folgen der technologischeren Errungenschaften in den Blick nimmt, widmet sich der Soziologe Steffen Mau den miteinander verknüpften Phänomenen Digitalisierung und Ökonomisierung. In seiner luzid geführten Analyse zeichnet er das Bild eines umfassenden gesellschaftlichen Transformationsprozesses, den er auf »den Ausbau der Technologien und Infrastrukturen zur Vermessung der Gesellschaft« (Mau 2017, S. 40) zurückführt. Der darin wirksame operative Modus der Quantifizierung und das darauf fußende Datenregime bewirken dabei nahezu unweigerlich die Deformation der Gesellschaft zu einer »datengetriebenen Prüf-, Kontroll- und Bewertungsgesellschaft« (ebd., S. 46), in der alles und jeder dem »Modus des Kalkulativen« (ebd., S. 40) unterzogen werde. Dabei komme es »zur Ausprägung einer neuartigen und tief in unsere sozialen Verhältnisse eingreifenden ›quantitativen Mentalität‹ […], die Zahlen eine – fast auratisch zu nennende – Vorrangstellung beim Erkennen gesellschaftlicher Phänomene zuweist und […] zu einem Sog der Zahlenhaftigkeit führt« (ebd., S. 25). Gleichzeitig erlauben die technologischen Errungenschaften eine sukzessive Emanzipation von räumlich-territorialen und mobilitätsbezogenen Begrenzungen (Mau 2021, S. 19), die die Einrichtung neuer Formen informationeller und biometrischer Kontrolle, sogenannte »›Smart Borders‹ [...] zur Überwachung von und Kontrolle an Grenzen« (ebd., S. 99) nach sich ziehen. Hierzu zählt er u. a. den Einsatz von Drohnen, Radaranlagen und mobiler Kameras sowie akustischer Sensoren und Wärmebildsysteme (ebd., S. 100). Die vermeintliche Entgrenzung der Welt durch digitale Kommunikations- und Informationsströme müsse demnach als Illusion enttarnt werden. Digitale Technologien erlauben nicht nur gänzlich neue und präzisere Formen des Grenzmanagements, »der territorialen Schließung, Mobilitätssteuerung und Kontrolle« (ebd., S. 154), sie entkräften durch ihre spezifische Selektivität auch »das partizipatorische Versprechen einer Globalisierung für alle« (ebd., S. 155). Grenzen werden auf diese Weise zu »Sortiermaschinen« für erwünschte und unerwünschte Formen der Mobilität und mithin von individuellen Freiheitsrechten.

Für den Soziologen und Kulturwissenschaftler Dirk Baecker hingegen erweist sich die Digitalisierung gesellschafts- und kulturgeschichtlich als prägendes Element einer vierten Medienpoche, die auf diejenigen der Mündlichkeit, der Schriftlichkeit und des Buchdrucks folgt (Baecker 2018, S. 10). In dieser Betrachtungsweise definieren sich Gesellschaften über ihr vorherrschendes »Verbreitungsmedium der Kommunikation« (Baecker 2013, S. 159; 2018, S. 32), das seinerseits struktur- und kulturbildende Dynamiken entfaltet und einen spezifischen »Überschusssinn« begründet, dessen kommunikativer Spielraum das je gekannte Maß überschreitet und nach einer Phase teils vehementer Ablehnung im Rahmen einer konstruktiven Wendung soziale Anpassungs- und Aushandlungsprozesse herausfordert. Die sich im Licht eines digitalen Kontrollüberschusses entwickelnde »nächste Gesellschaft« bzw. Gesellschaft »4.0« wird sich, folgt man der Einschätzung Baeckers, in Form einer »Medienkatastrophe« (Baecker 2013, S. 158; 2018, S. 29) und »ganz buchstäblich, nämlich im mathematischen Sinne eines Wechsels des Reproduktionsmodus eines Systems« (Baecker 2018, S. 29), als hoch komplexe, organische »Netzwerkgesellschaft« (Castells 2017) formieren (Baecker 2018, S. 35 ff.). Die damit einhergehende expansive Erweiterung von Lebens- und Handlungsspielräumen dürfe jedoch nicht darüber hinwegtäuschen, dass Netzwerke über relationale, selektive und exklusive Strukturen verfügen, in die sich weder das inklusive Paradigma moderner, funktional differenzierter Gesellschaften integrieren noch die kulturelle Vorherrschaft menschlicher Vernunft behaupten lassen (Baecker 2019).

Aus einer medien- und kommunikationswissenschaftlichen Perspektive wiederum lässt sich die »Digitalisierung als aktuelle Ausprägung der Mediatisierung« (Beranek 2021, S. 9) beschreiben. Diese interdisziplinäre Forschungsperspektive priorisiert die soziale und kulturelle Einbettung der Mediatisierung und weniger ihre technischen Basisprozesse. Für Friedrich Krotz, Vordenker und prominenter Vertreter dieser Perspektive, erweist sich die Mediatisierung als einer der fundamentalen und überdauernden Metaprozesse des sozialen und kulturellen Wandels. Mediatisierung steht in einem wechselseitigen Bedingungsverhältnis mit der Ökonomisierung, Individualisierung und Globalisierung – »makrotheoretische[n] Konzepte[n], die den Wandel von Gesellschaft, Ökonomie und Politik als Ganzes in den Blick nehmen« (Krotz 2007, S. 30). Gesellschaften befinden sich demnach fortwährend in einem dynamischen Entwicklungs- und Wandlungsprozess. Das Konzept der Mediatisierung dient dabei als kommunikationswissenschaftlicher Bezugspunkt, als Blaupause für die Darstellung und Erforschung des sozialen und kulturellen Wandels. Es betont, dass Sozialität auf Kommunikation verweist und diese sich medial realisiert. Der Anlasscharakter des Technischen dürfe jedoch nicht darüber hinwegtäuschen, dass die kommunikativ handelnden Subjekte die eigentlichen Akteur*innen dieses Wandels sind und Medien nicht per se in dessen Zentrum stehen. Ihre Funktion erschließt sich vielmehr aus ihrer relationalen Einbettung in die metatheoretische Interdependenz von Mediatisierung, Individualisierung und Globalisierung und ihrem Motor, einer fortschreitenden Ökonomisierung des Sozialen, die Krotz als »die im Durchschnitt und in Normalsituationen mächtigste aller Handlungssteuerungen« (ebd., S. 29) identifiziert.

Digitalisierung als soziale Praxis

Diese kursorischen Akzentuierungen machen bereits deutlich, dass man der Digitalisierung begrifflich nur dann gerecht werden kann, wenn man parallel zu den technischen Aspekten auch ihre konstitutive Einbettung in die soziale Praxis berücksichtigt, insbesondere aber in die technisch vermittelten medialen und kommunikativen Praktiken. Für einen erkenntnisleitenden Zugang zum spätmodernen »Projekt der Digitalisierung« muss »die Variable Gesellschaft schärfer« (Baecker 2018, S. 9) fokussiert werden, als dies in den meisten Diskursen über Digitalisierung üblicherweise der Fall ist. Ihre Technizität fungiert dabei als »materielle Angebotsstruktur […], die einen Spielraum vielfältiger, aber nicht beliebiger Verwendungsweisen« (Reckwitz 2017, S. 225) bereitstellt. So gesehen liefert die Technik und ihre Weiterentwicklung den Nährboden für die Digitalisierung als soziale Praxis.

Medientheoretisch gewendet gilt die Erkenntnis, dass die Technik eine ihren Gebrauch implizierende Eigenlogik besitzt, die vom menschlichen Willen unabhängig ist. Der Gedanke »einer sich selbst antreibenden Technologie« (Simanowski 2020, S. 98), die ihre Dynamik aus kybernetischen Rückkopplungen auf sich selbst bezieht und damit ein Moment der Verselbständigung besitzt, ist kein neuer Gedanke. Er findet sich bereits in den Arbeiten von Martin Heidegger (1889–1976), Edmund Husserl (1859–1938) oder Friedrich Kittler (1943–2011). Heidegger hat in seinem 1953 veröffentlichten gleichlautenden Beitrag die Frage nach der Technik begrifflich dergestalt beantwortet, dass der Mensch durch das »Ge-stell« bestimmt ist. »Ge-stell«, so Heidegger, »heißt die Weise des Entbergens, die im Wesen der modernen Technik waltet und selber nichts Technisches ist« (Heidegger 2000, S. 21). Die damit zum Ausdruck gebrachte Eigengesetzlichkeit des Technischen verweist darauf, »dass dem Menschen gar nichts anderes übrig bleibt, als in die Verwertungskategorien des technischen Zeitalters hineingezogen zu werden« (Nassehi 2019a, S. 86). Er findet sich gleichsam in einen kybernetischen Regelkreis gestellt, in dem »der Mensch nicht die treibende Kraft [ist], sondern nur die betreibende; getrieben, das Verborgene zu entbergen, ganz gleich, ob es ihm wirklich nützt« (Simanowski 2020, S. 98). So gesehen sieht sich der Mensch mit einer Entwicklung konfrontiert, in der er sich von einem Schöpfer zu einem »Entbergungsgehilfen der Technik« (ebd., S. 106) entwickelt.

Dieser Zusammenhang gilt auch und insbesondere für das Medium der Digitalisierung, die Vernetzung kommunikativer Praktiken: Die »Botschaft des Mediums besteht unabhängig von der Botschaft seines Inhalts« (Simanowski 2021, S. 25). Es war Marshall McLuhans titelgebende These »Das Medium ist die Massage« (McLuhan & Fiore 2016), die in den 1960er Jahren einen Paradigmenwechsel in der modernen Medienforschung provozierte. Fortan wurden die eigenstrukturellen und strukturbildenden Bedingungen des Mediums selbst zu einem relevanten Gegenstand der wissenschaftlichen Betrachtung, was die Erkenntnis beförderte, dass Medien ungeachtet ihres Inhalts in spezifischer Weise die Wahrnehmung, das Denken und Verhalten von Individuen modellieren und gesellschaftliche Prozesse normieren. Aus einer dezidert medientheoretischen Betrachtungsweise prägt und formt das sozial dominierende Verbreitungsmedium und die mit ihm einhergehende Kommunikationspraxis die Struktur und Kultur der Gesellschaft in je spezifischer Weise. Man denke zum Beispiel an die sozial transformierende Kraft des Buchdrucks, seine Alphabetisierungswirkung und den damit einhergehenden Kritiküberschuss in der modernen Gesellschaft (Baecker 2018). Welche gesellschaftlichen Transformationen die datengetriebene Digitalisierung und die damit einhergehende zunehmende Komplexitätssteigerung bewirken werden, ist gegenwärtig Thema unzähliger Abhandlungen und Diskurse. Folgt man der Argumentation Baeckers, demzufolge Gesellschaften sich grundsätzlich in einem dynamischen Zustand des Ungleichgewichts der eigenen Reproduktion befinden, ist die spätmoderne Gesellschaft derzeit damit beschäftigt, den

> »Ungleichgewichtszustand der Reproduktion als Buchdruckgesellschaft aufzugeben und einen neuen Zustand zu finden, auf den sie nicht vorbereitet ist. Mitten in dieser Katastrophe […] entdeckt sich die Gesellschaft als ehemals moderne Gesellschaft. Sie entdeckt ihren modernen Ungleichgewichtszustand in dem Moment, in dem sie ihn verlässt« (ebd., S. 30 f.).

Die dem gesellschaftlichen Wandel zugrundeliegende Fortschrittsdynamik besitzt aber nicht nur ihre eigenen, das Denken und Handeln prägenden Prämissen, sie erweist sich, so Roberto Simanowski, auch als Tragödie einer Kultur, die den technisch erwirkten Sachordnungen und -zwängen wenig entgegenzusetzen hat und trotz des damit einhergehenden Gefährdungspotenzials und zunehmenden Kontrollverlusts (Umweltzerstörung, Klimakrise, Maschinenethik etc.) gar »nicht in der Lage ist, auf weitere technische Erfindungen zu verzichten« (Simanowski 2020, S. 50).

1.2 Digitalisierung als Technologie, oder: Zur Ambivalenz des Fortschritts

Die technischen Prozesse, die als Treiber der Digitalisierung fungieren, erweisen sich als ebenso vielfältig wie die unzähligen Schnittstellen der Mensch-Maschine-Interaktion. So kann die Einführung und Verbreitung des Internets mit seiner auf Vernetzung, Dezentralisierung und Verteilung setzenden Infrastruktur zweifellos als einer der medialen Basisprozesse der Digitalisierung identifiziert werden. Hinzu kommen Prozesse der Rationalisierung und Automatisierung durch Künstliche Intelligenz (KI), insbesondere des Maschinellen Lernens (ML) und darauf basierender Verfahren der Verhaltensprognostik (Predictive Analytics). »Unter KI versteht man eine Softwareanwendung, die nicht rein deterministische bzw. statistische Lösungswege beschreibt, sondern auf Grund von Erfahrungen ihre Ausgangskonfiguration weiterentwickelt« (Beranek 2021b, S. 7). So treffen darauf basierende Entscheidungssysteme, sogenannte ADM-Systeme (algorithmic decision making), bereits heute »(teil-)automatisierte Entscheidungen« (ebd.) auf der Grundlage der Aggregation, Verknüpfung und Auswertung von Daten (Big Data bzw. Advanced Analytics) (▶ Kap. 5.2). Zur Digitalisierung muss ferner auch das Internet der Dinge gerechnet werden, d. h. die sukzessive Ausstattung von Alltagsgegenständen mit digitalen Sensoren oder Aktoren, die Daten empfangen, verarbeiten und senden können und so selbst Teil eines global wachsenden Informationsnetzwerks werden. Als technisch bedeutsam erweist sich auch das sogenannte Cloud Computing, d. h. die Vernetzung vieler Computer über das Client-Server-Modell zum Zweck der ortsunabhängigen Bereitstellung von Rechenleistung, Arbeits- und Langzeitspeichern, durch das

1.2 Digitalisierung als Technologie

sich vor allem ökonomische und arbeitsweltliche Prozesse effizienter gestalten lassen.

Weitere technologische Entwicklungen im Bereich der Digitalisierung lassen sich vor allem in den Bereichen der Virtual und Augmented Reality, der Blockchain-Technologie[1], der Robotik, der Nano- und Biotechnologie sowie im Bereich des 3-D-Drucks ausmachen (Specht 2018).

Aus der synthetisierenden Perspektive einer Soziologie, der es »nicht nur um die Abschätzung der sozialen Folgen von als neu eingestuften technischen Lösungen« geht, »sondern ebenso um deren Einordnung in langfristige gesellschaftliche Entwicklungslinien und übergreifende sozioökonomische Verflechtungszusammenhänge« (Schrape 2021, S. 17), erweisen sich die Digitalisierung und die mit ihr assoziierten technischen Prozesse und Innovationen als jüngste Stufe in einer Geschichte der soziotechnischen Evolution. Dabei gilt, dass sich moderne Gesellschaften ohne den Einfluss von Wissenschaft und Technik als Medien des Fortschritts und der Innovation weder adäquat verstehen lassen noch auf sie verzichten können. Technik und ihre Errungenschaften fungieren als einer der Grundpfeiler der Vergesellschaftung, als eine »konstitutive Grundlage des gesellschaftlichen Lebens« (Schrape 2021, S. 7). Sie durchdringen wie selbstverständlich in mannigfaltiger Weise unsere alltägliche Lebenswelt, prägen unser berufliches, privates, mediales und sozial-kommunikatives Handeln, ohne dass uns das im konkreten Fall immer unmittelbar bewusst ist. Solange Technik funktioniert und das tut, wofür sie entwickelt wurde, hinterfragen wir ihre ermöglichende und strukturierende Eigenheit im Regelfall nicht. Technische Apparate und Schnittstellen durchdringen und bestimmen das soziale und individuelle Leben in modernen Gesellschaften dergestalt, dass die konkrete Alltagspraxis in vielerlei Hinsicht als integrale Einheit von Mensch und Technik zu interpretieren ist. Nahezu »alle komplexeren ge-

---

1 Die Blockchain ist eine als Protokollplattform realisierte Datenbank, die vorwiegend für die dezentrale Abwicklung des Zahlungsverkehrs mit Kryptowährungen wie z. B. dem Bitcoin eingesetzt wird und die »durch kryptographisch verifizierte Verkettung von Datenblöcken eine parallele, dezentrale und trotzdem fälschungssichere Datenhaltung« (Seemann 2021, S. 362) ermöglicht. Sie eignet sich ferner für den Handel mit sogenannten Nun-Fungible Tokens (NFT), die es ermöglichen, digitale Vermögenswerte kryptografisch eindeutig zu signieren und in der Blockchain zu repräsentieren (Valeonti u. a. 2021).

sellschaftlichen Dynamiken der Moderne fußen in unmittelbarer oder mittelbarer Weise auf technischen (oder besser: soziotechnischen) Prozesszusammenhängen« (ebd., S. 9). Ins öffentliche Bewusstsein rücken diese Dynamiken meist erst in Zeiten des sicht- und spürbaren Wandels bzw. im Kontext von Prozessen einer paradigmatischen Erneuerung der Gesellschaft über die in ihr wirkenden soziotechnischen, d. h. ökonomischen, kulturellen, medialen und kommunikativen Praktiken.

> »In Phasen des fundamentalen Umbruchs werden technische Strukturen, ihre Entwicklungsbedingungen und ihrer Effekte zu einem sichtbaren Gegenstand der öffentlichen Diskussion, bevor sie mit der Zeit zu einer Selbstverständlichkeit in der Lebenswelt avancieren« (ebd., S. 10).

Im Kontext des umfassenden Digitalisierungsprozesses fällt eine trennscharfe Abgrenzung von Technik, Kultur und Medien jedoch zunehmend schwer. Diese Aussage erfordert eine Konkretisierung: In modernen, industriell geprägten Gesellschaften erfüllt Technik aus einer funktionalen Perspektive insbesondere die Aufgabe einer formalen Rationalisierung und Standardisierung und findet als Instrument der Effizienzsteigerung und Prozessoptimierung Anwendung. In einem ersten Schritt gilt dies gleichermaßen für »die Technologien des digitalen Computernetzes« (Reckwitz 2017, S. 226), die sich aus dem Zusammenspiel dreier Prozesse ergeben: »algorithmischer Verfahren des Computing, der Digitalisierung medialer Formen und des Kommunikationsnetzwerkes des Internets« (ebd.). Allerdings markieren diese in einem zweiten Schritt zugleich einen Bruch mit dem der industriellen Moderne entlehnten Technikverständnis, da sich seit den 1980er Jahren zwei Entwicklungen abzuzeichnen beginnen, die sich parallel zum ökonomischen und technologischen Strukturwandel vollziehen und sich als Prozesse der »Kulturalisierung des Technologischen« sowie einer »technologisch angeregten Singularisierung« bezeichnen lassen (Reckwitz 2017, S. 227).

Digitalisierung als Instrument kultureller Wertschöpfung

Aus einer dezidiert soziologischen Perspektive begründet die Digitalisierung insofern ein erweitertes Verständnis von Technik, als sie den Dualismus von Technik versus Kultur überwindet und die Technik in

1.2 Digitalisierung als Technologie

einem kulturellen Kontext neu verortet: Die Technik wird sukzessive selbst zu einem Instrument kultureller Wertschöpfung und Reflexion (Reckwitz 2017, S. 227; Bridle 2018, S. 51).

Wie man es auch dreht und wendet, die enge Verknüpfung von Technik und sozialer Praxis erweist sich als fundamentale Prämisse einer soziotechnischen Analyse der Phänomene und Prozesse der Digitalisierung.

Für die inhaltliche Differenzierung der digitalen Architektur, ihrer technischen Strukturen und Prozesse, bietet sich der Verweis auf das von Angelika Beranek (2021a) vorgelegte Modell algorithmischer Strukturen und KI an, das auf eine fundierte »informationstechnische Auseinandersetzung verzichtet, da diese für eine sozialwissenschaftliche Einordnung nicht relevant erscheint« (S. 14). Es identifiziert und differenziert die wesentlichen Prozesse und Phänomene der Digitalisierung, die an mathematischen bzw. stochastischen Gesetzmäßigkeiten entlang mit Daten operieren. Als Oberbegriff für die diversen algorithmischen Funktionen fungiert KI qua Softwareanwendung, die sich in die Teilgebiete »experten-/wissensbasierte Systeme« und »maschinelles Lernen« ausdifferenziert (Beranek 2021a, S. 14–25) (▶ Kap. 5.2).

Als Expertensysteme werden regel- oder wissensbasierte Systeme bezeichnet, deren Operationen entweder eine binäre Logik prozessieren oder aber fallspezifische Schlussverfahren nutzen (ebd., S. 16 f.), einfacher formuliert: die genau das tun, wofür sie programmiert wurden. Derartige Systeme dienen vor allem dazu, die immens wachsende Masse an Informationen in den verschiedenen Forschungs- und Anwendungsbereichen zu erfassen, zusammenzuführen und auszuwerten, indem korrelative Muster identifiziert und nutzbar gemacht werden. Beim ML hingegen stehen »die Konstruktion einer Repräsentation von gelerntem Wissen« sowie die dadurch bezweckte »Performanzverbesserung, die als Konsequenz des Lernens gesehen werden kann« (ebd., S. 19), im Mittelpunkt. Im Kern richtet sich ML darauf, Maschinen durch Training in die Lage zu versetzen, ihre Ausgangskonfiguration dahingehend zu erweitern, dass sie zu Ergebnissen kommen, die durch das Programm und den Algorithmus nicht unmittelbar vorgegeben sind. Deep Learning geht hier insofern noch einen Schritt weiter, als es die Funktionsweise des Gehirns mittels künstlicher Neuronen simuliert, indem es eine dem organischen Vorbild entlehnte netzwerkartige Verknüpfungsstruktur durch die Kombination und Schichtung verschiedenster Software-Ebenen zu realisieren versucht.

Der Begriff des Lernens und der damit intendierte materiale und formale Progress erweisen sich jedoch insofern als Herausforderung für adaptiv verfahrende Systeme, als deren Ergebnisse durch die Datenbasis beeinflusst sind und »mögliche blinde Flecken der Wissensgeber*innen auch im System repräsentiert sind« (ebd., S. 20). Auf die einschneidenden sozialen Konsequenzen einer algorithmischen Repräsentation von subjektiven Weltbildern, Vorurteilen und tief verankerten Rassismen hat in diesem Zusammenhang die US-amerikanische Regisseurin Shalini Kantayya (2020) in ihrem für den Streaming-Dienstleister Netflix produzierten Dokumentarfilm »Coded Bias« (auf Deutsch: »Vorprogrammierte Diskriminierung«) hingewiesen und damit einen öffentlichen Diskurs über den unregulierten »Wildwuchs der Algorithmen« ausgelöst sowie eine ethische und juristische Auseinandersetzung über die Kriterien angemahnt, nach denen die Algorithmen Chancen verteilen und die Gesellschaft formen. Die Ursache des von Kantayya aufgezeigten Problems liegt in der eigentümlichen Beschaffenheit von Algorithmen, die in informationstechnischer Hinsicht »zunächst nichts anderes als eine ‚Aufbauvorschrift' auf Basis von elementaren Operationen auf Variablen eines Datentyps aus Zeichen« ist, mit deren Hilfe »eine mathematische Aufgabe durch schrittweise Ausführung dieser Operationen gelöst werden« (Schinzel 2022, S. 27) soll. Hierfür sind Modelle erforderlich, die schon dadurch selektiv sind, dass sie ihrer lebensweltlichen Verankerung, mithin ihrer Sinnhaftigkeit und Bedeutung, enthoben werden müssen. Die Transkription von Welt und Leben in Daten und Code sowie ihre Kategorisierung in für Rechenoperationen erforderliche Strukturen macht eine Generalisierung und Standardisierung nötig, die »mögliche Alternativen [unterdrücken] und [...] Seltenes unberücksichtigt« (ebd.) lassen. Eine besondere Zuspitzung erfährt diese Dysbalance in jenem Bereich der Aggregation und Analyse von Daten, der als Predictive Analytics bezeichnet wird und zum Zweck der Verhaltensprognostik Einsatz findet. Diese spezifische Sonderform des ML bedient sich üblicherweise »der sogenannten Big 3 – [...] Regressionsanalysen, Entscheidungsbäume und neuronale Netze« (Beranek 2021a, S. 24).

Grundlage jeglicher Form von KI ist das Vorhandensein von Daten, die als Treibstoff ihrer Prozessierung fungieren. Seit einiger Zeit hat sich für die Erhebung, Speicherung und Nutzbarmachung von Daten der Begriff Big Data eingebürgert (ausführlich etwa Geiselberger 2013). Im Zentrum von Big Data stehen die drei »V«-Begriffe Volume (für die Datenmenge), Velocity (für die Geschwindigkeit des Datenverkehrs und der Datenverarbeitung) und Variety (für die Datenvielfalt, d.h. die Möglichkeit auf unterschiedliche Arten von Daten und Datensätzen zugreifen zu können). Diese lassen sich durch vier weitere »V«-Begriffe erweitern: Value (für den Nutzen/den Wert der Daten), Veracity (die Unschärfe verfügbarer Daten), Visualization (Darstellung und Präsentation der Daten) sowie Variability (Fluidität und Variabilität sich permanent verändernden Datenmengen) (Beranek 2021a, S. 22f.; Gapski 2021, S. 77).

Die aus der technischen Infrastruktur von Big Data, Algorithmen und KI erwachsende »digitale Architektur« (Beranek 2021a, S. 24) fordert die etablierten sozialen Routinen und Strukturen heraus und zwingt »das System der Gesellschaft […] zu einem disruptiven Wechsel in den Parametern seiner Reproduktion« (Baecker 2013, S. 158). Dieser prozessuale Wandel betrifft sowohl die Gesellschaft als Ganzes als auch ihre sozial relevanten Ordnungsmuster, Strukturen und Systeme: Ökonomie, Politik, Recht, Verwaltung, Wissenschaft, Kultur, Religion etc. Welche Bedeutung man Algorithmen und Big-Data-Routinen auch beimisst, sie werden ein neues Bild der Gesellschaft modellieren und uns dieses im McLuhan'schen Sinn einmassieren.

Regulierungs- und Gestaltungsauftrag aufgrund der Digitalisierung

Diese Phänomene verurteilen uns jedoch nicht zur Passivität, sie implizieren vielmehr einen sozialen Regulierungs- und Gestaltungsauftrag, der im Rahmen eines systemübergreifenden Dialogs gesellschaftlich ausgehandelt werden muss. Technik unterwirft die Gesellschaft also nicht einfach unter ihr Diktat, sie ist keine disruptive Kraft, die deterministische Kausalketten in Gang setzt, sie ist vielmehr »in mannigfache sozioökonomische Aneignungsprozesse eingelassen, die auf die weitere technische Entwicklung rückwirken« (Schrape 2021, S. 26).

Moderne Digitaltechnik nach dem hier skizzierten Modell schafft auf der Grundlage von Daten und Algorithmen eine Plattform für die Mensch-Technik-Interaktion, durch die soziale Realitäten konstruiert und Verbindlichkeiten geschaffen werden. Da fundamentale Techniken das Potenzial besitzen, tiefgreifende Veränderungen der gesellschaftlichen Ordnung zu bewirken, unterliegen sie einem politisch zu moderierenden Aushandlungsprozess, der ethische Prinzipien, rechtliche Belange und ökonomische Begehrlichkeiten abzuwägen hat. Dies erscheint umso notwendiger, je einschneidender sich ihre Folgen für den sozialen Zusammenhalt einer Gesellschaft erweisen.

Zur Veranschaulichung soll erneut auf das bereits zitierte Beispiel algorithmisch prozessierter Diskriminierung (Kantayya 2020) Bezug genommen werden. So konnte Kantayyas Recherche präzise herausarbeiten, dass algorithmisch fundierte automatisierte Handlungsanweisungen auf prinzipiell unvollständigen, da selektiven und insofern korrumpierbaren Modellannahmen beruhen, deren Anwendung sowohl bereits vorhandene Ideologien reproduziert als auch neue soziale Bedeutungen konstruiert. Mit anderen Worten:

> »Soziale Daten werden mittels ‚Big Data' und ‚Machine Learning' entkontextualisiert gruppiert und in ‚Scores' vergleichbar gemacht, indem sie in Zahlen transkribiert werden. Damit werden Individuen – nicht nur symbolisch – zu mathematisch manipulierbaren Objekten, die in Rangfolgen angeordnet werden können« (Schinzel 2022, S. 27).

Ihre Selektivität ist begründet durch die auf Standardisierung und Generalisierung angewiesene Prozesslogik algorithmischer Verfahren und Modelle. Dieser auf einer technischen Ebene kaum zu behebende Mangel verweist abermals auf die Untrennbarkeit des Technischen vom Sozialen. Algorithmen führen nur das aus, wozu sie programmiert wurden. Sie besitzen selbst keine ethische Kontrollinstanz, sondern repräsentieren und prozessieren die impliziten Modelle und Weltbilder derer, die sie programmieren. In Form diverser Softwareanwendungen werden diese nicht nur zu einem Spiegel subjektiver Wirklichkeit, sondern zeitigen durch ihre

Anwendung ihrerseits insofern normative Konsequenzen für das gesellschaftliche Miteinander, als »Software […] immer als Verstärker unserer Vorurteile, Einbindungen oder Auslassungen [wirkt]« (Schinzel 2022, S. 28). »Sie vergrößert alle Effekte, die aus den sozialen Zusammenhängen gezogen werden, sie bestätigt und zementiert nicht nur Verhältnisse, sondern reifiziert und vertieft gesellschaftliche Ungleichgewichte« (Schinzel 2017, S. 9) (▶ Kap. 5.2).

Beispiel: Korrigierende Bildfilter

Dass algorithmische Anwendungen als Instanz der Reproduktion gesellschaftlicher Norm- und Wertvorstellungen fungieren, lässt sich, um Bezug auf ein weiteres konkretes Beispiel zu nehmen, auch daran ablesen, dass zwischenzeitlich ein Großteil der in Smartphones und Sozialen Medien zum Einsatz gebrachten Softwareanwendungen zur Erstellung und Bearbeitung von Fotografien bereits mit algorithmisch definierten Schönheitsvorstellungen operieren und Aufnahmen, insbesondere von Selbstportraits (»Selfies«), bereits mehr oder weniger automatisiert bearbeiten. Die »normative Rahmung dessen, was ‚schön' ist, [wird] bereits mit dem Smartphone ausgeliefert und somit von den Technikkonzernen mitgestaltet« (Beranek 2021b, S. 9). Korrigierende Bildfilter zählen zu den sogenannten Augmented-Reality-Anwendungen, d. h. Softwarelösungen zur Erweiterung der Realitätswahrnehmung. Sie fungieren nur vordergründig betrachtet als ein triviales Instrument der spielerischen Selbstmodifikation und des Experimentierens mit Identitäten. Durch die Hintertür ihrer Anwendung kommunizieren und aktualisieren sie Schönheitsideale und erhalten dadurch das Potenzial auf unsere Selbstwahrnehmung und -inszenierung sowie unsere sozialen Beziehungen einzuwirken. Auf einer technischen Ebene identifiziert ein solcher Schönheitsfilter ein Gesicht und überzieht es mit einer für das bloße Auge nicht erkennbaren Schablone, die ein aus unzähligen Punkten bestehendes quasi »topografisches Netz bildet«, auf das dann »ein Universum an […] Grafiken gelegt werden [kann] – von einer anderen Augenfarbe bis hin zu aufgesetzten Teufelshörnern, je nachdem, welche Regeln die Schöpfer des Filters dafür festgelegt haben« (Ryan-Mosley 2021). Diese KI-Anwendungen erlauben ganz neue Praktiken der Selbstdarstellung, die häufig nur noch wenig mit den realen Bedingungen gemein haben und von vielen, insbesondere jungen Nutzer*innen ein permanentes Pendeln zwischen den Identitäten abverlangen: dem realen Selbst in seiner Unvollkommenheit und dem projizierten makellosen Idealbild im Netz.

Die identifizierten Probleme der Verzerrung von Datensätzen durch unpräzise, fehlerbehaftete und diskriminative Parameter in Algorithmen machen deutlich, dass die Entscheidungen intelligenter Maschinen weder objektiv noch vorurteilsfrei sind, sondern wesentlich von der Qualität der verarbeiteten Daten und der Rahmung von Algorithmen abhängig sind. Digitale Entscheidungsstrukturen und ihr typisierendes, diskriminierendes und exkludierendes Potenzial müssen demnach einem interdisziplinären öffentlichen Diskurs überantwortet werden, der die sozial destruktiven Schwachstellen und Engführungen in Algorithmen offenlegt und programmatisch so etwas wie algorithmische Sensibilität und Diversität betreibt. Als ein aussichtsreicher Ansatz gilt die Methode des Value Sensitive Designs (VSD), die sowohl darauf zielt, wertende Parameter in bestehenden Technologien aufzudecken als auch bei der Konstruktion neuer Technologien mit dazu beizutragen, dass intendierte Werte berücksichtigt werden (Simon, Wong & Rieder 2020). Als entscheidende Herausforderung für eine zu formulierende Computer- bzw. Algorithmenethik gilt die Einsicht, dass sich das technische Substrat, d.h. die Beschaffenheit von Algorithmen, als ethisch und politisch indifferent erweist: »Sie definieren mathematische Funktionen, die weder der Moral, der Diskriminierung noch der Klugheit oder analoger ethischer, emphatischer oder auch intelligenter Eigenschaften fähig sind« (Schinzel 2017, S. 6). Anders gestaltet sich die Situation mit Blick auf den Einsatz von Software und Automatisierungsprozessen, in die eine wie auch immer geartete implizite Zwecksetzung eingeflossen ist und die für Diskriminierungen und unterschiedliche Arten von Bias anfällig sind:

- rein soziale, »die bestehende strukturelle Diskriminierungen abbilden, die in die Zukunft transkribiert werden«,
- sozio-technische, durch defizitäre Daten oder verkürzende Abstraktionen bedingte soziale Diskriminierungen und

- rein technische, die »durch Fehler in der Prozessierung selbst, an Schnittstellen und durch (im Prinzip mathematisch fehlerfreie) Effekte beim ‚Deep Learning' entstehen« (Schinzel 2022, S. 29 f.).

Sollte die erforderliche gesellschaftliche Justierung der KI nicht gelingen, werden die blinden Flecken in der Softwarearchitektur unvermittelt auf das soziale Selbstverständnis rückwirken und damit strukturell zur Fragmentierung einer ohnehin schon krisengeschüttelten Öffentlichkeit beitragen. Dann werde sich, so Simanowski, zwangsläufig die der Digitalisierung inhärente Logik der Algorithmen behaupten. Ihr Modus Operandi im Sinne der McLuhan'schen Formel, der »eine Sachordnung der Mathematik ist, zielt auf das utilitaristische Modell der quantitativen Optimierung« (Simanowski 2020, S. 51). Das hat einschneidende Konsequenzen für die ethische und rechtliche Behandlung der KI, insbesondere mit Blick auf ihren legitimierungsbedürftigen Einsatz im Bereich des ML, künstlicher neuronaler Netze, in Profiling- und Scoring-Verfahren, der Predictive Analytics und des Predictive Policing, der Robotik und dem Internet der Dinge (vgl. Schinzel 2022, S. 29–32).

1.3 Digitalisierung und politische Regulierung, oder: Zur sozialen Integration der Digitalisierung in Politik, Medizin und Kultur

Aus sozialwissenschaftlicher Sicht erweisen sich Gesellschaften als kommunikativ vermittelte Gebilde, die sich, abhängig von ihrem Entwicklungsstand und Komplexitätsgrad, spezifischer Leitmedien bedienen: der Sprache, der Schrift, des Buchdrucks sowie elektronischer und digitaler Medien. Leit- oder Verbreitungsmedien dominieren jedoch nicht nur die kommunikativen Gepflogenheiten einer Gesellschaft, sie diffundieren auch in alle gesellschaftlich relevanten Bereiche, Felder und Systeme und entfalten dort transformative und strukturbildende Wirkung. Gesellschaften sind folglich keine voraussetzungslosen Gebilde, sondern fußen auf »einem Hintergrundkonsens, der das kommunikative Handeln« (Han 2021, S. 46) und damit den gesellschaftlichen Diskurs bestimmt und Orientierung ermöglicht. Dieser »Horizont aus kulturellen Selbstverständlichkeiten oder sozial eingeübten Praktiken« (ebd.) liefert den funktionalen Bezugsrahmen für den sozialen Zusammenhalt und die kommunikative Handlungsfähigkeit einer jeden Gesellschaft. Ein stabilisierender lebensweltlicher Kontext impliziert jedoch keine statische Reproduktion des immer Gleichen, sondern verbleibt als medial vermittelter, kommunikativer Prozess in einer letztlich unauflösbaren Entwicklungsdynamik. Diese speist sich wesentlich aus dem jeweils dominierenden »Verbreitungsmedium der Kommunikation« (Baecker 2013, S. 159) und den gesellschaftlichen Perturbationen, die es bewirkt. Folgt man der Einschätzung Baeckers, begründet jedes neue Verbreitungsmedium ein spezifisches Referenzproblem, auf das die Gesellschaft reagieren muss, um als solche handlungs- und reproduktionsfähig zu bleiben (Baecker 2011, S. 152). Für die Reproduktionsfähigkeit der Gesellschaft ist hierbei entscheidend, ob und wie es ihr gelingt, den mit jedem neuen Verbreitungsmedium einhergehenden Überschusssinn zu regulieren und Wege zu finden, mit dem damit korrespondierenden gesellschaftlichen Ungleichgewichtszustand zurechtzukommen. So bringt die tribale Stammesgesellschaft den »Referenzüberschuss der Sprache« hervor, die antike Gesellschaft den »Symbolüberschuss der Schrift«. Moderne Gesellschaften werden geprägt durch den Buchdruck und den hierdurch bewirkten »Kritiküberschuss«. Die »nächste Gesellschaft« steht aktuell vor der Aufgabe den mit elektronischen und digitalen Medien einhergehenden »Kontrollüberschuss« zu bewältigen (Baecker 2018, S. 270 f.).

Ungeachtet des jeweils dominierenden Verbreitungsmediums gilt die Einsicht, dass Gesellschaften in einem reaktiven Prozess auf die spezifische Medienentwicklung antworten und zu einer Form finden müssen, in der die eigene Handlungs- und Reproduktionsfähigkeit gewährleistet und sichergestellt ist. Gesellschaften sind demnach aufgefordert, konstruktive Wege der Selbsterhaltung zu finden, was einen unverzichtbaren politischen Gestaltungs- und rechtlichen Regulierungsauftrag impliziert. Dieser erstreckt sich sowohl auf die technischen Basisprozesse algorithmisch

1.3 Digitalisierung und politische Regulierung

prozessierender KI als auch auf die darauf aufbauende Schnittstellenarchitektur des Internets und seiner Dienste, insbesondere der sozialen Medien und ihrer Plattformen. Er erweist sich angesichts der vielgestaltigen Herausforderungen für die digitalen Gegenwartsgesellschaften gar als konstitutive Bedingung, insbesondere für die Bewältigung einer wiederholt attestierten Krise der liberalen Demokratien und ihrer Öffentlichkeiten.

Überblickt man die Vielzahl an Publikationen über die gesellschaftlichen Folgen der Digitalisierung, kommt man nicht umhin, das Lamento einer sich zusehends fragmentierenden und polarisierenden Öffentlichkeit zu vernehmen, die sich angesichts einer nicht enden wollenden Informationsflut und nahezu unbegrenzter Möglichkeiten interaktiver Vergemeinschaftung und Kommunikation zwar in allerlei gesellschaftlich relevanten Belangen affektiv Gehör verschafft, aber offenkundig daran scheitert, ein identitätsbildendes, kohärentes Narrativ auszubilden, oder mit den Worten des Philosophen Han: »Digitale Schwärme bilden kein verantwortliches, politisch handelndes Kollektiv« (Han 2021, S. 40). Zu dieser bereits ambivalenten Gemengelage gesellen sich die unzähligen Zersetzungs- und Verfallsgeschichten, die als Abgesang auf kulturelle Errungenschaften und Werte gelesen werden können:

> »Beklagt werden unter anderem die Verrohung öffentlicher Diskurse (Hate Speech), eskalierende Kommunikationsdynamiken (Shitstorms) [...], Verstöße gegen das Wahrheitsgebot (Fake News), die Verbreitung irrationaler Erklärungsmuster (Verschwörungstheorien), Ungleichheiten in der Nutzung des Internets (digitale Spaltung), die algorithmische Manipulation der öffentlichen Meinungsbildung (Social Bots) sowie der Zerfall einer geteilten Öffentlichkeit (Echokammern, Filterblasen)« (Neuberger 2022, S. 18).

Dem prognostizierten gesellschaftlichen Atomisierungsprozess stehen die euphorischen Lobeshymnen derer gegenüber, die in der modernen Digitaltechnik ein Instrument der individuellen und gesellschaftlichen Emanzipation erblicken und, dem Modell quantitativer Optimierung folgend, der Informationsaggregation und -verwertung einen, wenn nicht den zentralen Stellenwert bei der viel beschworenen Verbesserung der Welt beimessen. Die darin gründende Informationsökonomie ist folgerichtig von der Prämisse geleitet, alles sichtbar und transparent zu machen. Die damit einhergehende Entschleierung des Lebens ist von der Hoffnung angetrieben, die Welt mittels der durch die Digitalisierung und Computerisierung verfügbaren Instrumente sichtbarer, verständlicher und effizienter zu machen, ihr immanentes Komplexitätsproblem zu lösen und uns smarte Lösungen für nahezu alle Probleme bereitzustellen. Fest steht, dass durch den Siegeszug der Digitaltechnik wachsende Bereiche unserer Lebenswelt und die darin vollzogenen Aktivitäten durch Algorithmen und Software begleitet und von ihnen durchdrungen werden: von der orts- und raumunabhängigen Kommunikation über satellitengesteuerte Navigationssysteme bis zum autonomen Fahren, die Präsenz digitaler Technik und algorithmisch prozessierender Systeme wächst kontinuierlich und »[produziert] physischen und kulturellen Raum mit« (Bridle 2018, S. 51). Für den KI-Experten James Bridle

> »übernimmt die Computerisierung [letztlich] das, was sie abbilden und gestalten will. Google wollte das gesamte menschliche Wissen erschließen und wurde zur Quelle und zum Vermittler dieses Wissens: Es wurde, was die Menschen tatsächlich denken. Facebook wollte die Verbindungen zwischen Menschen – den sozialen Graphen – analysieren und wurde zur Plattform für diese Verbindungen, womit es die gesellschaftlichen Beziehungen unwiderruflich umgestaltete« (ebd., S. 51f.).

Digitale Technik diffundiert damit bis in intime Details unserer individuellen Lebensführung, prägt unsere Kommunikation, unser Verhalten und unsere Überzeugungen und verflüssigt die Grenze zwischen dem algorithmisch repräsentierten Modell der Welt und den realen Gegebenheiten. Dies wird begünstigt durch die Unsichtbarkeit, Undurchdringbarkeit und Komplexität des technischen Substrats. Für die Nutzung der darauf basierenden Techniken ist somit ein nicht unerhebliches Maß an Vertrauen in deren Funktionalität und Sicherheit erforderlich. Dieser Vertrauensvorschuss kann eine ganze Reihe weiterer kognitiver Verzerrungen und Bestätigungsfehler (Confirmation Biases) verursachen, da Menschen in aller Regel dazu tendieren, komplexen Problemen mit möglichst geringer kognitiver Anstrengung zu begegnen (ebd., S. 52–56; Stöcker 2020, S. 167–170). Deshalb delegieren wir nicht nur immer mehr kognitiv anspruchsvolle Aufgaben an technische Unterstützungssysteme, sondern priorisieren auch jenen geistigen Verarbeitungsmodus, der sich schnell und weitgehend automatisiert vollzieht, der auf eine bewusste Steuerung verzichtet und kognitive Heuristiken, d.h. gedankliche Ab-

1.3 Digitalisierung und politische Regulierung

kürzungen nutzt, anstatt den mitunter beschwerlichen Weg kontrollierten Denkens einzuschlagen (vgl. Stöcker 2020, S. 170–176). Ein Gutteil der Magie, die von technisch automatisierten Prozessen ausgeht, gründet somit im werkseitigen Energiesparmodus menschlicher Geistestätigkeit: Digitale Technik macht sich das Versprechen zu eigen, uns von der Last mentaler Anstrengung zu befreien.

Ob digitale Technik nun eine »Krise der Demokratie« (Han 2021) bewirkt oder gar ihr »Ende« und damit den Beginn eines »digitalen Imperialismus« (Hofstetter 2016) bzw. einer »Infokratie« (Han 2021), ob sie das »Ende der Zukunft« (Bridle 2018) oder den »Tod der Wahrheit« (Kakutani 2019) einläutet, »digitale Demenz« (Spitzer 2013) verursacht oder sich anschickt zum »größten Experiment der Menschheitsgeschichte« (Stöcker 2020, S. 15) zu werden – die warnenden Disruptionsdiagnosen und Auflösungsnarrative im Kontext der Digitalisierung sind kaum zu überhören. Der Medienwissenschaftler Bernhard Pörksen identifiziert drei derzeit populäre Untergangserzählungen:

> »die Polit-Dystopie, die den Zerfall der Demokratie und die Wiederkehr des Faschismus beschwört; die Kommunikations-Dystopie, die von der Anarchie des Diskurses handelt; die Manipulations-Dystopie, die die totale Überwältigung und das baldige Verschwinden des Menschen behauptet« (Pörksen 2020, S. 10).

Auf einige Beispiele sei hier andeutungsweise eingegangen: So prognostiziert etwa Byung-Chul Han in seiner skizzenhaften Topologie des Digitalen sowohl eine generelle »Egoisierung und Atomisierung der Gesellschaft« (Han 2013, S. 24) als auch eine Erosion des Sozialen durch eine digitale Kommunikationspraxis, die sich als permanent lärmende, »narzisstische Ego-Maschine« (ebd., S. 65) entlarvt, die trennt, anstatt zu vereinen, die uns versklavt, anstatt uns Freiheitsräume zu erschließen und die uns ein Konsumverhalten auferlegt, das diametral zur bürgerschaftlichen Verantwortung stehe. Julia Ebner, Maik Fielitz und Holger Marcks thematisieren die affizierende, defaktifizierende und mobilisierende Wirkung Sozialer Medien und ihre gezielte Instrumentalisierung als »Radikalisierungsmaschinen« (Ebner 2019), in deren Dunstkreis von der Öffentlichkeit weitgehend unbemerkt und politisch unreguliert eine Kultur des Hasses, ein »digitaler Faschismus« (Fielitz & Marcks 2020), keime. Für den Medienwissenschaftler Stephan Russ-Mohl wiederum wirkt die Digitalisierung als Katalysator eines jahrzehntelang ignorierten Vertrauensverlusts der etablierten Medien, der erst den Weg für populistische, propagandistische und konspirative Desinformationen geebnet habe. Seine Untersuchungen sind von der Prämisse geleitet, dass die westliche Gegenwartsgesellschaft gerade im Begriff ist, »die Glaubwürdigkeit unserer Medien und damit die Essenz unserer Demokratie zu verspielen« (Russ-Mohl 2017, S. 13). Ursächlich hierfür sei aber nicht die Digitalisierung selbst, sondern »langfristige[] Machtverschiebungen zwischen Journalismus und Public Relations« sowie eine »pubertäre[] Hybris der weltumspannenden Internet-Konzerne« (ebd.).

Diese kritischen Zeitdiagnosen decken sich mit den Erkenntnissen des Informatikers Jaron Lanier, der mit seiner Streitschrift »Zehn Gründe, warum du deine Social Media Accounts sofort löschen musst« (2018) eine zwar reichlich polemisch geratene, deshalb aber nicht weniger lesenswerte Abrechnung mit den Sozialen Medien in ihrer gegenwärtigen Gestalt vorgelegt hat. Dort zeichnet er ein Bild von Sozialen Medien als »Verhaltensmodifikations-Imperien« (Lanier 2018, S. 15), deren Hauptzweck in der systematischen Aggregation und kommerziellen Nutzbarmachung persönlicher Daten bestehe. Als ideologischer Überbau fungiere eine in die digitale Architektur gegossene und an behavioralen Prinzipien ausgerichtete Aufmerksamkeitsökonomie, die ursächlich für die bereits erwähnten Auflösungsprozesse sei. Hierzu zählt er den Verlust an Empathiefähigkeit, die Entfaktifizierung des öffentlichen Diskurses (Fake News und Verschwörungserzählungen), das gezielte Schüren von Ängsten und Unsicherheit, von Einsamkeit und Trübsinn, die metrische Manipulation politischer Kommunikation sowie Verwerfungen auf dem Arbeitsmarkt. Das Geschäftsmodell sozialer Plattformen ziele letztlich darauf, Menschen und ihr Verhalten »zu einem Produkt umzuformen« (ebd., S. 125), das einzig dem eigenen Fortbestand, dem fortwährenden Kapitalfluss, verpflichtet sei. Es folgt damit einer profanen Aufmerksamkeitsökonomie, die einen Kreislauf aus Daten, Aufmerksamkeit und Feedback initiiert und diesen mit allen Mitteln aufrechtzuerhalten sucht. Dieser Kreislauf wird durch Algorithmen gelenkt, die so programmiert sind, dass sie Nutzer*innen möglichst lange binden, was wiederum die Entstehung personalisierter Informations- oder Filterblasen sowie die Ausbildung sogenannter Echokammer-Effekte begünstigen könne. Informationsblasen können sich vor allem durch präselektierende Algorithmen entwickeln, die darüber entscheiden, welche Inhalte Nutzer*innen sozialer Medien bevorzugt angezeigt werden. Als zentraler Maßstab für derartige Empfehlungsalgorithmen fungiert das individuelle Nutzungsverhalten und damit assoziierte Präferenzen, die, wenigstens in Teilen, darüber bestimmen, welchen Ausschnitt der Welt wir zu sehen bekommen, welchen Zugang zum Kaninchenbau (Rabbit Hole) des Internets wir nutzen. Rezipieren Mediennutzer*innen primär Informationen, die ihrem eigenen Weltbild entsprechen, und ignorieren sie anderslautende Meinungen, können sogenannte Echokammern entstehen, »mehr oder weniger geschlossene Netzwerke, in denen sich stark polarisierende Meinungen ausbilden können« (Gleich 2019, S. 38). Deren Auswirkungen auf die öffentliche Meinungsbildung, insbesondere im Hinblick auf »eine Fragmentierung und Extremisierung der politischen Debatte« (ebd.) sowie sich emotional erhitzende Kommunikationsdynamiken, sind gegenwärtig Gegenstand der medien- und kommunikationswissenschaftlichen Forschung. So zeigt etwa eine Studie zu »emotionalen Dynamiken im Zeitalter der Desinformation« (Zollo u. a. 2015) aus dem Jahr 2015, dass Diskussionen zu wissenschaftlichen und konspirativen Themen auf Social-Media-Plattformen gleichermaßen dazu tendieren, mit zunehmender Dauer destruktiver zu werden, sich zu polarisieren und emotional zu entgleisen. Die Studienautor*innen schlussfolgern, dass die kognitiven Muster in Echokammern die Polarisierung und Verzerrung von Diskursen befördern und dazu neigen, die inhaltliche Ebene durch ein um Aufmerksamkeit und emotionale Bestätigung buhlendes Verhalten zu überlagern.

Der australische Kommunikations- und Medienwissenschaftler Axel Bruns hingegen hält die unscharf definierten und nur vage voneinander abgegrenzten Metaphern »Filterblase« (Eli Pariser) und »Echokammer« (Cass Sunstein) nicht für geeignet, das vielschichtige Identitätsgefüge (»multiple identities«) von Menschen angemessen abzubilden (Bruns 2019, S. 94). Nach Auswertung aktueller Studien kommt er in seiner kritischen Analyse zu dem Schluss, dass es sich bei diesen Konzepten um simplifizierende Abstraktionen der Wirklichkeit handelt, deren Erklärungsansatz nicht mit der Vielgestaltigkeit menschlicher Lebenswirklichkeit in Einklang zu bringen ist, und er betont, »contrary to Pariser's assumption, we do not choose our connections simply because they are ›politcal compadres'« (Bruns 2019, S. 74). In einem abschließenden Plädoyer mahnt er eine differenziertere Auseinandersetzung über Kommunikationspraktiken und Meinungsbildungsprozesse in einer vollvernetzten, tief polarisierten Welt an:

> »In a hyperconnected yet deeply polarised world, the most important filter remains in our heads, not in our networks: it is the cognitive filter that makes us reject some ideas out of hand, even despite the evidence that supports them, while we cling to others than [sic!] have long since been disproven and discredited« (ebd., S. 121 f.).

Worin Auflösungsnarrative den Verlust kulturell verankerter Ordnungsmuster erblicken, das erweist sich bei genauer Hinsicht als untrennbar mit der Digitalisierung einhergehendes, tief in das gesellschaftliche Selbstverständnis und das soziale Miteinander diffundierendes Strukturmerkmal des technischen Fortschritts: die Granularisierung (vgl. Kucklick 2017) bzw. Hochauflösung von Mensch und Welt. Sie eröffnet sowohl in technischer als auch erkenntnistheoretischer Hinsicht einen neuen Modus des Erkennens, der untrennbar mit der Datenökonomie und technischen Innovationen verknüpft ist und ganz neue Möglichkeiten der Erfassung und Beschreibung der Wirklichkeit erschließt.

Aus einer analytischen Perspektive ist man deshalb gut beraten, diesen strukturellen Hochauflösungsmodus der Digitalisierung weder vorschnell als Verfallsgeschichte zu deuten noch sich allein auf dessen negative Folgen zu fokussieren, sondern auch sein schöpferisches Potenzial in den Blick zu nehmen. Gesellschaftliche Wirkungen, ungeachtet ihrer Deutung, stellen sich nicht kausal ein, sondern lassen sich moderieren und regulieren, ihnen ist ein politischer Gestaltungsauftrag inhärent, der ökonomische, rechtliche, ethische und pädagogische Aufgaben adressiert.

Die digitale Gegenwartsgesellschaft erweist sich in vielerlei Hinsicht als Spiegel dieser tiefgreifenden Granularisierung, die in den verschiedenen Lebensbereichen und Kontexten mal mehr, mal weniger stark sichtbar wird.

Beispiel: Granularisierungsprozess in der Medizin – Moderna

Besonders starke Impulse kommen z. B. aus der Medizin, in der sich gegenwärtig durch das Zusammenspiel von Big Data Analytics, KI und neuen technischen Verfahren, insbesondere der Bildgebung, ein Paradigmenwechsel abzuzeichnen beginnt. So beschreibt etwa Thomas Schulz in seinem 2018 erschienenen Buch »Zukunftsmedizin« einen ambitionierten und vielversprechenden Ansatz des US-amerikanischen Biotech-Unternehmens Moderna, der bereits knapp drei Jahre später seinen weltweiten Härtetest erfolgreich absolvieren sollte: Am 21. Januar 2021 erteilte die EU im Rahmen eines beschleunigten Verfahrens die Zulassung für Spikevax bzw. mRNA-1273, einen von zwei mRNA-basierten Impfstoffen, die bei der Bekämpfung der Covid-19-Pandemie die entscheidende Wende einläuten sollten. Bereits Jahre zuvor setzte das Unternehmen auf die mRNA-Technologie, »ein Molekül, das genetische Informationen von der DNA im Zellkern, zu den Ribosomen, der Proteinfabrik der Zellen, transportiert« (Schulz 2018, S. 52). Da Proteine der Baustein des Lebens sind, setzt das Unternehmen seine ganze Hoffnung und Energie darauf, mit der mRNA-Technologie den Schlüssel zur Beeinflussung nahezu aller Körperfunktionen, sozusagen eine »Software des Lebens«, in der Hand zu haben, mit deren Hilfe sich »das Betriebssystem der Biologie« beschreiben lässt (ebd., S. 51). Dabei richte sich der Fokus weniger auf die Entwicklung von Medikamenten als auf die Schaffung einer Plattformtechnologie, mittels derer man auf nahezu alle biologischen Prozesse Einfluss nehmen wolle. Hierbei setze man alles auf eine Karte: »Wenn es nicht funktioniert, gibt es keine Therapie. Wenn aber eine Therapie funktioniert […] wird es auch viele andere Therapien geben. Denn wer einmal herausgefunden hat, wie die Software zu programmieren ist, kann sie ständig anpassen […]. Ein Algorithmus für die Zelle, resultierend aus der Weltsicht: Die DNA ist die Hardware, mRNA die Software, und der Output sind Proteine« (ebd., S. 54). Der Siegeszug der mRNA-Impfstoffe im Einsatz gegen die Covid-19-Pandemie lässt aufhorchen, denn sollten die Ambitionen und Prognosen von CEO Stéphane Bancel zutreffen, steht die Medizinwelt aktuell buchstäblich vor einer Zeitenwende, in der die Grenze zwischen Medizin, Biologie, Informatik und Robotik immer durchlässiger wird und sich in rasender Geschwindigkeit Lösungen für die unterschiedlichsten medizinischen Probleme finden lassen. Und Schulz mutmaßt, dass »Moderna [...] auch deswegen ein so grundlegender Testfall [ist], ob wirklich eine medizinische Revolution naht oder eine Hype-Welle, weil die Technologie so surreal, so fantastisch wirkt« (ebd., S. 57). Der Erfolg der aktuellen Impfkampagne lässt erahnen, dass es sich bei der mRNA-Technologie tatsächlich um die erhoffte Schlüssel- und Plattformtechnologie handelt und wir in nicht allzu ferner Zukunft gleich mehrere bahnbrechende Fortschritte in der Behandlung vieler schwerwiegender Erkrankungen wie Krebs, Alzheimer und Parkinson erwarten dürfen.

In der Medizin bewirkt der beschriebene Granularisierungsprozess detailliertere Formen der Diagnostik, die in Kombination mit algorithmisch prozessierender KI die Kommensurabilität auch größter und verstreutester Datensätze erlaubt, mithin eine Mustererkennung und Präzision von bisher ungekannter Schärfe ermöglicht. Dabei richtet sich die Hochauflösung längst nicht mehr nur auf die Analyse des menschlichen Genoms, sondern auf die Sequenzierung, Kartographierung und Auswertung der sogenannten »Multi-Omics«. Hierzu werden neben dem Genom auch das Proteom, das Epigenom, das Transkriptom und das Mikrobiom sowie deren systemische Verknüpfungen in den Blick genommen (ebd., S. 247 f.). Die granulare Medizin formiert sich damit als datengetriebene Disziplin der Informationsaggregation und -analyse, die sich ohne den Einsatz von KI und algorithmischer Analysetechnik nicht mehr handhaben lässt. Sie verabschiedet das geltende Paradigma einer auf Massenkompatibilität und -einsatz gerichteten Krankheitstherapie und Medikamentenentwicklung und markiert den Beginn einer neuen Ära multiperspektivischer, vernetzter und auf Konvergenz setzender Verfahren, deren Granularität mit einem nicht unerheblichen Individualisierungsschub einhergehen dürfte. Deshalb werde sich, so Christoph Kucklick, die granulare Präzisionsmedizin zwangsläufig immer stärker personalisieren und eine »Differenzrevolution« (Kucklick 2014, S. 11) bewirken, »die bislang verborgene Unterschiede hervortreten [lässt], auch zwischen uns Menschen« (ebd.).

Die Digitalisierung und ihr operativer Hochauflösungsmodus haben dazu angesetzt, den Schleier des Nichtwissens über unserer Biologie zu

1.3 Digitalisierung und politische Regulierung

lüften, was wiederum zu einer ungebremsten Differenzierungs- und Singularisierungsdynamik beiträgt, die umso mehr Differenzen entbirgt, je granularer sie die Wirklichkeit aufzulösen und auszuwerten vermag. Diese Dynamik entfaltet sich auch in jenem Grenzbereich zwischen Biologie und Kultur, in dem Konzepte wie Rasse, Gender, Sexualität, Behindcrung etc. verortet und diskutiert werden. Diese kollektiven Kategorien, die uns dabei helfen die soziale Welt zu ordnen und zu verstehen, bilden – dafür hat die moderne Kulturanthropologie mannigfaltige Belege gesammelt – weder zeitlose, naturgegebene Wahrheiten noch sind sie statisch oder gar binär, sie sind vielmehr soziale Konstrukte, »von Grund auf künstlich – sie sind das Ergebnis menschlicher Vorstellungen und in den Mentalitäten und unbewussten Gewohnheiten der jeweiligen Gesellschaften zu verorten« (King 2020, S. 17). Bei diesen sozial und kulturell geprägten Kategorisierungen handelt es sich um Formen der Attribuierung sozialer Identität, die mit spezifischen Erwartungen und Vorstellungen, insbesondere hinsichtlich damit verknüpfter Verhaltensweisen, einhergehen.

Die digitale Hochauflösung von Mensch und Welt erschüttert aktuell viele dieser tief im gesellschaftlichen Selbstverständnis verankerten kulturell geformten Wahrheiten und damit einhergehenden Simplifizierungen und schürt die radikalen Differenzen hervor, die uns sukzessive und unaufhaltsam zu Singularien (Kucklick 2014, S. 25) bzw. Singularitäten (Reckwitz 2017) auflösen. Die Erschütterung etablierter kultureller Muster und Konzepte verläuft in der gesellschaftlichen Praxis in aller Regel als ein erheblich konfliktbeladener und spannungsreicher Prozess, da er kulturelle Selbstverständlichkeiten atomisiert und neue Erzählungen erforderlich macht, die insbesondere in konservativ geprägten Kreisen teils erheblichen Widerstand provozieren.

Als viel diskutiertes und politisch instrumentalisiertes Beispiel gilt in diesem Kontext etwa die Debatte um das tief im sozialen Selbstverständnis der meisten Kulturen verankerte duale Geschlechterbild (Mann/Frau), die damit assoziierten Rollenvorstellungen und die Ausdifferenzierung in ein biologisches (Sexus) und ein soziales Geschlecht (Gender). Die fortschreitende Granularisierung von Mensch und Welt macht auch vor solchen vermeintlich unverrückbaren Grundbausteinen der politischen und gesellschaftlichen Ordnung nicht Halt und demaskiert ihre soziale Konstruiertheit. Da kategorisierende Ordnungsmuster in aller Regel mit einer Simplifizierung und Standardisierung der Wirklichkeit einhergehen, werden Abweichungen und Variationen hiervon in der sozialen Praxis entweder gar nicht wahrgenommen, in ihrer Bedeutung marginalisiert oder als Normabweichung diskriminiert. Überträgt man dies auf das gewählte Beispiel, die »wohl älteste Form menschlicher Identität – [das Geschlecht]« (Appiah 2019, S. 17), gestaltet sich die Situation aufgrund des vielschichtigen Ineinandergreifens von biologischen und sozialen Faktoren gar um ein Vielfaches komplexer. Selbst mit Blick auf die biologische Zugehörigkeit zu einem Geschlecht tendieren wir dazu, unsere soziale Ordnung danach auszurichten, was der Norm entspricht, obgleich es aufgrund eines chromosomalen Variantenreichtums »auf der Ebene der physischen Morphologie keine scharfe Trennung der Menschen in zwei Geschlechter gibt« (ebd., S. 36). Diese Erkenntnis gerät unweigerlich in Kollisionskurs mit unseren sozial geprägten Ordnungsmustern und Klischees sowie den damit korrespondierenden Verhaltenserwartungen. Da substanzielle Perturbationen bestehende Weltbilder ins Wanken bringen, werden sich auch in absehbarer Zeit Teile der Gesellschaft von diesen Erkenntnissen unbeeindruckt zeigen. Sie werden dann, um bei diesem Beispiel zu bleiben, in rational ignoranter Manier auf einem binären Geschlechterverhältnis beharren, dieses in der sozialen Praxis vertreten und, falls erforderlich, ideologisch verteidigen. Das diesbezügliche Konfliktpotenzial ist immens. Immerhin, so lässt sich erwidern, steht es einem intergeschlechtlichen und nicht-binären bzw. intermediären Personenkreis hierzulande seit 2018 offen, im Geburtenregister den Geschlechtseintrag »divers« zu wählen. Die juristische Anerkennung geschlechtlicher Vielfalt geht somit Prozessen der sozialen Kategorisierung und kollektiver Identitäten voraus.

Von biologischen und morphologischen Aspekten unberührt, spiegelt sich granulare Vielfalt auch im Hinblick auf diverse Optionen der Bestimmung einer subjektiven Geschlechtsidentität, unterschiedlicher Formen des Geschlechtsausdrucks sowie diverser Optionen der romantischen sowie sexuellen Orientierung. Dabei erweist sich die Vielfalt an Identitätsangeboten, Ausdrucksmöglichkeiten und Orientierungen auch als praktische Konsequenz des durch die Granularisierung und Singularisierung angestoßenen Strukturwandels der Gegenwart. Er macht minimale

Differenzen sichtbar und im subjektiven Selbst- und Weltbezug erfahrbar. Und er räumt mit dem verbreiteten Irrtum auf, dass es »im Kern jeglicher Identität […] eine tiefgründige Ähnlichkeit [gebe], die Menschen dieser Identität miteinander verbinde« (Appiah 2019, S. 17). Dass derartige Entwicklungen teils erheblichen Widerstand provozieren, dürfte seinen Grund vor allem darin haben, dass die Singularisierung mit einer Erosion bislang unhinterfragter Identitätsangebote und tief wurzelnder sozialer Orientierungen einhergeht. Da Fragen der Identität und Orientierung tiefe Gefühle tangieren und Einfluss darauf nehmen, wie wir als Gesellschaft miteinander leben wollen, gestaltet sich auch der diesbezügliche Diskurs i. d. R. wenig rational. Zu tief wurzeln die mit Identitäten verknüpften Emotionen und Haltungen.

In der Spätmoderne steht die Gemeinschaft stiftende Funktion von Identitäten indes in dem Moment zur Disposition, wo der Prozess der Granularisierung einen Grad an Singularisierung bewirkt hat, an dem ein gemeinschaftlicher Konsens ebenso unerreichbar scheint wie ein verbindliches Narrativ, der »uns taub gegenüber der Stimme des Anderen« (Han 2021, S. 45) macht. Dann droht ein narzisstischer Selbstbezug die präreflexive Geltung konventioneller Identitätsangebote zu ersetzen, so simplifizierend und defizitär diese im Einzelnen auch sein mögen; dann weicht der für Demokratien konstitutive kommunikative Diskurs einer auf sich selbst verweisenden, exzentrischen Performance.

> »Die Kommunikation wird heute insofern immer weniger diskursiv, als ihr immer mehr die Dimension des Anderen abhanden kommt. Die Gesellschaft zerfällt zu unversöhnlichen Identitäten ohne Alterität. Statt Diskurs findet ein Identitätskrieg statt. Die Gesellschaft verliert dadurch das Gemeinsame, ja den Gemeinsinn. Wie hören einander nicht mehr zu. Das Zuhören ist insofern ein politischer Akt, als es die Menschen erst zu einer Gemeinschaft verschweißt und zum Diskurs befähigt. Es stiftet ein Wir« (Han 2021, S. 50).

Folgt man der Argumentation des Soziologen Andreas Reckwitz, dann muss das Verschwinden des Anderen als ein, wenngleich unerwünschter, Nebeneffekt der spätmodernen »Subjektkultur der Selbstverwirklichung« (Reckwitz 2020, S. 215) angesehen werden. Selbstverwirklichung beschreibt den performativen Modus des granularen Subjekts, das »in der Suche nach Selbstverwirklichung und Authentizität […] eine beständige Valorisierung und Singularisierung aller möglichen Elemente seines Lebens« (ebd., S. 214) betreibt. Sinn schöpft es nicht mehr aus gemeinsam geteilten Werten, sondern aus dem je Besonderen und Einzigartigen einer sich fortsetzenden Verkettung emotional aufgeladener »peak experiences« (Abraham Maslow). Alles soll sich um die Ermöglichung einer positiv erfahrbaren und authentischen Einzigartigkeit und Besonderheit drehen. Erschwerend wirkt allein die Tatsache, dass man sich diese Form der Selbstverwirklichung durch permanente Statusarbeit und Leistungsorientierung selbst verdienen muss. Erfolgreiche Statusarbeit und authentische Selbstentfaltung münden schließlich in ein Muster, das Reckwitz als »performative Selbstverwirklichung« (Reckwitz 2020, S. 217) bezeichnet (▶ Kap. 2.3):

> »Das paradigmatische spätmoderne Subjekt macht sein interessantes Leben sichtbar (zum Beispiel über Instagram und andere soziale Medien) und verwandelt es dadurch in seinen Elementen oder sogar als Ganzes im Rahmen einer Aufmerksamkeitsökonomie in Singularitätskapital« (ebd.).

Gleichwohl die warnenden Stimmen nicht müde werden, ihr kulturpessimistisches bzw. akzelerationistisches Lamento der Auflösung bestehender Ordnungen zu verbreiten, zeitigt die Digitalisierung mitnichten nur negative Wirkungen.

Digitalisierung erweist sich als hoch ambivalenter und komplexer soziotechnischer Prozess, der das 21. Jahrhundert mit dramatischen Veränderungen in allen Bereichen des Lebens konfrontiert. Wir sind als Gesellschaft aufgefordert, konstruktive Wege der Gestaltung der digitalen Transformationen zu finden, und zwar in technologischer, ökonomischer, rechtlicher, politischer, ethischer und pädagogischer Hinsicht. Chancen und Risiken halten sich dann die Waage, wenn wir bereit sind, die mit der gegenwärtigen Beschleunigung einhergehenden Aufgaben wahrzunehmen und konstruktiv zu bewältigen.

So zeigen sich am Beispiel des medizinischen Fortschritts die Chancen und Potenziale der Granularisierung vielleicht am deutlichsten, gleichwohl sich gerade im Kontext des Eingriffs in die menschliche Biologie ethische,

1.3 Digitalisierung und politische Regulierung

rechtliche und soziale Fragen aufdrängen, die vom wissenschaftlichen Fortschritt alleine nicht zu beantworten sind.

Im Bereich der politischen Willensbildung hingegen überwiegen nach wie vor die kritischen und warnenden Stimmen und es stellen sich berechtigte Fragen, welche Anforderungen an die Öffentlichkeit in liberalen Demokratien gestellt und wie diese auch angesichts des digitalen Wandels eingelöst werden können. Es steht außer Zweifel, dass die Digitalisierung und das Internet den öffentlichen und freien Zugang zu Wissen und damit die Möglichkeiten zu einer rezeptiven und kommunikativen Teilhabe tendenziell eher befördern, als diese zu begrenzen.

Öffentlicher Diskurs und individuelle Meinungsbildung finden in demokratischen Öffentlichkeiten einen breiten Korridor des Denk- und Sagbaren. Hierbei übernehmen journalistische Medien üblicherweise eine Vermittlerrolle bei der öffentlichen Meinungsbildung; sie sind »Intermediäre, die zwischen Bürger*innen und politischen Entscheidungsträgern vermitteln, und zwar in beide Richtungen: Einerseits vermitteln sie gesellschaftliche Interessen, andererseits politische Entscheidungen« (Neuberger 2022, S. 19). Sie sind die Schaltstelle der öffentlichen und individuellen Meinungsbildung und gleichzeitig das Medium, in dem sich diese artikuliert. Konventionelle, journalistisch moderierte Medien erfüllen somit eine für das demokratische Gemeinwesen zentrale Funktion: Sie bündeln und repräsentieren gesellschaftlich relevante Themen, kanalisieren den Diskurs und bieten selektive Anknüpfungspunkte für die öffentliche Meinungsbildung. Digitale Medien erweitern den bestehenden rezeptiven Kommunikationsraum durch das Versprechen der Partizipation: Die mediale Repräsentation von Wissen konnte und sollte sich gegenüber der Präsenz unmittelbarer Beteiligung öffnen. Entsprechend wurden die digitalen Medien, insbesondere das Internet, schon früh als Wegbereiter einer demokratischen Öffentlichkeit konzeptualisiert. Demokratisierung und Beteiligung, Hierarchiearmut und Dezentralisierung, Aufklärung und Emanzipation waren die zentralen Bausteine, auf denen sich die zahlreichen utopischen Entwürfe einer idealen Öffentlichkeit fundieren sollten (Dickel & Schrape 2015). Im selben Zug bahnte sich aber auch eine Glaubwürdigkeitskrise der etablierten Medien den Weg, die in jüngerer Zeit insbesondere von der Pegida- und Querdenken-Bewegung sowie im Umfeld identitärer und rechtsradikaler Kreise beschworen und im

Kampfbegriff »Lügenpresse« öffentlichkeitswirksam skandiert wird. Von einem regelrechten Hass auf das etablierte Mediensystem sind auch diverse Gruppen angetrieben, die einer wie auch immer gearteten Verschwörungserzählung anhängen. Diese »ideologisch verschärfte Spielform einer ohnehin verbreiteten Medienverdrossenheit« (Pörksen 2015, S. 72), die immer zugleich eine Verschwörung des Mediensystems impliziert, fungiert als verbindendes Narrativ einer sich vor allem in Sozialen Medien formierenden Gegenöffentlichkeit. Diese Gruppierungen eint die Ablehnung eines vermeintlich korrumpierten Mediensystems, das der gezielten Indoktrination und Manipulation der Öffentlichkeit diene und mit allen Mitteln bekämpft werden müsse. Welch dramatische Folgen für die freiheitliche Demokratie eine derartige ideologische Kriegserklärung tatsächlich zu zeitigen vermag, wurde am 6. Januar 2021 deutlich, als ein Mob von Wutbürger*innen zum Sturm auf das Kapitol in Washington und damit auf das Herz der US-amerikanischen Demokratie ansetzte. Dieser wurde zum sichtbaren Ausdruck eines drohenden »Dialog- und Kommunikationsinfarkt[s] […], der einer offenen Gesellschaft gefährlich werden kann« (Pörksen 2015, S. 72) und der die zentrale Bedeutung von auf den Regeln des freien Markts basierenden Medien für die Konstitution und Aufrechterhaltung von Demokratien verdeutlicht. Eine derartige Verrohung und Radikalisierung öffentlicher Diskurse lässt Defizite »der Wertewirklichung in der digitalen Öffentlichkeit« erkennen und zeigt, »dass die erweiterte Partizipation nicht nur zur Demokratisierung beiträgt, sondern auch eine dunkle Seite hat« (Neuberger 2022, S. 25).

Ob diese Entwicklungen nun eine »Entfremdung von den etablierten Medien zum Ausdruck« (Krüger 2016, S. 22) bringen, wie der Medienwissenschaftler Uwe Krüger vermutet, oder hierfür eine den öffentlichen Raum umgehende, »in Privaträumen produziert[e] und an Privaträume gesendet[e]« »Umsteuerung des Informationsstroms« (Han 2021, S. 40) ursächlich ist, wie Byun-Chul Han anmerkt, kann und soll an dieser Stelle nicht beantwortet werden. Die gegenwärtige Krise der Medien zeigt aber die Wichtigkeit eines gesamtgesellschaftlichen Diskurses für ein freiheitliches Gemeinwesen, in dem der für demokratische Prozesse konstitutive Aspekt einer »Präsenz des Anderen« (ebd., S. 41) ebenso verwirklicht ist wie der Gedanke der Verantwortung für die sich darauf stützende Ordnung, deren wahrer Wert vielen erst dann bewusstwerden dürfte, wenn er verloren ist. Ein Vielklang der Stimmen lässt sich nur in einer Gesellschaft realisieren, die über einen gemeinsamen Wertekanon verfügt, der den «‚holistischen Hintergrund' des kommunikativen Handelns« (ebd., S. 47) bildet, die Folie, vor der die Gemeinschaft sich als Gemeinschaft wahrnehmen kann und die den Diskurs als Austausch von Argumenten im Gedanken der Geltung erst legitimiert.

Erosionsprozess des kommunikativen und sozial verantwortlichen Handelns

Dieser Basiskonsens droht im Zuge der Granularisierung und Singularisierung und der damit einhergehenden Krise des Individuums immer fragiler zu werden und sukzessive zu erodieren. Subjektive Statusarbeit, Selbstverwirklichung und deren Performanz in Sozialen Netzwerken entziehen der zwischenmenschlichen Kommunikation die diskursive Ausrichtung und verbauen den Blick für das sozial Verbindende und zu Verantwortende. Dieser Erosionsprozess des kommunikativen und sozial verantwortlichen Handelns verschärft sich durch eine ungebremste Informationsexplosion in nahezu allen Bereichen des Wissbaren und die schiere Aussichtslosigkeit im Hinblick auf die Formulierung einer Erzählung, die angesichts dieser explosionsartigen Beschleunigung noch soziale und kulturelle Identität herzustellen vermag. Dieser für ein demokratisches Gemeinwesen konstitutive Diskursraum steht aktuell zur Disposition. Deshalb sind politische und rechtliche Regulierungsmaßnahmen ein zentrales Instrument auf dem Weg zu einer gesellschaftlichen Justierung der digitalen Öffentlichkeit.

So konnten bereits auf nationaler Ebene mit der Verabschiedung des Netzwerkdurchsetzungsgesetzes (NetzDG) im Jahr 2017 und des Medienstaatsvertrags (MStV) im Jahr 2020 die Plattformbetreiber stärker in die Pflicht genommen werden.

Mithilfe von Gesetzen allein löst man jedoch keine Krisen, weshalb »zur Stärkung der Vermittlung in der digitalen Öffentlichkeit [...] auch der professionelle Journalismus als qualitätssichernder Intermediär gefördert werden« (Neuberger 2020, S. 25) sollte. Das kann nur unter der Voraussetzung gelingen, dass die Intermediäre selbst einen Strukturwandel vollziehen, vom klassischen Gatekeeper-Paradigma linearer Massenmedien zu einem insgesamt beteiligungsorientierteren und interaktiveren Netzwerk-Paradigma (ebd.).

> Ob sich das System der staatlich organisierten repräsentativen Demokratie retten lässt, das auf einen verbindenden Diskursraum ebenso angewiesen ist wie auf dessen mediale Repräsentation, wird wesentlich von unserer Bereitschaft abhängen, das demokratische Gemeinwesen nicht als bedingungslos gegeben hinzunehmen, sondern dessen Werte auch aktiv zu verteidigen.

Welchen Angriffen sich die Demokratie in Zeiten des Plattformkapitalismus und digitaler Öffentlichkeiten erwehren muss, ist auch davon abhängig, wie es uns als Gesellschaft gelingt, die digitalen Transformationen auf dem Arbeitsmarkt zu bewältigen. Politik und Arbeitswelt sind in demokratischen Gesellschaften insofern aufs engste verknüpft, als der soziale Zusammenhang in erheblichen Maße von einer erfolgreichen Integration in die Arbeitswelt gestützt wird.

1.4 Digitalisierung in Arbeitswelt und Wissenschaft, oder: Über die Macht der Plattformen, den Aufstieg der Roboter und das Ende der Theorie

Einschneidende Veränderungen zeitigen die mit der Digitalisierung verknüpften Prozesse auch im Bereich der Wissenschaft, Wertschöpfung und Arbeitswelt. Lernende Mustererkennung, autonom agierende Maschinen und (Produktions-)Roboter sind aktuell dabei, einen erheblichen Automatisierungsschub in diesen Bereichen zu bewirken und den Anteil menschlicher Arbeit entweder auf ein Minimum zu reduzieren oder gänzlich obsolet werden zu lassen. Die diesbezüglichen Transformationen wirken bis tief in die erkenntnistheoretische Grundlagenforschung und Wissensarbeit hinein und kündigen auch dort paradigmatische Umwälzungen an. Es sind mitnichten nur manuelle Tätigkeiten, die der Automatisierung anheimfallen, die Fortschritte im Bereich der KI und Big-Data-Aggregation schicken sich an auch der intellektuellen Erkenntnis- und Leistungsfähigkeit des Menschen Konkurrenz zu machen (▶ Kap. 5).

Als leitende Prämisse der sukzessiven Automatisierung von Wirtschaft und Arbeitswelt fungieren einmal mehr vordringlich ökonomische Imperative wie Effizienzsteigerung, Rationalisierung, Kosteneinsparung, Produktivitätssteigerung und Gewinnmaximierung. Besondere Auswirkungen sowohl auf die Struktur des Kapitalismus als auch auf die globale Ökonomie zeitigen dabei vor allem jene monopolistisch agierenden Internetkonzerne, deren Geschäftsmodell darauf basiert, möglichst geschlossene sozioökonomische Systeme auszubilden sowie neue Formen zentralisierter, datenbasierter Macht zu installieren, deren kartellrechtliche Regulierung und ordnungspolitische Einhegung bislang nicht hinreichend gelungen ist. Das neuartige Businesskonzept, das sich innerhalb nur weniger Jahre aus dieser Machtkonzentration heraus entwickelt hat, erweist sich als identisch mit einer Unternehmensform, die sich um die systematische Erhebung, Monopolisierung, Extraktion, Analyse und Nutzbarmachung von Daten bemüht: die Plattform (Srnicek 2018; Seemann 2021).

Netzwerkeffekte und digitale Plattformen

Plattformen sind in definitorischer Hinsicht nichts anderes als »digitale Infrastrukturen, die es zwei oder mehr Gruppen ermöglichen zu interagieren« (Srnicek 2018, S. 46). In ein attraktives Geschäftsmodell transferiert, erzeugen sie jedoch wirkungsvolle Netzwerkeffekte als eine Form sozialer Macht, die sich über die Angleichung von Standards realisiert (Seemann 2021, S. 104). Ein Beispiel: Man kann sich zwar ganz bewusst gegen die Nutzung eines Dienstes wie WhatsApp entscheiden, bekommt dann aber aufgrund seiner großen Reichweite den damit einhergehenden sozialen Druck zu spüren, den »zwanglosen Zwang des dominanten Standards« (ebd., S. 105), weil sich der am weitesten verbreitete Standard durchsetzt, im Zweifel auch gegen bessere Qualität, und »uns Entscheidungen ab[ringt], die weder frei noch erzwungen sind« (ebd., S. 107). Netzwerkeffekte speisen sich damit ganz wesentlich aus ihrer »Soziabilität« (David S. Grewal), aus der Adaption der vielen.

Zu dieser spezifischen Form sozialer Wirkmacht gesellt sich auf digitalen Plattformen ein weiteres charakteristisches Machtinstrument: die Hoheit über die Daten der Nutzer*innen und das Streben nach einer »Kolonisierung der sozialen Beziehungen durch digitale Technik« (Betancourt 2018, S. 16). Digitale Plattformen produzieren nicht notwendigerweise physische Produkte, ihr Geschäftsmodell beruht in erster Linie auf der Extraktion von Daten, d.h. immateriellen Vermögenswerten, die sich, abhängig vom jeweiligen Geschäftsmodell, gewinnbringend instrumentalisieren bzw. veräußern lassen. Nick Srnicek (2018, S. 52) unterscheidet fünf Typen digitaler Plattformen, wenngleich sich in der Praxis häufig auch Mischformen finden lassen[2]:

1. Werbeplattformen (z.B. Google, Facebook),
2. Cloud-Plattformen (z.B. Amazon Web Services, Salesforce),
3. Industrieplattformen (z.B. General Electric, Siemens),
4. Produktplattformen (z.B. Spotify, Netflix),
5. schlanke Plattformen (z.B. Uber, Airbnb).

Als Herausforderung für den Arbeitsmarkt erweisen sich insbesondere die schlanken Plattformen, die auf materielle Anlagegüter weitgehend verzichten können, da sie auf das vielleicht wertvollste Anlagegut setzen: »die Plattform für Software und Datenanalyse. Schlanke Plattformen operieren nach dem Modell des maximalen Outsourcing« (ebd., S. 77), was die Grundkosten für die so agierenden Plattformen erheblich reduziert (ebd.,

---

2 Der Branchenriese Amazon, ursprünglich als E-Commerce-Unternehmen gestartet, erfüllt mit seinen vielfältigen Produkt- und Dienstleistungsportfolio »praktisch die Kriterien aller fünf genannten Kategorien« (Srnicek 2018, S. 53).

S. 77). So muss das auf Personenbeförderung spezialisierte Dienstleistungsunternehmen Uber für den operativen Betrieb weder ein Fahrzeug besitzen noch Mitarbeiter direkt beschäftigen. Dasselbe gilt für das auf die Vermittlung von Unterkünften spezialisierte Unternehmen Airbnb. Derartige Formen der Sharing Economy begünstigen nahezu zwangsläufig prekäre Beschäftigungs- und Lohnverhältnisse, indem sie die Graubereiche zwischen Abhängigkeit und Selbständigkeit maximal ausreizen. Deshalb steigern schlanke Plattformen den Selbstausbeutungsdruck der Arbeitenden erheblich. Ab dem Moment, an dem Maschinen dieselbe Leistung günstiger erbringen können, wird menschliche Leistung schließlich gänzlich obsolet. Ob sich aus diesem vergleichsweise kleinen Sektor der Arbeitswelt auch ein größerer Trend ablesen lässt, wie Srnicek nach Auswertung diverser Studien mutmaßt, wird die weitere Entwicklung zeigen. Dass der mitunter beschwerliche Aufstieg zur Monopolstellung derart agierender Plattformen hingegen weniger von ihrer substanziellen Leistung als von einem erfolgreichen Outsourcingprozess abhängt, ist für den Autor jedenfalls gesetzt. Er schlussfolgert, dass »bei der Plattform […] die Datenextraktion praktisch zur genetischen Ausstattung [gehört], als Modell, das es ermöglicht, andere Dienstleistungen, Waren und Technologien darauf aufzubauen« (ebd., S. 90).

Die Plattform markiert ferner einen ökonomischen Strukturwandel vom Produktportfolio zur Dienstleistung[3]. Plattformen wirken durch die Konzentration spezifischer Branchenmacht, das datengetriebene Streben nach Expansion in andere Branchen sowie die Förderung komplementärer Produkte insgesamt eher wettbewerbsverzerrend. Sie agieren in einem sich verstärkenden Kreislauf aus sozialer Macht (über die Daten ihrer Nutzer*innen) und Adaptivität, der auf Exklusivität und Abschottung gegenüber Wettbewerber*innen setzt.

---

3 Seemann (2021) erläutert das am Beispiel der Peer-to-Peer Musiktauschbörse Napster, die in der kurzen Zeit ihres Bestehens (1999–2001) nicht nur eine Branchenkrise auslöste, sondern einen kulturellen Wandel angestoßen hat: vom physischen Produkt zu einem allgemein verfügbaren immateriellen Informationsgut. »Der durch Napster hergestellte allgemeine Zugang zu Musik [hat] das Ende der Warenform eingeleitet« (S. 366).

Forderungen nach Datenschutz und Privatheit erweisen sich naturgemäß als die natürlichen Feinde der Plattformökonomie, da »Engpässe beim Datenfluss zwischen Sensoren und Konsumartikeln […] ein Hindernis bei der Wertschöpfung« (ebd., S. 103) sind.

Beispiel: Google

In seiner reinsten Form begegnet uns die Plattformökonomie bei Google bzw. dessen Mutterkonzern Alphabet. Schon früh durch seine Suchmaschine zu einem der bedeutendsten Gatekeeper des Internets herangewachsen, wurde das Unternehmen durch seinen Suchalgorithmus innerhalb weniger Jahre zu einem der Big Player des digitalen Zeitalters. Nach einer aktuellen Erhebung von NetMarketShare besitzt Google allein im Desktop-Suchmaschinen-Markt im Januar 2022 einen Anteil von 80% an den weltweiten Suchanfragen. Auch im mobilen Bereich besetzt Google mit einem Marktanteil von 87,59% die unangefochtene Marktführerschaft (Statista 2022a). Ausgehend von dieser Monopolstellung profitiert Google von bombastischen Netzwerkeffekten, die das Unternehmen sukzessive für die Expansion in andere gewinnbringende Bereiche einsetzt, z. B. durch die Etablierung der Android-Plattform, eines Betriebssystems für unterschiedliche Gerätekategorien, die im Segment mobiler Betriebssysteme im März 2022 einen weltweiten Marktanteil von 71,7% behauptet (Statista 2022b). Heute ist die Alphabet-Holding, zu der Google seit 2015 gehört, in einer äußerst dynamischen Vielzahl von Produkt- und Dienstleistungssektoren tätig und betreibt unter dem Firmennamen X auch eigene Forschungsabteilung mit diversen Projekten im Bereich der Mobilitätsforschung, Robotik, Augmented Reality und Deep-Mind-Technologien.

In der gegenwärtigen Plattform-Ökonomie dreht sich viel um die Besetzung produktbezogener Schlüsselpositionen und ihrer Verteidigung. Dadurch sind Plattformen dazu gezwungen, immer weiter zu expandieren und sich im selben Zug gegenüber einer gleichartig verfahrenden Konkurrenz abzuschotten. Aus diesem Grund bilden sie tendenziell expansive, weitgehend geschlossene Ökosysteme. Gleichzeitig werden sich die großen Plattformen durch den datengetriebenen Expansionsprozess in populäre und gewinnträchtige Segmente zwangsläufig immer ähnlicher (Konvergenzthese), was dazu führt, dass sich Plattformen praktisch immer im Krieg um Markt- und Netzwerkmacht befinden (Srnicek 2018, S. 107). Auf einer operationalen Ebene sichern Plattformen ihre Macht über das komplexe Zusammenspiel diverser horizontaler und vertikaler Strategien, von Netzwerkmacht und Kontrollregimes (vgl. ausführlich Seemann 2021). Als deren Schlüsselbegriff definiert Michael Seemann die »Graphnahme als de[n] ursprünglichen Akt der Begründung von Plattformmacht« (Seemann 2021, S. 146).

Graphen

Graphen sind der Kulminationspunkt aller datenbasierten Kontrollregimes. Sie »sind nicht die Netzwerke selbst, sondern ihre Repräsentation. Verkürzt könnte man sagen: Ein Graph verhält sich zum Netzwerk wie die Karte zum Territorium. Netzwerke lassen sich als Graphen kartographieren, analysieren und mit Selektionskaskaden befragen« (ebd., S. 140). Dem Graphen entspricht demnach die gereinigte und standardisierte Form ökonomisch nutzbarer Big-Data-Extraktion, die strategische und strukturelle Grundlage der Plattform-Ökonomie.

Als besonders mächtig erweist sich der Unterhaltungsgraph, insbesondere der Musikgraph, um den sich die Marktführer Google, Apple und Amazon seit einiger Zeit einen erbitterten Wettstreit um den global dominierenden Netzwerkeffekt liefern. Dieser Krieg um den sozialen Graphen verschärft sich unter den Bedingungen des Einsatzes lernender Algorithmen, die die Interessen und Motive von Nutzer*innen noch präziser und hochauflösender abbilden – und voraussagen können. Das erklärt u. a. den globalen Erfolg der chinesischen Plattform TikTok, deren selbstlernender Algorithmus nicht mehr den Graphen als solchen erhebt (und in Besitz nimmt), sondern die Motive und Interessen hinter dem Graphen ergründet und erfolgreich im Sinne der Nutzer*innenbindung einsetzt (ebd., S. 357 f.).

Versuche, die Macht von Plattformen durch (kartell-)rechtliche Regulierungen (z. B. das Digital Service Act Package oder der Digital Markets Act der EU) oder Zerschlagung zu kontrollieren, scheitern bislang an der dynamischen Flexibilität der Plattformen, die »regulative Hürden nicht einfach überspringen, sondern ihre Infrastruktur so umbauen, dass sie fortan reibungslos auf Hürdenhöhe operiert« (ebd., S. 356). Zudem weist Seemann darauf hin, dass politische Versuche, der Plattformmacht mit Gesetzen zu begegnen, insofern einem Kategorienfehler aufsitzen, als diese »ihre Legitimation und Macht nicht aus dem Recht, sondern aus den positiven Adaptionsentscheidungen ihrer Nutzer*innen ziehen« (ebd., S. 372f.). Es scheint, als ob das etablierte »Arsenal der Einhegung, Demokratisierung und gesellschaftlichen Nutzbarmachung von Macht [...] bei der Anwendung auf Plattformen versagt« (ebd., S. 371). Folgt man der Argumentation Seemanns, dann bleibt der Gesellschaft nur eine Option, die unmittelbar an der Machtbasis der Plattformen ansetzen muss: der »Exklusivität der Kontrolle potentieller Verbindungen und deren Netzwerkmacht« (ebd.).

Derartige strukturelle Verschiebungen und marktwirtschaftliche Paradigmenwechsel wirken nicht nur auf die ökonomischen und politischen Rahmenbedingungen ein, sie tangieren auch einen weiteren fundamentalen Aspekt des gesellschaftlichen Zusammenlebens: den Zugang zu Arbeit. Umwälzungen kultureller Wertschöpfungsprozesse in digitale Konsumgüter, Outsourcing, Automatisierung und Robotik werden über kurz oder lang zu einschneidenden Veränderungen in den allermeisten Branchen führen. Digitale Plattformen »verdecken den Zusammenhang von Kapital, menschlicher Aktivität, sozialer Reproduktion und physischer Reproduktion« (Betancourt 2018, S. 17). Dieser Prozess ist folgenreich, denn er übersieht, dass die klassische Erwerbsarbeit insofern fundamentale Mechanismen des gesellschaftlichen Zusammenlebens tangiert, als die Ausbildung einer sozialen Identität seit jeher wesentlich von der Wahl und Ausübung eines Berufs, mithin der Integration in die Arbeitswelt beeinflusst wird.

Digitale Automatisierbarkeit in der Arbeitswelt

Im Jahr 2013 haben zwei Oxford-Wissenschaftler, der Ökonom Carl B. Frey und der Informatiker Michael A. Osborne, eine vielbeachtete Studie zur Zukunft der Beschäftigung unter den Bedingungen der

Digitalisierung vorgelegt, in der sie anhand von Expert*inneneinschätzungen und einschlägiger beruflicher Arbeitsmuster die Automatisierbarkeit beruflicher Tätigkeiten untersuchten. Das Ergebnis ihrer Untersuchungen lässt aufhorchen, denn sie prognostizieren, dass in einem Zeitraum von zehn bis 20 Jahren mehr als 70 % der Berufe automatisiert werden können, wovon etwa 47 % der Beschäftigten in den USA betroffen sein könnten (Frey & Osborne 2013). Zu einer insgesamt etwas vorsichtigeren Einschätzung kommt eine Expertise des Zentrums für Europäische Wirtschaftsforschung (ZEW), die auf Grundlage der Studie von Frey und Osborne die Automatisierungswahrscheinlichkeit für den deutschen Arbeitsmarkt in den Blick nimmt. Ihr zufolge arbeiten derzeit etwa 42 % der hierzulande Berufstätigen in Berufen mit hoher Automatisierungswahrscheinlichkeit. Da vornehmlich Tätigkeiten und nicht Berufe automatisiert werden, wagen die Autoren eine differenziertere Einschätzung, wonach perspektivisch 12 % der Arbeitsplätze durch die Automatisierung gefährdet sind[4], tendenziell eher zu Lasten der Geringqualifizierten (Bonin, Gregory & Zierahn 2015) (▶ Kap. 4.1.1).

Die sich abzeichnenden Transformationen auf dem Arbeitsmarkt müssen als eine der drängendsten gesellschaftlichen Herausforderungen der Digitalisierung ernstgenommen werden, da Arbeit mitnichten nur der Existenzsicherung dient, sondern eine zutiefst soziale Dimension besitzt: »Menschen wollen etwas schaffen, sie wollen ihre Welt gestalten – Arbeit ist eine zentrale Form, die dieser Drang annimmt« (Herzog 2019, S. 9). In ihrem engagierten Plädoyer zur »Rettung der Arbeit« fordert Lisa Herzog deshalb auch dazu auf, die Sozialität menschlicher Arbeit in den Mittelpunkt der politischen und rechtlichen Justierung einer künftigen Arbeitsmarkt- und Beschäftigungspolitik zu stellen. Arbeit sei weder nur ein Mittel zum Geldverdienen noch der individuellen Selbstverwirklichung, sondern ein existenzielles Grundbedürfnis, »sie ist ein Teil unserer öffent-

---

4 Sozial-intelligente Tätigkeiten, wozu auch die Soziale Arbeit zu rechnen ist, sind nach gegenwärtigem Stand von den diesbezüglichen Änderungen ausgenommen (Bonin, Gregory & Zierahn 2015, S. 4).

lichen Welt und muss auch als solche verstanden werden« (ebd., S. 12). Deshalb gehe es am Ende auch weniger darum, sich in einem Diskurs für oder wider die technologischen Entwicklungen zu positionieren, als darum, unter den Bedingungen des technischen Wandels eine inhaltliche Neufassung dessen zu wagen, was wir als Gesellschaft unter Arbeit verstehen und welche Rolle wir ihr beimessen. Arbeit müsse künftig sehr viel partizipativer und demokratischer beschaffen sein, sie sei »ihrer Natur nach arbeitsteilig, organisiert innerhalb sozialer Systeme, die viele Vorteile gegenüber individualistischer Arbeit haben, aber auch neue Gefahren bergen« (ebd., S. 17). Ihrer Überzeugung nach lässt sich ein derartiger demokratischer Wandel nur unter der Voraussetzung vollziehen, dass sich die Wirtschafts- und Arbeitswelt politischer Kontrolle gegenüber öffnen und den überholten Mythos von der Arbeit als einem beliebig zu bewerkstelligenden Produktionsfaktor überwinden. Weder ist die Arbeit nur eine ökonomische Angelegenheit noch eine Form individueller Selbstverwirklichung: Sie ist eine zutiefst soziale Angelegenheit und insofern genuine Aufgabe politischer und zivilgesellschaftlicher Regulation und Ausgestaltung. Im Kern ihrer Forderung steckt die Überzeugung, dass das von der Ökonomie geprägte Menschenbild des Homo oeconomicus als zentrale Folie zur Erklärung menschlichen Handelns und Verhaltens ausgedient habe. Weder handeln Menschen nur nach finanziellen Anreizen noch einzig um des eigenen Vorteils willen. Menschen sind soziale Wesen, auf der Suche nach Anerkennung und voller Fürsorge für ihre Familien und Freund*innen (ebd., S. 177 ff.). Arbeit bietet sozialen Anschluss, vermittelt Kommunikation, stiftet Struktur und gibt Verbindlichkeit. Gerade in einer Zeit der expansiven Singularisierung und gesellschaftstektonischer Plattenverschiebungen könne die Arbeitswelt als sozial integratives Gegengewicht fungieren und ein Moment der Gleichheit im Sinne gleichberechtigter Teilhabe sicherstellen. Ohne »die aktive Stärkung partizipativer, demokratischer Organisationsformen« werde sich die Arbeitswelt von morgen jedoch allein auf marktwirtschaftlichen Prämissen gründen und sich die ohnehin »fragile Balance zwischen Demokratie und Kapitalismus« weiter in Richtung Effizienzradikalität verschieben (ebd., S. 187 f.).

In einer dergestalt entfesselten Form digitaler Ökonomie spiele von Menschen ausgeübte Arbeit zwangsläufig nur noch eine untergeordnete Rolle. Am Ende drohe ein ungezügelter digitaler Kapitalismus gar die

Beziehung von Produktion und Konsumtion von ihrem zentralen Bezugspunkt zu lösen: dem menschlichen Leben und Handeln und sozialer Reproduktion (Betancourt 2018, S. 22). Als Folge dieser Entkoppelung werden der Mensch bzw. seine informationelle Matrix selbst zur Ware. Michael Betancourt hat darauf hingewiesen, dass »die Transformation der sozialen Aktivität in eine Ware [...] aus der Illusion hervor[geht], dass die digitale Produktion Wert ohne Aufwand erzeugt – der Illusion der Produktion von Kapital ohne seine notwendige Konsumtion« (ebd., S. 23). Als Ursprung des von der digitalen Ökonomie ausgehenden sozialen Dilemmas identifiziert er ein generelles Desinteresse an der Physikalität dessen, was da in eine digitale Form übertragen, in handhabbare Datenblöcke zerlegt und ökonomisch nutzbar gemacht wird. Es wird in eine Form verwandelt, die das Physische von seinem Ursprung ablöst und dieses seiner Bedeutung entreißt. Die Aura des Digitalen erweise sich damit als semiotischer Auflösungs- und Verdrängungsmechanismus ohne materielles Korrektiv. Deswegen führe die digitale Ökonomie auch weder zu mehr sozialer Gerechtigkeit, Partizipation und Gemeinsinn noch bekämpfe sie die Armut und Klassengesellschaft, wie mancherorts behauptet wird. Vielmehr müssen die sozialen Fantasien, die das Internet seit seiner Popularisierung begleiten, enttäuscht werden. Der Transfer von Menschen und Dingen in eine Datenmatrix erweist sich unter dieser Perspektive als Fortsetzung eines aus der industriellen Automatisierung stammenden Verfahrens zur Partikularisierung und Modularisierung von Produktionsprozessen zum Zwecke ihrer Optimierung, nur eben auf einer informationeller Ebene.

Ein solches Szenario gerät zwangsläufig in Widerspruch zu den Grundwerten einer demokratischen Gesellschaft, deren inklusives Paradigma wesentlich durch einen potentiell gleichberechtigen Zugang zu Arbeit als Ort der sozialen Integration getragen ist. Deswegen steht die Politik vor der Aufgabe, eine Antwort auf die Frage zu geben, wie sich das ohnehin fragile Gleichgewicht von Demokratie und Ökonomie unter den Bedingungen digitaler Transformationen so stabilisieren lässt, dass die Soziabilität der Arbeit auch in Zukunft sichergestellt ist.

Durch die Digitalisierung bewirkte, potentiell einschneidende Perturbationen haben auch den Wissenschafts- und Forschungssektor erfasst. Bereits im Juni 2008 hat Chris Anderson mit seinem im US-amerikanischen Technologiemagazin Wired veröffentlichten Essay »The End of Theory: The Data Deluge Makes the Scientific Method Obsolete«[5] eine Diskussion über die Zukunft der Wissenschaft in einer von Digitalisierung und Big Data geprägten Welt angestoßen. Dort vertritt er vor dem Hintergrund einer exponentiell anwachsenden und für sich selbst sprechenden Datenflut die These von einem drohenden Ende wissenschaftlicher Theorien sowie der Redundanz einschlägiger wissenschaftlicher Methoden oder, zu einem markigen Leitgedanken verdichtet: »Hat man erst einmal genug Daten, sprechen die Zahlen für sich selbst« (Anderson 2013, S. 126). Demnach droht die expansive Big-Data-Aggregation das hypothesen- bzw. theoriegeleitete Forschungsparadigma sukzessive zugunsten einer explorativ verfahrenden, datengetriebenen Modellierung zu verdrängen. Dabei werde das in der Sozial- und Wirtschaftsforschung gängige Sampling, d. h. die Beschränkung auf repräsentative Stichproben aufgrund begrenzter Daten und eingeschränkter Verarbeitungskapazität, ebenso obsolet wie die in den Naturwissenschaften verbreitete Suche nach Kausalbeziehungen (Ritschel & Müller 2016, S. 5 f.).

Das Vorhandensein riesiger Datenmengen und gesteigerter Rechenkapazität nährt auch in der sozialwissenschaftlichen Forschung die Hoffnung, mittels eines granularen, hochauflösenden Blicks Korrelationen und Muster auch in feinsten Details aufzudecken. Big Data setzt folglich dazu an, das Zeitalter der Korrelation bzw. der Mustererkennung in jenen Bereichen der Forschung zu etablieren, die sich als weitgehend robust gegenüber kausalen Zusammenhängen erwiesen haben, deren Modelle aber dennoch auf kausal-analytische Orientierung angewiesen sind. Klaus Mainzer merkt mit Blick auf diesen Trend allerdings kritisch an, dass die Verlagerung von einer theoriegeleiteten zu einer datengetriebenen Forschungsperspektive mit der Preisgabe der analytischen Frage nach dem

---

5 Eine deutsche Übersetzung des Beitrags erschien 2013 unter dem Titel »Das Ende der Theorie. Die Datenschwemme macht wissenschaftliche Methoden obsolet« in H. Geiselberger & T. Moorstedt (Hrsg.): Big Data. Das neue Versprechen der Allwissenheit (S. 124–130). Berlin: Suhrkamp.

Warum erkauft werde, die »historisch [...] am Anfang menschlichen Denkens in Wissenschaft und Philosophie« (Mainzer 2016, S. 23) steht, und er gibt zu bedenken, dass auch algorithmisch prozessierende Technik auf einer mathematischen Theorie der Berechenbarkeit fußt – Hypothesen, Experimente, Modellannahmen und ihre Falsifikation durch den Einsatz von Big-Data-Analysen also mitnichten überflüssig werden. Auch bestünden nach gegenwärtigem Wissensstand berechtigte Zweifel an einer mathematischen Berechenbarkeit der sozialen Welt, in der sich bis dato keine »fundamentale[n] Konstanten und Invarianzgesetze« (ebd., S. 32) haben finden lassen, wie wir sie z. B. in den Naturwissenschaften kennen.

Fest steht, dass mit der zunehmenden Datenflut auch in der sozialwissenschaftlichen Forschung computergestützte Rechensysteme und algorithmische Verfahren unverzichtbar werden. Der wachsenden Komplexität möglicher korrelativer Bezüge in großen Datensätzen sind gängige lineare Erklärmodelle i. d. R. nicht mehr gewachsen. »Dann sind bestenfalls nur noch Approximationen unter vereinfachten Bedingungen und numerische Lösungen denkbar« (ebd., S. 33). Theorien und Modelle werden deshalb aber nicht überflüssig, sie fungieren vielmehr als Blaupause und Korrektiv der Erfassung der komplexen Dynamik von Natur und Gesellschaft sowie ihrer Durchdringung mittels algorithmischer Verfahren.

Big Data in der Wissenschaft

Ohne theoretische Bezüge und Modellierungen ist die wissenschaftliche Erforschung von Mensch und Welt zur Orientierungslosigkeit und Datengläubigkeit verurteilt. Das Hantieren mit Daten vermag zwar korrelative Bezüge auszuweisen, jedoch stehen diese ohne Verknüpfung mit einer sinnstiftenden Theorie für sich selbst und bleiben damit faktisch ohne Referenz. Ein solcher Verständnishorizont lässt sich nämlich einzig und allein im Rekurs auf analytisches Fragen gewinnen, das am Anfang des wissenschaftlichen Erkenntnisinteresses steht und die Frage nach dem Warum formuliert.

Ritschel und Müller (2016) geben ferner zu bedenken, dass »am Anfang der Hypothesenbildung immer auch ein erfahrungsbasiertes ‚Verdachtsmoment'« steht. Fraglich sei jedoch, »inwiefern die Technologie des maschinellen Lernens eigenständige Hypothesen zu bilden vermag, die in den Sozialwissenschaften Anwendung finden können« (S. 6). Damit verknüpft ist die Frage nach der Qualität der zur Anwendung gebrachten Daten, denn es bleibt häufig ungeklärt, ob diese selbst als theoriegeleitetes Produkt bzw. als kulturelle Schöpfung anzusehen sind, d. h. »durch eine komplexe Kette von Übersetzungsleistungen erst erzeugt bzw. gemacht werden« (ebd., S. 7) oder als abschöpfbarer Rohstoff vorliegen, dem man sich nur zu bemächtigen habe.

Ob das von Anderson beschworene Ende der Theorie und der deduktiv-nomologischen Forschung durch Big Data Analytics tatsächlich eintritt und es zu einer induktiv-explorativen oder »abduktiven Wende in den Wissenschaften« (Wadepuhl 2016) kommt, darf also mit guten Gründen bezweifelt werden. Eine sinnvolle Kombination von theoretischen Modellen und Big Data dürfte sich unter Berücksichtigung gängiger wissenschaftlichen Standards auch künftig als Methode der Wahl erweisen. Es gibt schlicht auch Prozesse, die sich durch die Korrelation größter Datenmengen nur schwerlich vollumfänglich prognostizieren lassen, insbesondere in Phasen systemischer Instabilität, von Zustandsveränderungen und Übergängen. Man denke zum Beispiel an die Finanzmarkt-, die Verkehrs- oder Konfliktforschung, Phänomene, deren fragiles Gleichgewicht häufig von zufälligen Ereignissen und Störungen beeinflusst wird. Unabhängig davon setzt eine umfassende Analyse und Bewertung der mittels Big-Data-Analysen gewonnen Daten unabdingbar voraus, dass sowohl deren Ursprung bekannt ist als auch der sie verarbeitende Algorithmus in einem sinnhaften Kontext steht, der nur im Rahmen einer theoretischen Modellierung zu gewinnen ist. Big-Data-Analysen ohne theoretische Bezüge bleiben insofern statistisches und deskriptives Stückwerk, als sie keine »adäquate Kausalerklärung sozialer Phänomene« (Mayerl & Zweig 2016, S. 79), d. h. vereinfachende und insofern sinnstiftende Abstraktionen der komplexen Realität, liefern können.

Auch die Soziologie sieht sich durch das Eindringen eines algorithmischen Big-Data-Managements sowohl mit Blick auf ihren Gegenstand, ihre Methodik als auch ihre epistemologische Fundierung in besonderer Weise herausgefordert, droht sie doch gegenüber einer algorithmisch fundierten »Social Physics« (Pentland 2014) sukzessive ihren Hoheitsanspruch einzubüßen, »die zentrale Disziplin zur Beschreibung und Erklärung gesellschaftlicher Entwicklungen sowie der empirisch-statistischen Analyse gesellschaftlicher Fragestellungen zu sein« (Mayerl & Zweig 2016, S. 78). Für Jochen Mayerl und Katharina Anna Zweig entscheidet sich die disziplinäre Identität der Soziologie im Licht der Digitalisierung in erster Linie an ihrer methodischen Anpassungsfähigkeit und Flexibilität sowie ihrer Bereitschaft zur Kooperation mit benachbarten Disziplinen.

Big Data in der Soziologie

Big-Data-Analysen stellen einer theoriegeleiteten, kausal-analytisch verfahrenden Soziologie den Rohstoff für die Suche nach sozialen Wirkmechanismen zur Verfügung. »Big Data liefert in diesem Sinne zunächst Korrelationen und eignet sich damit hervorragend als Instrument des Entdeckungszusammenhangs und der Hypothesenbildung« (ebd., S. 80), nicht aber als Surrogat für eine Disziplin, deren Erkenntnisinteresse auf »das Erklären und Verstehen des Sozialen« (Ritschel & Müller 2016, S. 10) gerichtet ist. Für die Soziologie gilt, was bereits für die Wissenschaft im Allgemeinen gesagt wurde, dass die Frage nach deduktiven Kausalerklärungen als eigentlicher Motor wissenschaftlichen Erkenntnisstrebens gilt. So gesehen liefern Big-Data-Korrelationen, ungeachtet ihrer diversen methodischen Problemfelder[6], Anlasscharakter für eine sinnstiftende Erforschung und kausalanalytische Einordnung sozialer Wirkmechanismen.

Mayerl und Zweig hegen jedenfalls keinen Zweifel daran, dass die Zukunft der Soziologie von ihrer aktiven Partizipation am inter- und transdisziplinären Anspruch von Big Data und der sich hierdurch eröffnenden Potenziale abhängt, nicht zuletzt mit Blick auf die Sicherung der disziplinären Identität der Sozial- und Gesellschaftswissenschaften (Mayerl & Zweig 2016, S. 82).

---

6 Vgl. hierzu Mayerl & Zweig 2016, S. 80f.

2 Ausgewählte Digitalisierungsdiskurse

Wie im ersten Kapitel bereits ausführlich dargestellt wurde (▶ Kap. 1), lässt sich die Digitalisierung als Phänomen oder soziotechnischer Prozess aus diversen Blickwinkeln erschließen. Die hier vorgelegte Darstellung ausgewählter Perspektiven richtet den diesbezüglichen Fokus insbesondere auf wegweisende soziologische bzw. gesellschaftstheoretische Digitalisierungsdiskurse. Da sich kulturgeschichtliche, politische und ökonomische Aspekte und Perspektiven hiervon nicht vollständig ablösen lassen, sind diese in den vorgestellten Analysen stets präsent.

Aus einer vornehmlich gesellschaftstheoretischen Perspektive lassen sich im Wesentlichen zwei Strömungen differenzieren, die unterschiedlicher kaum sein könnten. Eine überwiegende Mehrzahl von Soziolog*innen widmet sich dem Thema Digitalisierung unter einer dezidert medien- bzw. techniksoziologischen Perspektive, insbesondere mit Blick auf die durch die Digitalisierung angestoßenen Transformationen sowie ihrer sozialen Folgen, etwa durch die Quantifizierung des Sozialen (Mau 2017), die Granularisierung der Wirklichkeit (Kucklick 2014), die digitale Selbstvermessung und Lebensprotokollierung (Selke 2014, 2016) oder einen an die Datenerhebung- und Integration im Kontext von Big Data gekoppelten Kontrollüberschuss (Baecker 2018). Eine zweite Gruppe von Soziolog*innen interessiert sich weniger für spezifische Teilaspekte bzw. Mikrophänomene der Digitalisierung und ihre sozialen Implikationen als für ihre strukturelle Funktion innerhalb einer ihr korrespondierenden Gesellschaftstheorie: als treibende Kraft hinter einer spätmodernen »Gesellschaft der Singularitäten« (Reckwitz 2017, 2020), als zentraler Baustein einer informationalen »Theorie der Netzwerkgesellschaft« (Castells 2001, 2017) oder als Struktur-, Organisations- und Funktionsprinzip funktional differenzierter Gesellschaften (Nassehi 2019a). Die nachfolgende Auswahl nimmt drei dieser wirkträchtigen und vielbeachteten Konzeptionen näher in den Blick: Armin Nassehis wegweisenden Entwurf einer Theorie der digitalen Gesellschaft (▶ Kap. 2.1), Christoph Kucklicks Analyse der durch die Hochauflösung des Sozialen bewirkten Revolutionen (▶ Kap. 2.2) und Andreas Reckwitz Modellierung einer Gesellschaft der Singularitäten (▶ Kap. 2.3).

2.1 Armin Nassehi: Muster – Theorie der digitalen Gesellschaft

Der Münchner Soziologe Armin Nassehi sucht in seiner programmatischen Arbeit *Muster* (2019a) »eine soziologische Theorie der digitalen Gesellschaft zu formulieren, die es erlaubt, den gesellschaftlichen Ort des Digitalen systematisch auf den Begriff zu bringen« (ebd., S. 318). Als paradigmatisch darf Nassehis Arbeit vor allem insofern bezeichnet werden, als sie methodisch einen anderen Weg einschlägt als ähnlich gelagerte sozial- und kulturwissenschaftliche Analysen, die den Prozess der Digitalisierung von seinen vielfältigen Konsequenzen her aufzuschließen versuchen (etwa Helbing 2019; Kucklick 2014; Mau 2017; Stalder 2016) und gleichsam als eine »Kolonialmacht« begreifen, »die auf die Gesellschaft trifft, die sich dagegen […] wehrt« (Nassehi 2019a, S. 319). Konträr zu diesen Versuchen wählt Nassehi einen methodisch kontrollierten Zugang zur Digitalisierung, der die Kenntnis des zu analysierenden Phänomens nicht zugleich voraussetzt und stattdessen systematisch der Frage nachspürt, welche Anschlussmöglichkeiten die Digitaltechnik für gesellschaftliche Problemlösungen bereitstellt, mithin die funktionale Frage zu beantworten sucht, warum sich die Digitalisierung sozial bewähren und als persistierende Größe gesellschaftlich etablieren konnte. Als techniksoziologische Prämisse dient ihm hierfür die Einsicht in die letztlich nicht trennscharf voneinander abgrenzbare Verwiesenheit von Technik und Gesellschaft, anders formuliert: Technik etabliert sich letztlich nur dort, wo sie auf fruchtbaren Boden, d.h. ein gesellschaftliches Bezugsproblem, stößt, wo es ihr gelingt, an ein implizites Problemfeld der Gesellschaft anzudocken (ebd., S. 16f.). Nassehis Erkenntnisinteresse richtet sich folglich weniger auf die durch die Digitalisierung bewirkten Störungen gesellschaftlicher Routinen und sozialer Praktiken – »Epiphänome[n] des eigentlichen Untersuchungsgegenstands« (ebd., S. 26) – als auf die Entbergung der gesellschaftlichen Prädisposition für den durchschlagenden Erfolg der Digitaltechnik. Er fragt nicht danach, »was die Digitalisierung *ist*, sondern was sie *tut*« (ebd., S. 18) und »welches Problem sie dabei löst« (ebd., S. 38), d.h. wie sie darin die zugrundeliegende Problem-Lösung-Konstellation spiegelt und was sie in die Lage versetzt, in nahezu allen Bereichen der Gesellschaft anschlussfähig zu sein und dies auch zu bleiben.

Dass sie das tut, muss nicht weiter begründet werden. Wie sie das tut und inwiefern dieser Prozess hin zu einer digitalen Gesellschaft von struktureller bzw. gesellschaftsinhärenter Natur ist, zeigt Nassehi in einem vielschichtigen und erkenntnisreichen Diskurs, der sich auf die Entschlüsselung des Eigensinns des Digitalen richtet, auf die »Visibilisierung von auf den ersten Blick unsichtbaren Strukturen in Datensätzen« (ebd., S. 67), die zugleich den Schlüssel zum Verständnis der digitalen Gesellschaft liefern.

2.1.1 Funktion

In einer ersten Annäherung an den Begriff des Digitalen ergründet Nassehi die nahezu grenzenlose Verknüpfungsfähigkeit und Relationalität von Daten mit Daten, deren Übersetzung in ein binär codiertes Medium Vergleichbarkeit und nahezu grenzenlose Kombinationsmöglichkeiten erlaubt und damit Regelmäßigkeiten, Beziehungen, Strukturen und Muster offenzulegen vermag, die mit bloßem Auge nicht sichtbar wären. Damit die Digitaltechnik einen derart durchschlagenden Effekt zeitigen kann, muss in funktionaler Hinsicht ein entsprechender Bedarf innerhalb der Gesellschaft vorhanden sein, der es erforderlich macht, mit Hilfe eines simplen Mediums komplexe Formen bzw. Zusammenhänge transparent zu machen, die sich einem unmittelbaren Zugriff entziehen.

2.1 Armin Nassehi: Muster – Theorie der digitalen Gesellschaft

Offenbar erschwert insbesondere der die Moderne prägende Komplexitätszuwachs zunehmend die Wahrnehmung dieser einheits- und ordnungsstiftenden Muster, was dazu führt, dass »Ordnung [...] nun selbst zum Problem [wird], weil ihre Beobachtung nicht mehr trivial ist« (ebd., S. 39), was sich, so Nassehi, als »strukturelle Antezedenzbedingung für die Entstehung des Digitalen« (ebd.) erweist. Dass sich die Gesellschaft überhaupt in Form von Daten darstellen lasse, verweise geradezu auf ihre Regelmäßigkeit und Musterhaftigkeit, denn digital beobachten lässt sich nur, was auf einer gewissen Regelhaftigkeit beruht (ebd., S. 45). Das Digitale werde so zu einer »Chiffre für Regelmäßigkeit« (ebd., S. 54), auch und gerade dort, wo diese nicht mehr vermutet oder etwa durch Disruptionsdiagnosen angefochten werde.

Soziale Muster

Die zunehmende Unsichtbarkeit und Unverfügbarkeit stabilisierender Ordnungen erweist sich somit als Folge der parallel zur Modernisierung verlaufenden Komplexitätssteigerung. Während vormoderne Gesellschaften ihr soziales Ordnungsmuster aus einer für alle und alles gültigen und transparenten Schichtenhierarchie nach dem Oben-Unten-Schema beziehen, strukturieren sich moderne Gesellschaftsformen nach dem Muster funktionaler Binnendifferenzierung, was ein gleichzeitiges Nebeneinander von in Wechselwirkung stehenden Faktoren bedingt, die nicht mehr unmittelbar einsehbar sind, deren Ordnungsmuster sich gleichsam mit einem Schleier von Intransparenz versehen (Nassehi 2019b).

Historisch nimmt dieser Prozess seinen Ausgang in der Zeit der Entstehung moderner westlicher Nationalstaaten im ausgehenden 18. und frühen 19. Jahrhundert, als die in Auflösung befindliche alte Ordnung sich nicht mehr auf tradierte Erfahrungswerte berufen konnte und im selben Zuge die eigene Form- und Gestaltbarkeit entdeckte, die entscheidend mit dazu beigetragen hat, dass sich ein neues Muster der »Selbstbeobachtung der Gesellschaft« (Nassehi 2019a, S. 46) durch sich selbst, also mittels »Statistiken und quantitativen Erhebungen, mit der Errechnung von Bedarfen und nicht zuletzt: in Form von Geld« (ebd., S. 47) etablieren konnte. Die Geburtsstunde der modernen Gesellschaft markiert für Nassehi zugleich den Beginn einer sich selbst beobachtenden, digitalen Gesellschaft – und das lange vor Erfindung des Computers und digitaler Technik. Die im Zuge der Etablierung des bürgerlichen Betriebskapitalismus (Max Weber) sowie neuer Formen der Verwaltung und Sozialplanung einsetzende Suche nach sozialen Regelmäßigkeiten und Mustern sowie ihrer Darstellung und Handhabung in Form von Daten stehen folglich parabolisch für die »*erste* Entdeckung« (ebd., S. 45) der Gesellschaft. Als ihr zentrales Problem, für das die Digitalisierung eine Lösung bietet, erweist sich der notwendige, da existenzsichernde Modus der Selbstbeobachtung, der auf die Freilegung von Mustern gerichtet ist, die sich nur in Form von Datensätzen darstellen lassen. Mit anderen Worten: Die Digitalisierung muss als Versuch der Lösung des Problems der gesellschaftlichen Komplexität bzw. ihrer »multifaktorielle[n] Form, wie sie sich selber in ihren Prozessen beschreibt« (Nassehi 2019b), gewertet werden. Die sich hierzu parallel entwickelnde empirische Sozialforschung verhilft der Einsicht in die »komplexe Regelmäßigkeit der Gesellschaft« (Nassehi 2019a, S. 55) zu wissenschaftlicher Form und ist insofern »selbst eine Reaktion auf diese Erfahrung der musterhaften Strukturiertheit der Gesellschaft« (ebd., S. 54), als sie »das konkrete Handeln erst sozialwissenschaftlich bestimmbar« (ebd., S. 57) macht.

Die von Nassehi als »*digitale Entdeckung*« (ebd., S. 50) bezeichnete, »vielleicht sogar endgültige Entdeckung der Gesellschaft« (ebd., S. 45) belege, »dass es so etwas wie eine Gesellschaft, eine soziale Ordnung *gibt*, die dem Verhalten der Individuen vorgeordnet ist« (ebd., S. 50). »Die Gesellschaftlichkeit der Gesellschaft ist das Material der Digitalisierung« (ebd., S. 57 f.). Ihr Fokus richte sich weniger auf das konkrete Individuum als auf die »Entbergung von Typologien« (ebd., S. 58) zur variablen Nutzbarmachung. Diese für das bloße Auge unsichtbaren Muster zu detektierten, zu klassifizieren und zu kategorisieren ist der Modus Operandi der Digitalisierung, deren Bezugsproblem demnach weniger die technischen Möglichkeiten und die durch sie bewirkten Störungen sind als »die Digitalität der Gesellschaft selbst« (ebd., S. 62).

Als erkenntnisreich erweist sich die Feststellung, dass sich die Praktiken der Digitalisierung trotz ihrer algorithmischen Codierung nur als »wissenschaftsähnlich, szientoid« (ebd., S. 68) bezeichnen lassen, da sie das, was sie analysieren, nicht selbst vorfinden, sondern nur in Form selbst erzeugter Daten repräsentieren. Die Praxis der Datenanalyse ist folglich immer selbstreferentiell und in gewisser Hinsicht zufällig, sie bedarf keiner erkenntnistheoretischen Begründung, sondern folgt vor allem praktischen bzw. produktionsorientierten Interessen. Operativ betrachtet, geht es um nicht viel mehr als um die Kombination und Rekombination von Daten mit dem Ziel selektive Ergebnisse zu erzielen (ebd., S. 69), kurz: Daten »haben letztlich keine Erkenntnisziele, sondern praktische Ziele des Funktionierens« (ebd., S. 148). Es entspreche der immanenten Eigenlogik der Datenwelt, selbst keinen Sinn zu repräsentieren, sondern einzig auf Grundlage eines ihre Operationen bestimmenden Algorithmus nach Verteilungsstrukturen zu suchen, also Muster aufzudecken, die für sich selbst stehen und erst durch eine vom Beobachter zu leistende, bewusstseinskonstituierte Sinngebung Bedeutung erfahren (ebd., S. 76f.). Konkret bedeutet das, dass die in Daten aufgefundenen und durch sie repräsentierten Muster »in einem zweiten Schritt übersetzt werden in eine verarbeitbare Form, und zwar in eine sinnhaft verarbeitbare Form« (ebd., S. 79). Dieser konstitutive Sinnbezug bedarf vor allem angesichts eines »temporal dynamische[n] Gegenstand[s] unter Bedingungen von Komplexität« (ebd., S. 80) der Verknüpfung mit Konstanten, die nur von einer entsprechenden wissenschaftlichen Theorie bereitgestellt werden können. Ohne eine solche Verknüpfung ginge es bei Big-Data-Anwendungen schlicht um technische Anwendungsbezüge, deren einzige Funktion darin liegt zu funktionieren – und gerade nicht wissenschaftlich zu überzeugen (ebd., S. 81).

Der hier anklingende Sinn- bzw. Bezugsverlust, der bereits in den technik- und wissenschaftskritischen Arbeiten Edmund Husserls und Martin Heideggers antizipiert wurde, legt eine Verselbständigung des in Datenform repräsentierten Materials dergestalt nahe, dass nicht mehr die zu repräsentierende Welt als maßgebende Bezugsgröße fungiert, »sondern das wechselseitige Spiel von Informationen, die sich aufeinander rückkoppeln« (ebd., S. 83). Diese prozessuale Zirkularität bereite den Weg für ein kybernetisches Weltverständnis, dessen fundamentale und vielleicht einzige Prämisse die Steuerung ist. Dass sich damit auch eine neue Form des Weltbezugs einstellt, die nahezu alles im Kontext seiner Verwertbarkeit betrachtet, hat niemand präziser herausgearbeitet als Heidegger selbst, der angesichts der denkwürdigen Erkenntnis, dass »theoretische Beschreibungsformen und Gegenstand [...] in eins« (ebd., S. 87) fallen, bereits 1966 im Rahmen eines erst posthum veröffentlichten Interviews die Ablösung der Philosophie durch die Kybernetik prognostizierte (Der Spiegel 1976, S. 209). Auf den Prozess der Digitalisierung übertragen, lässt sich folgern, dass wir heute angesichts des Bedingungsverhältnisses von Erkenntnisgegenstand und Erkenntnismittel, d. h. von sozialen Mustern und ihrer (digitalen) Repräsentation, gar nicht mehr anders sehen können als kybernetisch (Nassehi 2019a, S. 88). Informationen dienen heute nicht mehr nur dem Zweck, die Welt zu erklären, sondern sie erlauben nahezu unbegrenzte »Rückkopplungsschleifen«, kurz: »die Welt [lässt] sich nur informationsförmig beschreiben«, was »unentrinnbare Formen der Geschlossenheit erzeugt« (ebd., S. 88f.), deren Selbstreferentialität nahezu unbegrenzte Optionen eröffnet.

In der Konsequenz, »dass der Gegenstand der Forschung nicht ein ihr Äußerliches ist, sondern durch die Forschung erst erzeugt wird« (ebd., S. 89), schließt Nassehi mit Walter Schulz, dass sich in der Kybernetik ein völlig neuer Wissenschaftsbegriff artikuliert: »Wissen ist Reflexion auf mögliches Wissen, das heißt: das Wissen soll sich im Sinn technologischer Steigerung ständig überholen« (Schulz, 1972, zit. nach Nassehi, 2019a, S. 89). Wenn sich das Programm der Wissenschaft fortan also nicht mehr auf »Erkenntnis einer vom Erkennenden unabhängigen Welt« (Nassehi 2019a, S. 98) richte, sei damit auch der »Vorrang der Methode vor dem Gegenstandsbezug« (ebd., S. 89, 100) unwiderruflich installiert.

Die Gegenwartsgesellschaft als ›kybernetische Informationsmaschine‹

Unter diesem Gesichtspunkt lasse sich die moderne Gegenwartsgesellschaft faktisch nur noch als »kybernetische Informationsmaschine« begreifen, die weder eine »gemeinschaftliche Gestalt« besitzt noch »aus prallen, analogen Beziehungen zwischen Menschen besteht, sondern ein System sich wechselseitig verstärkender Informations-/Kommunikationsströme darstellt« (ebd., S. 93). Alles, was sich uns heute im Horizont wissenschaftlichen Erkenntnisvermögens darstellt, lässt sich komplexitätsbedingt also nur noch in Form von Informationen erfassen und beschreiben. Fortan ist nicht mehr der Mensch Ausgangspunkt sozialer Dynamik, sondern diese muss selbst »informationstechnisch beschrieben werden, als die Eigendynamik eines Systems kommunikativer Anschlüsse« (ebd., S. 95). Dabei stößt sie insbesondere auf die Dynamik der zirkulären Geschlossenheit bzw. Selbstreferentialität: Informationen verweisen auf Informationen, Zeichen verweisen auf Zeichen, Daten verweisen auf Daten usw. (ebd., S. 99f.).

Damit ist eine Denkfigur adressiert, die insbesondere in systemtheoretisch-konstruktivistischen (insbesondere Niklas Luhmann) und poststrukturalistischen bzw. dekonstruktivistischen (insbesondere Jacques Derrida) Theoriediskursen gepflegt wird und die für ein Verständnis der »Kulturbedeutung der Datenwelt« (ebd., S. 104) unabdingbar erscheint. Denn, so lässt sich folgern, kein Medium ist in der Lage, die Wirklichkeit als solche abzubilden, sondern es erzeugt mit seinen je eigenen Zeichen und Formen eine je neue Welt, die untrennbar an das Medium selbst gebunden bleibt (ebd.). Die erkenntnistheoretische Essenz von Selbstreferenz und Geschlossenheit liegt somit in der Eigensinnigkeit des Gegenstands, denn »[i]n den Zahlen-/Zeichen-/elektrischen Erregungskolonnen kommt nichts weiter vor als das Zeichen selbst« (ebd., S. 106). Deshalb sind die von der Digitaltechnik aufgefundenen Muster auch »nicht Muster der Welt, sondern Muster der Welt in der Form ihrer Datenförmigkeit« (ebd.), anders formuliert:

»Die Welt des Bezeichneten wird in eine Welt der Zeichen dekonstruiert. Das beschreibt ziemlich genau das, was mit Datensätzen geschieht: Sie sind zugleich grenzenlos in ihren Möglichkeiten, aber radikal begrenzt auf sich selbst. Ihre Offenheit ist eine Funktion ihrer Geschlossenheit. Sie kenne nicht die Welt, sondern nur sich selbst, und verdoppeln die Welt doch mit dem, was sie tun« (ebd., S. 107).

2.1.2 Struktur, Form und Medium

Zur Beschreibung dessen, was die operative Beschaffenheit der Datenform in ihrer selbstreferentiellen Geschlossenheit charakterisiert, nutzt Nassehi die metaphorische Figur der »Verdopplung der Welt« (ebd., S. 109). Sie ist Ausdruck der epistemologischen Erkenntnis, dass die Frage des (methodischen) Zugangs zum Gegenstand und seiner informationellen Repräsentation eine Eigenlogik gebiert, die »die Perspektivität des jeweiligen Weltzugangs« (ebd., S. 110) als strukturelles Bezugsproblem berücksichtigt und ihre je spezifische Ausdrucksform als Verdopplung im Medium ihrer selbst anerkennt. Die Grundform der Verdopplung gilt für alle medial vermittelten Formen, insbesondere für zeichenbasierte Medien wie die Schrift, die auch für etwas stehen, ohne es zu sein (ebd., S. 113). Sie »ist keine Abbildung von etwas, sondern eine Repräsentationsform ohne Original« (ebd., S. 141), in der sich lediglich Spuren des Originals auffinden lassen. Als Charakteristikum der Schrift lasse sich z. B. »*die Lesbarkeit der Welt*« (ebd., S. 114) ausmachen. Qua Form liegt diese zwar positiv vor, sie will aber nicht nur sinnlich wahrgenommen, sondern gelesen werden. Ihre Lesbarkeit aber impliziert, dass sie unterschiedlich gelesen und ausgelegt werden kann. Damit werde sie »das erste digitale Medium [...], weil sie aus Zeichen besteht, die schon ästhetisch vermitteln, dass sie nicht das sind, wofür sie stehen« (ebd.). Mit der Codierung von Informationen in Form binärer Daten ist diesen (medialen) Verdopplungen nun operativ betrachtet keine Grenze mehr gesetzt. Die universelle Verknüpfbarkeit des binären Mediums bei der Suche nach Mustererkennung generiert in ihrer operativen Geschlossenheit Verdopplungen in nie dagewesener Form, und diese werden selbst zu einem Motor für die Komplexitätssteigerung der modernen Gesellschaft. Ihr Grundmodus ist die funktionale Binnen- oder Querdifferenzierung in diverse Funktionssysteme mit je eigenen Strukturen und Anschlussmöglichkeiten, die ihrerseits zu Verdopplungen der Welt in Form ihrer je spezifischen Perspektivität bzw. Codierung beitragen, »die kaum aufeinander abbildbar oder füreinander kompensierbar« (ebd., S. 118) sind.

Diese Verdopplungen sind es auch, die zu Störungen gesellschaftlicher Routinen und sozialer Praktiken beitragen. Sie sind gleichsam ein untrüglicher Marker für eine nur schwer zu bändigende Fortschrittsdynamik.

So wie seinerzeit der Buchdruck und die durch ihn ermöglichte breitenwirksame Distribution des gedruckten Wortes auf fruchtbaren Boden trafen, sprich: ein strukturelles Problem adressierten, für das der Buchdruck die Lösung bot, so muss auch die Digitaltechnik an ein gesellschaftliches Problem andocken, für das sie eine Lösung anbietet. Die dadurch ausgelösten Perturbationen oder Störungen gesellschaftlicher Praktiken

> »[schärfen] den Blick auf die Struktur der Moderne [...]. Wie womöglich der Buchdruck erst auf die Stabilitätsfunktion von Schichtung und klarer hierarchischer Modelle hingewiesen hat, dürften die Störungen durch die Digitalisierung die ordnungsstiftende und komplexitätsreduzierende Funktion der funktionalen Differenzierung mit ihren Verdopplungen verdeutlichen« (ebd., S. 120).

Die durch die Digitalisierung ausgelösten Irritationen sind vielfältig und sollen an dieser Stelle nur stichpunktartig skizziert werden. Sie reichen von Störungen ökonomischer Routinen und sich verändernder Wertschöpfungsketten (etwa Zuboff 2018; Srnicek 2018) über Disruptionen auf dem Arbeitsmarkt (etwa Betancourt 2018), Fragen der politischen Willensbildung (etwa Morozov 2013; Hofstetter 2016; Han 2021) und die Krise der theorie- und hypothesengeleiteten Wissenschaften (etwa Anderson 2013; Mainzer 2016; Wadephul 2016) bis zu existenziellen Fragen des Selbst- und Weltverhältnisses sowie der Zurechnungs- und Selbstbestimmungsfähigkeit angesichts der (kommerziellen) Nutzung gezielter Mechanismen der Verhaltensmodifikation (etwa Lanier 2018). Diese Liste ließe sich beliebig erweitern. Folgt man der Argumentation Nassehis, sind sie nichts anderes als Anpassungsprobleme einer Gesellschaft, »die mit diesen Anwendungen (noch) nicht routiniert umgehen kann« (Nassehi 2019a, S. 135).

Beispiel: Buchdruck

Der Buchdruck und die ihm immanente Form der Verschriftlichung haben sich seinerzeit »wie ein Netz über die gesellschaftlichen Praktiken gelegt und damit gewissermaßen eine zweite Realität erzeugt« (ebd., S. 136), deren Form selbst unendliche Konnektivität ermöglicht. Die mit der Schriftkultur etablierte Form eines reflexiven öffentlichen Diskurses, der durch sie bewirkte Bildungsschub und »Kritiküberschuss« (Baecker 2007, S. 140) waren im Medium selbst aber weder intendiert noch antizipiert, sie stießen jedoch ganz offensichtlich auf ein implizites Problemfeld der Gesellschaft, für das sie eine Lösung boten: Die Erkenntnis, dass man über denselben Gegenstand ganz unterschiedliche Aussagen treffen kann, lieferte den Impuls für »das zivilisatorisch vielleicht wirkmächtigste (Selbst-)Optimierungsprogramm« (ebd., S. 138) der jüngeren Menschheitsgeschichte. Der Funktionssinn der Technik bewirkte gesellschaftsstrukturelle Umwälzungen ungekannten Ausmaßes, die nicht von ungefähr an die beunruhigenden Auflösungsnarrative der Gegenwart erinnern (Süssenguth 2015, S. 115f.).

Heute sind aber nicht mehr Bücher dasjenige Medium, das bestehende gesellschaftliche Routinen und Ordnungsformen herausfordert, sondern die Form der Verdopplung der Welt in Form von Daten, die noch mehr als zuvor der Buchdruck »eine selbstreferentielle Struktur kombinierbarer Formen [erzeugen], die in der Lage sind, die Gesellschaft so zu verdoppeln, dass es sich auf die Sinnverarbeitungsregeln der Gesellschaft auswirkt« (Nassehi 2019a, S. 141), mithin ein Eigenleben entwickeln, das keine in den Daten selbst verortete Begrenzung kennt. Das ist durch die diskrete Form des Digitalen begründet, »dessen kleinste Elementareinheit [...] nicht ein Zeichen [ist], sondern die Binarität zweier Zeichen, nämlich [...] 0 und 1« (ebd., S. 143). Technisch betrachtet markiert die Grundform des Digitalen in der ihr eigenen Form von Abfolgen in Bits und Bytes »die Differenz zweier elektrischer Spannungen« (ebd.), binäre Daten sind also nichts weiter als strukturierte Formen von Spannungsunterschieden, die als Bedingung sowohl für Einfachheit als auch für Komplexität fungieren. Das findet seinen Niederschlag in einem schier unermesslichen Reichtum an Formen, der erst durch eine binäre, digitale Codierung möglich wird.

Die Digitalisierung als eine weitere ›Spielart‹ der Verdopplung der Welt ist deshalb weder ein Fremdkörper noch eine Kolonialmacht, die sich der Gesellschaft von außen bemächtigt, sie ist vielmehr Folge der wachsenden Komplexität funktional ausdifferenzierter Gesellschaften selbst und damit Ausdruck einer Fortschrittsdynamik, deren zentraler

Motor die Selbstreferentialität und operative Geschlossenheit von Systemen ist.

Das hat erkenntnislogische und operative Konsequenzen sowohl für das Verständnis der Digitalisierung als auch der Gesellschaft. Analog zu einer binär operierenden Digitaltechnik, die es nur mit Daten zu tun hat, die ausschließlich auf sich selbst verweisen, die nicht objektiv sind, sondern nur das sind, wofür sie stehen, muss auch die binär codierte Struktur der modernen Gesellschaft eine Gesetzmäßigkeit aufweisen, »die der Logik und damit der Optionsvielfalt der Digitaltechnik entspricht« (ebd., S. 153). Diese strukturelle Ähnlichkeit von Gesellschaft und Digitaltechnik ist, so Nassehi, auf das Bedingungsverhältnis von Einfalt und Vielfalt zurückzuführen (ebd., S. 150–187).

Das technische Substrat der Digitaltechnik jedenfalls erweist sich als denkbar simpel. Hinsichtlich der Unterscheidung von Medium und Form fällt insofern eine Dualität von Einfalt und Vielfalt ins Auge, als die ›Einfalt‹ eines aus zwei Zeichen strikt gekoppelten Mediums mit einer nahezu unbegrenzten Vielfalt möglicher Formgebung einhergeht, deren Selbstreferenz und operative Geschlossenheit eine Dynamik unbegrenzter Optionssteigerungen entfalten. Folgt man dieser Einschätzung, muss demnach auch in funktional differenzierten Gesellschaften ein vergleichbarer, zwischen Einfalt und Vielfalt oszillierender Funktionsmechanismus auszumachen sein, der ähnlich gelagerte Dynamiken freizusetzen vermag.

Diesen Mechanismus sucht Nassehi dadurch freizulegen, dass er auf zwei Theoriestücke Bezug nimmt, deren Verknüpfung die gesuchte Analogie aufscheinen lasse. Hierfür rekurriert er erstens auf die durch die Kybernetik radikalisierte erkenntnistheoretische Denkfigur des Beobachters (Heinz von Foerster). Dieses Theorem erklärt gesellschaftliche Systemdifferenzierungen, wie wir sie in modernen Gesellschaften finden, mit Blick auf ihre operative Geschlossenheit. Analog zu einem psychischen System, dessen Bewusstsein die Welt nicht einfach erkennt, sondern qua operative Leistung aktiv konstruiert, und zwar in erster Linie aus pragmatischen Beweggründen (vgl. Reafferenzprinzip), zum Schutz vor allzu großer Umweltvarietät (ebd., S. 158 f.) sowie zur Sicherstellung der systemeigenen Funktions- und Handlungsfähigkeit, verfahren auch soziale Systeme. Im

Prozess der Modernisierung differenzieren sich diese in diverse in sich geschlossene Funktionssysteme, deren Musterhaftigkeit Bedingung der Möglichkeit ihrer funktionalen Erfassung, Berechnung und Steuerung ist, deren Ordnung auf selektiver Kopplung basiert und die analog zur Zeichenwelt nur innerhalb der eigenen Systemgrenzen operieren, nie in der sie umgebenden Welt, und die ihre Umwelt auch nicht unmittelbar wahrnehmen (können), sondern »nur in Form eines Kommunikationsinhalts«, mit anderen Worten: »[D]ie Umwelt [ist] nur systemrelativ zugänglich [...], nur in der Operationsweise des eigenen Operationsmodus« (ebd., S. 167). Somit verdoppeln soziale Systeme ebenso wie mediale Zeichensysteme die Welt,

> »dabei ist sowohl das Original als nicht erreichbare Umwelt wie die eigene Vorstellung nur im System vorhanden, nur als Unterscheidung des Systems selbst. Es gibt aus dieser Selbstbegrenzung kein Entrinnen – und dieses Denken ist konstitutiv für das Denken, seitdem man den Beobachter entdeckt hat« (ebd., S. 168).

Das zweite Theoriestück bezieht sich auf die Ordnungs- und Strukturprinzipien funktional ausdifferenzierter Gesellschaften, es geht »um die Systembildung von Funktionssystemen, die die entscheidende Ordnungsfunktion der gesellschaftlichen Moderne sind, mit expansiven Tendenzen« (ebd., S. 169). Von zentraler Bedeutung erweist sich dabei die Frage, auf welche Weise sich Systeme stabilisieren und Strukturen ausbilden, die es erlauben sowohl die selbstreferentielle Anschlusswahrscheinlichkeit zu erhöhen als auch sich eindeutig von systemfremden Operationen unterscheiden zu können (ebd., S. 170). Entscheidend hierfür sei die sukzessive Einschränkung des eigenen operativen Spielraums durch Installation spezifischer Kommunikationsmedien wie Geld (Wirtschaft), Wahrheit (Wissenschaft), Macht (Politik), Gerechtigkeit (Recht), Glaube (Religion), Liebe (Intimbeziehungen) etc. Solche »*symbolisch generalisierte*[*n*] *Kommunikationsmedien*« (ebd., S. 171) konstituieren sich über einen einheitlichen Code mit einer binären Form, der strikte Entweder-Oder-Regeln für kommunikative Anschlüsse definiert und damit eine Ordnung konstruiert, die sich insofern von hierarchischen Oben-Unten-Schemata unterscheidet, als sie ein gleichberechtigtes Nebeneinander von sozialen Ordnungssystemen ermöglicht, die sich dadurch ausdifferenzieren, dass sie sich schließen und dergestalt auf die Komplexität moderner Gesellschaften reagieren (ebd., S. 172).[7] Was bereits für die simple Grundform des Digitalen gesagt wurde, gelte analog auch für »das Verhältnis von *Medium/Code* und *Form* in Funktionssystemen« (ebd., S. 173). Der gesellschaftliche Formenreichtum erweist

---

[7] Für die Soziale Arbeit als Funktionssystem finden sich aufgrund der heute gängigen disziplinären Einheit von Sozialpädagogik und Sozialarbeit sowie der Vielgestaltigkeit von Handlungsfeldern und -formen, Zielgruppen, Aufgaben- und Funktionsbeschreibungen unterschiedliche Vorschläge einer funktionalen Codierung. So identifiziert Dirk Baecker, der Tradition der Sozialhilfe folgend, den Code »Hilfe/Nicht-Hilfe« (Baecker 1994), der sich kommunikativ im Medium der Fürsorglichkeit artikuliere. Dem Vorschlag Baeckers, die Soziale Hilfe als Funktionssystem zu bestimmen, das Leistungen für andere Systeme im Modus der Exklusionsbearbeitung und stellvertretender Inklusion erbringt, pflichtet auch Luhmann bei (Luhmann 1997, S. 632 f.). Im Medium der Fürsorglichkeit erblickt auch Micha Brumlik die Soziale Arbeit, diese sei jedoch gesteuert durch Codes wie »autonom/hilfsbedürftig« oder »therapierbar/resistent« (Brumlik 1987, S. 247). Ein weiterer Vorschlag sieht den zentralen Code der Sozialen Arbeit in der Gegenüberstellung von »Fall/Nicht-Fall« (Fuchs & Schneider 1995, S. 217) im Medium des*der Klient*in, wohingegen Bommes und Scherr (1996) in der Sozialen Arbeit »selbst ... (noch?) kein Funktionssystem« (S. 95) eigener Art erblicken, sondern eine spezifische kommunikative Praxis. Eine durchaus vergleichbare Unsicherheit besteht überdies auch hinsichtlich der Codierung des Erziehungssystems, das Luhmann dereinst als einen »Selektionscode« mit dem Dual »besser/schlechter« definierte, in seinem Spätwerk »Das Erziehungssystem in der Gesellschaft« (2002) aber dahingehend korrigierte, dass Selektion zwar eine nachgeordnete Funktion des Erziehungssystems sei, die Funktion der Profession sich aber nicht darin erschöpfen könne, bessere von schlechteren Kindern zu unterscheiden, sondern sich vordringlich auf die Initiierung und Unterstützung von Lernprozessen richte (Luhmann 2002, S. 59 ff., 64, 73). Insofern müsse dem Code »besser/schlechter« der Code »vermittelbar/nicht-vermittelbar« vorgeordnet werden. Luhmanns Korrektur ist der (späten) Einsicht geschuldet, dass für soziale Systeme, die das zwischenmenschliche Handeln adressieren (insbesondere im Erziehungs- und Pflegesystem), aufgrund der Komplexität der in ihnen zu treffenden Entscheidungen eine duale Codierung nicht genügt (ebd., S. 42). Korrigieren müsse man für die betreffenden Systeme überdies die strikte Trennung zwischen Medium und Form bzw. Code und Programm, denn »Erziehungsziele, [...] Unterrichtsstoffe usw. lassen sich nicht als Entscheidungsprogramme des Selektionscodes begreifen. Sie erschöpfen sich nicht darin, Direktiven für richtiges oder falsches Zensieren zu geben, sondern sind die unmittelbaren Funktionsträger des Systems« (ebd., S. 74).

sich als unmittelbare Folge der Einfachheit des ihm zugrundeliegenden Codes. Die Komplexität moderner Gesellschaften gründet einerseits in ihrer Ausdifferenzierung in binär codierte Funktionssysteme, »die eine Perspektivenindifferenz in der Gesellschaft etablieren, die nicht hintergehbar ist« (ebd., S. 174). Andererseits bietet, wieder in Analogie zur Digitalität, die Einfachheit der Grundcodierung ein nahezu unbegrenztes operatives Potenzial. Kurz: »Dadurch dass der binäre Code die Grundoperation so radikal festlegt, kann er die Varietät der Möglichkeiten nicht einschränken« (ebd.). Die Vielfalt der modernen Welt beruht demnach nicht auf beliebig variierbaren Setzungen, sondern auf unstrittigen Grundbedingungen, die die einzelnen Systeme und ihr Zusammenspiel regeln und der Gesellschaft als Ganzes Stabilität verleihen.

Mit Luhmanns Gesellschaftsmodell sei damit die gesuchte Äquivokation, d. h. die strukturelle Verwandtschaft zwischen der Digitalisierung und der (Fortschritts-)Dynamik modernen Gesellschaft, aufgefunden: Sowohl die Digitaltechnik als auch die moderne Gesellschaft »sind strukturell […] um das Verhältnis von Einfalt und Vielfalt gebaut« (ebd., S. 177), womit sich die These bestätige, »dass das Bezugsproblem der Digitalisierung tatsächlich in der Gesellschaftsstruktur der modernen Gesellschaft verankert ist« (ebd., S. 175), die »in der Lage sein [muss], das Verhältnis von Einfalt und Vielfalt zu bearbeiten« (ebd., S. 176). Dabei ist nicht die Digitalisierung der Lösungsmechanismus, sondern vielmehr »die[…] Lösung eine immer schon digitale Lösung, indem den Funktionssystemen eine gewissermaßen brutale Alternativlosigkeit ihres Anschlusses gegeben ist« (ebd.).

Es ist das Verhältnis von Einfalt und Vielfalt, das die mit der fortschreitenden Digitalisierung einhergehende Erfahrung des Kontrollverlusts begünstigt und das den Nährboden für die vielen Disruptionsdiagnosen und Katastrophenszenarien liefere. Am Ende ist nichts und niemand vor der Digitalisierung gefeit, sie diffundiert unweigerlich in alle Lebensbereiche und ergreift von diesen Besitz. Die Quantifizierung der Welt und des Sozialen liefern hierfür ein untrügliches Beispiel (Mau 2017). Diese Grunderfahrung eines durch die Digitaltechnik möglichen »Kontrollüberschusses« (Baecker) basiert auf ihrem medialen Substrat, dem »schon *per medium* eine Form der Grenzenlosigkeit inhärent ist« (Nassehi 2019a, S. 179). Eine vergleichbare Dynamik zeigen moderne, funktional differenzierte Gesellschaften mit der ihr eigenen Tendenz zur Optionssteigerung. Denn insofern es sich bei gesellschaftlichen Funktionssystemen »*um codierte Systeme handelt, fehlt ihnen eine eingebaute Stoppregel und damit die Fähigkeit einer angemessenen Selbsteinschränkung*« (ebd., S. 181). Die einzig denkbare Stoppregel ist an die Nichtanwendbarkeit des Grundcodes geknüpft, was das Ende des Systems markieren würde.

Folgt man den Eingaben Nassehis, ist die gegenwärtige Gesellschaft die Summe ihrer funktional differenzierten Subsysteme, die einander zur Umwelt haben und nach je eigenen Logiken funktionieren. Eine die Subsysteme ordnende und regulierende Gesamtteleologie ist in diesem Ordnungsversuch ebenso wenig vorhanden wie Vorstellungen einer wie auch immer gearteten Hierarchisierung, die die gesellschaftlichen Handlungsfelder und Systeme in lineare Abhängigkeit zueinander setzen würde. Ihre Geschlossenheit und ihr operatives Oszillieren zwischen Einfalt (Code) und Vielfalt (Formbildung) sind der Grund für die fehlende Selbstbeschränkung systeminhärenter Operationen. Als Resultat zeige sich »erstens eine Logik radikaler Optionssteigerung und zweitens eine radikale gesellschaftliche Komplexitätssteigerung« (ebd., S. 183). Aufgrund der fehlenden integrativen »Gesamtregelung oder Gesamtselektivität des Systems« erlebe »sich moderne Gesellschaftlichkeit stets als Krise […], als Unübersichtlichkeit und nicht zuletzt als unkontrollierbar und unsteuerbar« (ebd.).

Was in diesem Zusammenhang zur Eigenlogik der Digitalisierung gesagt wurde, macht die verdrängte und hinter Institutionenarrangements verdeckte Struktur unserer Gesellschaft in bislang ungekannter Weise sichtbar. Sie wird insofern zu einem Kommunikationsmedium, als sie mithilfe ihrer technischen Möglichkeiten der modernen Gesellschaft den Spiegel vorhält, in dem sie »ihrer selbst ansichtig wird, wenn sie dort auf die kontrollaverse Kombination von Einfalt im Medium und Vielfalt in der Form stößt« (ebd., S. 186). »Die Musterhaftigkeit der Gesellschaft ist also das Material der Digitalisierung und ihr Schlüssel ist ihre Technizität« (Nassehi 2019b).

2.1.3 Technik

Ihre besondere Qualität erhält diese Dynamik also durch die Tatsache ihrer technischen Realisierung, vor allem unter Berücksichtigung der methodischen Funktion von Technik sowie ihrer Ausrichtung am »Medium des Wirkens«. Hierfür rekurriert Nassehi auf die einschlägige Technikdefinition von Werner Rammert, demzufolge »*Handlungen, natürliche Prozessabläufe oder Zeichenprozesse* […] *dann technisiert* [*sind*]*, wenn sie einem festen Schema folgen, das wiederholbar und zuverlässig erwartete Wirkungen erzeugt*« (Rammert, 2016, S. 10 f.). Hier liegt ein operativer Technikbegriff vor, der Technik und ihre Praxis vor allem als eine Bewirkungsform versteht, »als eine Erweiterung des menschlichen Körpers, als ein Enhancement des menschlichen Vermögens« (Nassehi 2019a, S. 198), kurz: als ein konstitutives Element des Sozialen. Diese Definition beansprucht auch für die Digitaltechnik Geltung, deren Bewirkungsform auf die Anschlussfähigkeit gegenüber sozialen Systemen gerichtet ist und die insofern selbst sozial werden kann, als sie in Kommunikations- und Handlungsketten eingebettet wird, die durch menschliches Verhalten beeinflusst werden und auf dieses rückwirken (ebd., S. 200 f.). Digitale Technik in ihrer alltäglichen Form als algorithmisch basierte Kaufempfehlung, als Navigationshilfe oder Tracking-App ist in der Lage, in soziale Prozesse einzugreifen, diese zu strukturieren und auch zu verändern (Stichwort: Predictive Analytics). Der Algorithmus selbst aber tut dabei nichts weiter, als Parameter nach der ihm zugrundeliegenden Programmierung so zu kombinieren, dass er sinnvolle Anschlüsse im jeweiligen Verwendungskontext erlaubt, kurz: »Die Eindeutigkeit der maschinellen Operationen wird so in die Sinnhaftigkeit der sozialen Verwendungszusammenhänge gebracht« (ebd., S. 204). Dabei zeigt sich vor allem aus der Anwendungsperspektive, dass die technischen Aspekte der verwendeten Technik dem Nutzenden i. d. R. so lange verborgen bleiben, wie sie ihre Funktion erfüllen (ebd., S. 205).

Als weiteres Spezifikum der Technik gelte ihre Erhabenheit gegenüber Prozessen der sozialen Anerkennung. Die Funktionalität von Technik entbindet diese allein dadurch von der Notwendigkeit der Zustimmung, dass sie funktioniert, also wirkt und sich bewährt, was einen unhintergehbaren Zugzwang bewirke, der Diskurse über Sinn und Risiken der Technik schwierig gestalte (ebd., S. 207). Diese Anerkennung wird überdies durch die Niedrigschwelligkeit digitaler Technik begünstigt. »Wie das Problemlösungspotential für Technik sehr niedrigschwellig gebaut ist – wenn es läuft, dann läuft es –, ist auch das Ausbreitungspotential niedrigschwellig, sobald sich Nischen zur Bewährung finden lassen« (ebd.). Solange Technik das tut, wofür sie programmiert wurde, also zu funktionieren, müsse sie auch nicht mit Dissens rechnen. Im operativen Modus reklamiere Technik demnach einen Primat der Praxis gegenüber der Reflexion, da sie vor allem auf der »strikte[n] rekombinatorische[n] Kopplung von Informationen« beruht, also eine immanente Logik besitzt, die »in der Regel deduktiven Algorithmen [folgt]« (ebd., S. 211).

Die operativen Aspekte der Technik sind im üblichen Gebrauchsmodus, der über Schnittstellen und Benutzeroberflächen vermittelt ist, i.d.R. nicht sichtbar, verfügen aber durch ihre strikt gekoppelte Basis über eine gewisse Robustheit hinsichtlich ihrer Verlässlichkeit und Wirkungserwartung. Nichts anderes bewirke die digitale Technik mit Blick auf die Entbergung sozialer Muster, für die es offensichtlich einen funktionalen Bedarf gebe, der in der Struktur der Gesellschaft selbst angelegt ist. Ihre Systembildung muss denn auch als Antwort auf die mit der gesellschaftlichen Evolution einhergehende Komplexitäts- und Optionssteigerung verstanden werden, die sich nur mehr in Form von Daten erfassen und interpretieren lässt, für die die Digitalisierung insofern eine Lösung bietet, als sie deren unsichtbare Musterhaftigkeit sichtbar macht. Die Unsichtbarkeit der Gesellschaft findet ihren Niederschlag auch in der menschlichen Grunderfahrung, »dass sich Bedeutungen immer weniger auf eine ontologische Grundvoraussetzung zurückführen lassen, sondern das Ergebnis ihrer eigenen Praktiken sind« (ebd., S. 215). Digitale Technik kommuniziert das Versprechen, die vorgefundene Komplexität der Welt dahingehend zu minimieren, dass die individuelle Handlungsfähigkeit gewährleistet ist. Gleichzeitig ermöglicht die durch Technik erwirkte Simplifizierung den Aufbau neuer Komplexität. Es entsteht eine technisch vermittelte Zirkularität von Einfalt und Vielfalt, von Simplifizierung und Komplexitätssteigerung.

Im Rahmen der Mensch-Technik-Interaktion wird allerdings nur dem Menschen das Privileg zuteil, Fehler machen zu dürfen, wohingegen die Digitaltechnik auch dort, wo sie in soziale Prozesse eingreift, als strikt gekoppeltes Medium nur darauf ausgelegt ist zu funktionieren. Problematisch wird diese Zurechnungserwartung an dem Punkt, wo wir es mit KI-Anwendungsbereichen zu tun bekommen, die nicht nur deduktive Algorithmen prozessieren, sondern eigenständig Schlüsse ziehen und sich sukzessive von deduktiven in abduktive Maschinen verwandeln.

»Digitaltechnik kapriziert sich immer mehr von einer eher rezeptiven Technik zur Entbergung von Mustern hin zu einer Technik, die selbsttätig Operationen ausführt und damit in der Lage ist, eigene Entscheidungen zu treffen, die im Algorithmus selbst noch nicht vorkommen« (ebd., S. 227).

Digitaltechnik setzt an der Musterhaftigkeit der Welt just in dem Moment an, wo diese sich aufgrund ihrer Komplexität auf analoge Weise nicht mehr beobachten lässt. Als erkenntnistheoretisch schwierig erweist sich dabei die Frage, ob und wie sich die von einem selbstreferentiell agierenden System erzeugte Realität mit ihrer Umwelt abgleichen lässt. Weitere Zuspitzung erfährt das Problem, wenn digitale Technik qua lernendes System abduktive Verfahren integriert, also selbst etwas hervorbringt, das seinerseits bestenfalls Annäherungen und hypothetische Lösungen erlaubt, mithin »einen Rest Unbestimmtheit [beinhaltet], der in streng deduktiven oder induktiven Verfahren nicht gegeben ist, weil dort gewissermaßen unwandelbare, also axiomatische ‚Gesetze' in Form von konkreten Festlegungen vorliegen« (ebd., S. 235). In einem solchen Fall bekommt Digitaltechnik selbst Entscheidungskompetenz, ihre Operationen müssen nicht nur sinnhaft anschlussfähig sein, sondern sie muss selbst ›verstehen‹, mithin über Intelligenz verfügen, wofür eine auf gesteigerter Rechenleistung basierende abduktive Mehrebenenstruktur erforderlich wird, als deren zentrale Bezugsgröße fortan nicht mehr die Optimierung menschlicher Fähigkeiten fungiert, sondern die fortschreitende Verbesserung der eigenen Problemlösungskapazität. Auf diese Weise wird Technik zum Maß für sich selbst.

Zu diesem Organisationsprinzip finden sich ästhetische und operative Parallelen in funktional differenzierten Gesellschaften, in deren komplexer Architektur es für »so etwas wie die *Gesamtintelligenz* eines Systems mit *verteilter Intelligenz* […] keine Funktionsstelle mehr« gibt (ebd., S. 238). Dabei stehe das deduktive Modell für ein aus der Zeit gefallenes, auf lineare Hierarchien setzendes Gesellschaftsmodell, wohingegen moderne Gesellschaften unterschiedliche Ebenen differenzieren und sich von klassischen

»Oben-Unten-Ableitungen« dadurch unterscheiden, dass Subsysteme auch ohne Zentralintelligenz nach der ihren Operationen zugrundeliegenden Grundcodierung handlungsfähig bleiben. Nassehi erblickt darin »eine operative Ähnlichkeit zu *cognitive computing* oder *neural networks* oder *deep learning*« (ebd., S. 239), deren operative Bedingungen sich in actu verändern, die weder deduktiv noch induktiv vorgehen können, sondern die auf eine »*heuristische* Form des Lernens« (ebd., S. 242) setzen, die auf Adaptionsprozessen beruht.

Auch die moderne Gesellschaft erweise sich »als ein System verteilter Intelligenzen ohne einen Zentralalgorithmus, dafür mit umso stärkeren Teilintelligenzen, die nicht zu einer Gesamtintelligenz aufgerundet werden, sondern sich gegenseitig ermöglichen (und behindern)« (ebd., S. 240). Ob man aus dieser Charakterisierung moderner Gesellschaftsstruktur nun eine Verfallsgeschichte ableitet oder selbstadaptive Systeme im Modus der Dialektik von Chance und Risiko erblickt, liegt im Auge des Betrachters. Ungeachtet der eingenommenen Perspektive erweise sich der mit abduktiver Logik einhergehende Grundmodus der Vorläufigkeit als Metapher einer Moderne, die sich im Zustand »permanenter *Updates*« (ebd., S. 241) befindet, die immerzu lernt, ohne jemals ausgelernt zu haben.

Das verbreitete Unbehagen gegenüber der Digitalisierung im Allgemeinen und lernender bzw. autonom agierender Technik im Besonderen, müsse vor allem auf die Intransparenz und Unsichtbarkeit ihrer Operationen zurückgeführt werden und das, obwohl »*intelligente Technologien* in die Autopoiesis der Gesellschaft als zurechnungsfähige Akteur*innen eingebaut« (ebd., S. 245) seien. Die entscheidende Frage aber laute, »*was für ein Akteur* [...] *ein Algorithmus* [ist]« (ebd., S. 248). Soziologisch betrachtet sei diese Frage einfach zu beantworten, da mit der Akteur-Netzwerk-Theorie (insbesondere bei Bruno Latour) »alles zum Akteur erklärt wird, was irgendwie in Handlungsketten einwirkt« (ebd.). Entscheidend für die Frage, ob ein System *erlebt* oder *handelt*, sei die zugrundeliegende Zurechnungsentscheidung.

Erlebende und handelnde Systeme

Erlebende Systeme unterscheiden sich von handelnden Systemen dadurch, dass sie »wiederholbare, kalkulierbare und eindeutige Operationen ausführen« (ebd., S. 249), wohingegen ein handelndes System »zwischen unterschiedlichen Möglichkeiten diskriminiert, nicht-triviale Entscheidungen trifft und unerwartete Ergebnisse erzeugt« (ebd.).

Die für klassische Technik beschriebene Entbindung vom Konsenszwang gelte jedoch nur für erlebende Systeme, da ihr Funktionsumfang keine Handlungsspielräume erlaubt. Handelnde Systeme, wie sie z. B. beim autonomen Fahren zum Einsatz kommen sollen, stellen uns hingegen vor Fragen, die die Zurechnungsroutinen betreffen. Diese adressieren keineswegs nur rechtliche oder ethische Fragen nach regulativen Maßstäben, Prinzipien und Grenzen, sondern auch das technisch hoch brisante Problem, wie ein erkennendes System, das die Daten mit denen es arbeitet, selbst erheben muss, der Paradoxie begegnet, die Welt auf der Grundlage jenes Materials beurteilen zu können, das es selbst mithilfe der eigenen prozessualen Routinen erzeugt. Im Gegensatz zu erlebender Technik, deren Grundmodus das Funktionieren ist, besitze handelnde Technik aufgrund der Unlösbarkeit des vorgenannten Problems ein letztlich uneinholbares Unvollständigkeitsmoment, das handelnder Technik den Status lernender Technik verleiht, die nicht in der Lage ist, ohne Rest zu funktionieren (ebd., S. 253).

Auf einer rein operativen Ebene ist KI also ein Moment struktureller Unschärfe oder Kontingenz inhärent, ungeachtet der Tatsache, dass ihr mediales Substrat »weder fehlerfreundlich noch strukturell fehlervermeidend ist« (ebd., S. 226). Ihre Funktionsweise ist damit der menschlichen Intelligenz näher als dies für strikt gekoppelte Technik gilt. Auf einer qualitativen Ebene lasse sich der Unterschied zwischen menschlicher und Künstlicher Intelligenz (KI) anhand der letztlich unüberbrückbaren Differenz zwischen einer lebensweltlichen und einer formal-logischen Fundierung ausmachen. Unter operativen Gesichtspunkten jedoch seien die »Unterschiede zwischen formalen Algorithmen und ihrer Praxis und den Operationen von sinnhaft operierenden Systemen wie Bewusstseinssystemen und sozialen Systemen geringer [...], als es zunächst den Anschein hat« (ebd., S. 253). Dies wird vor allem durch die sowohl theoretische wie praktische Unerreichbarkeit umfassender Transparenz von sich selbst beobachtenden Systemen begründet, deren Kohärenz »auch nur eine selektive Hinsicht ist und keine vollständige (Selbst-)Transparenz« (ebd.).

Wie aber stabilisieren sich Systeme angesichts dieser prinzipiellen Fragilität? Wie gelingt es ihnen, Strukturen auszubilden, denen eine gewisse Stabilität zu eigen ist, und nicht vor der eigenen Paradoxie zu erstarren? Wie kann ein selbstreferentielles System, das sich selbst beobachtet, »die Einheit des Systems herstellen, wenn die Beobachtung selbst ein Teil dieser Einheit ist? Aus rein logischen Gründen sei das unmöglich« (ebd.), weshalb Nassehi für eine »*Entparadoxierung durch Zeit*« (ebd., S. 254) plädiert. Ein solches System operiere schlicht weiter, von Ereignis zu Ereignis, es agiert nur »zustandsdeterminiert, also auf sich bezogen« (ebd., S. 255), und es bleibt in dieser Selbstbegrenzung immer »vollständig und unvollständig zugleich – unvollständig deshalb, weil es immer selektiv ist, vollständig, weil es keinen anderen Halt hat als sich selbst« (ebd., S. 254). Auch diesbezüglich werde ein Primat der Praxis vor der Erklärung deutlich, denn Systeme befragen ihre eigenen Operationen nicht, sie operieren weiter! Es geht demnach auch mit Blick auf KI-Systeme weniger um Selbstbeschreibungen, formal-logische Begründungen und umfassende Transparenz, als um Funktionalität und Praktikabilität im Hinblick auf die eigenen Operationen, wobei in erster Linie ihre Anschlussfähigkeit in bestimmten gesellschaftlichen Zusammenhängen im Mittelpunkt stehe (Nassehi 2019b).

Nassehi versucht damit insofern einen Kontrapunkt zur verbreiteten Dämonisierung der KI zu setzen, als er »eine eher kontraintuitive Parallele zur menschlichen und sozialen Prozessierung von Intelligenz« (Nassehi 2019a, S. 258) zieht, die zwar zweifellos von unterschiedlicher Qualität seien, in beiden Fällen aber von einer sinnhaften Prozesslogik angetrieben werden, im Falle der natürlichen Intelligenz in Form von sinnhaften Verweisungen, im Falle der KI zeichenhaft vermittelt, also digitalisiert (ebd., S. 260).

»Die KI ist nicht intelligent im engeren Sinne eines sinnverarbeitenden Systems. Sie ist allenfalls intelligent in dem Sinne, dass sie eine so hohe Komplexität von Rekombinationsmöglichkeiten von Daten verarbeiten kann, dass sie als Black Box immer unsichtbarer wird und deshalb eine zurechnungsfähige handlungsfähige Maschine wird. Am Ende arbeitet sie aber nur das ab, wofür sie konzipiert wurde, selbst wenn sie zu Ergebnissen kommt, die nicht unmittelbar mitkonzipiert wurden« (ebd.).

2.1.4 Erhitzung

Die seit einiger Zeit beobachtbare öffentliche Erhitzung in den unterschiedlichen Bereichen der Gesellschaft zeige einerseits, wie tief verwurzelt die Digitalisierung im strukturellen Substrat moderner Gesellschaften ist, andererseits aber auch, wie tief sie gleichzeitig in unsere alltägliche Lebenspraxis hineindiffundiert, diese beeinflusst und Fragen von durchaus existenzieller Natur aufwirft. Der datengetriebene Kontrollüberschuss etwa lässt uns nicht mehr so ohne weiteres durchschauen, wer Kontrolleur und wer Kontrollierter ist (Nassehi 2019b). Besondere Erhitzung erleben wir seit einiger Zeit vor allem im Bereich der Daten- und Kapitalkonzentration, insbesondere mit Blick auf die sukzessive Entkopplung von Wertschöpfung und Arbeit, einem Themenkreis, dem sich Shoshana Zuboff in ihrem vielbeachteten Werk »Das Zeitalter des Überwachungskapitalismus« (2018), Nick Srnicek in seiner kritischen Analyse des »Plattform-Kapitalismus« (2018) und Michael Betancourt in seiner »Kritik des digitalen Kapitalismus« (2018) widmen. Sie machen aus ihrer je spezifischen Perspektive deutlich, dass in der Digitalisierung ökonomischer Erfolg zusehends von einem wie auch immer gearteten materiellen Substrat unabhängig wird, mit einschneidenden Konsequenzen für die Entwicklung der Produktivkräfte, der Arbeitsmärkte und unser generelles Verständnis des kapitalistischen Wertschöpfungssystems.

Auch das moderne Mediensystem und seine spezifische Funktion als »Gate-Keeper von Öffentlichkeiten« (Nassehi 2019a, S. 301) befinde sich im Zustand unermüdlicher Erhitzung. Der exponentielle Zuwachs an Informationen und Wissen sowie die sukzessive Ausweitung von Kommunikationskanälen beförderte insbesondere mit Blick auf die Eigendynamik von Informationswegen eine Gemengelage, deren technisches Substrat auch von einem ausdifferenzierten Mediensystem nicht mehr kontrolliert werden könne (Nassehi 2019b). Die entsprechenden Diskurse rund um die gemeinschaftsstiftende Funktion des Internets sind vielfältig, allerdings weichen sie nach anfänglicher Euphorie neuerdings zunehmend skeptischeren Diagnosen (etwa Lanier 2018; Lobo 2019; Lovink 2017, 2019). Man denke etwa an die Tribalisierung von Medienlandschaften mit ihren je spezifischen Filterblasen und Echokammern, die zwar so etwas wie Erwartungssicherheit erzeugen, gleichzeitig aber auch die Fragmentarisierung der Gesellschaft weiter vorantreiben.

Erhitzung erleben wir allenthalben auch mit Blick auf die sukzessive Destabilisierung der traditionellen parlamentarischen Demokratien. So lässt sich spätestens mit der Flüchtlingskrise der Jahre 2015/16 und der durch sie ausgelösten Migrationsproblematik in Teilen der Öffentlichkeit wieder eine erstarkende Sehnsucht nach autoritärer Führung vernehmen, von der man sich die Sicherstellung einer vermeintlich gefährdeten verbindenden und verbindlichen Identität verspricht. Man denke auch an die Mobilmachung gegen das herrschende politische System und die als »Lügenpresse« diffamierten Mainstream-Medien seitens der sogenannten Querdenken-Bewegung aus Anlass der Schutzmaßnahmen gegen die Corona-Pandemie der Jahre 2020/21 oder offen staatsfeindliche Bestrebungen seitens der sogenannten Reichsbürger- bzw. Selbstverwalterszene, deren subversive Aktivitäten durch öffentlichkeitswirksame Exekutivmaßnahmen im Dezember 2022 erneut ins öffentliche Bewusstsein rückten. Sie stehen stellvertretend für eine schwelende Orientierungskrise der komplexen Moderne, der es immer schwerer fällt, die durchaus produktive Illusion zu konservieren, dass die Gesellschaft ein in sich konsistentes und homogenes Gebilde ist, das sich politisch regulieren und steuern lässt.

Die Erhitzungen in den unterschiedlichen Bereichen der Gesellschaft machen vor allem eines deutlich: den sukzessiven Verlust an Orientierung und Sicherheit als Folge wachsender Komplexität, dem gesuchten Bezugsproblem der Digitalisierung. Das gesellschaftliche Bezugsproblem erweist sich dabei selbst als ein digitales Problem, weshalb die Digitaltechnik auch nicht dessen Lösung ist, sondern ihre Anschlussfähigkeit dadurch begründet, dass sie »*demselben Muster wie die gesellschaftlichen Funktionssysteme*« (Nassehi 2019a, S. 176) folgt.

Bei aller öffentlichen Erhitzung macht Nassehis luzide Analyse auch deutlich, dass der um das Digitalisierungsphänomen geführte Diskurs immer dann zu kurz greift, wenn er sich entweder in infrastrukturellen Aufrüstungsforderungen erschöpft, ein entsprechendes Defizit lamentiert oder in alarmistischer Manier Auflösungsnarrative produziert (▶ Kap. 3.3). Diese Perspektiven greifen insofern zu kurz, als sie verkennen, dass die Digitalisierung am Bezugsproblem gesellschaftlicher Komplexität selbst ansetzt. Während sich die klassische Industriegesellschaft noch auf eindeutige Milieugrenzen und den sogenannten Normallebenslauf berufen konnte, ist die Gegenwartsgesellschaft durch ausgeprägte Formen von Pluralismus und Individualismus gekennzeichnet, deren Dynamiken Orientierung zusehends erschwert. Komplexität setzt strukturell an der funktionalen Ausdifferenzierung des Gesamtsystems an, das Dispositionen aufweist, die sich weder deduktiv noch induktiv erschließen lassen, sondern lediglich digital beschreiben lassen.

> »Die Digitalisierung ist also kein Fremdkörper in der Gesellschaft, sondern, wenn man so will, Fleisch vom Fleische der Gesellschaft« (ebd., S. 177).

Ob sich Nassehis »Theorie der digitalen Gesellschaft« als tragfähig erweist, wird sich im Rahmen empirischer Studien zeigen müssen. Fest steht, dass sie sie den Kanon soziologischer und kulturtheoretischer Perspektiven auf die Digitalisierung durch den Anspruch erweitert, sie systematisch im funktionalen Kontext der modernen Gesellschaft zu verorten, was erstaunliche und bedenkenswerte theoretische Einsichten in die Digitalisierung als Struktur-, Funktions- und Organisationsprinzip funktional differenzierter Gesellschaften erlaubt.

2.2 Christoph Kucklick: Granularisierung – Die drei digitalen Revolutionen

Christoph Kucklicks Analyse der gesellschaftsverändernden Aspekte der Digitalisierung erweist sich nur auf den ersten Blick als weiterer Beitrag im

2.2 Christoph Kucklick: Granularisierung – Die drei digitalen Revolutionen

Kanon dystopischer Auflösungsnarrative, denn die im Untertitel genannte *Auflösung* der Wirklichkeit adressiert weniger die begrifflich assoziierten Gefahrenpotenziale der Digitalisierung als ihren operativen Grundmodus, und dieser konzentriert sich für Kucklick im Begriff der »Granularisierung« bzw. Feinauflösung. Der durch die Digitalisierung initiierte Prozess einer granularen Neuvermessung von Mensch und Welt erschaffe im wahrsten Wortsinn eine neue »feinauflösende Gesellschaft« (Kucklick 2014, S. 10), deren Umrisse Kucklick anhand von drei miteinander einhergehenden sozial transformativen Prozessen bzw. Revolutionen zu skizzieren versucht: der Differenz-, der Intelligenz- und der Kontrollrevolution (ebd., S. 10 f.).

2.2.1 Die Differenzrevolution

Die quantitative und qualitative Explosion umwelt- und personenbezogener Daten liefert den Ausgangspunkt für die so bezeichnete Differenzrevolution. Sie markiert einen transformativen Prozess, in dessen Verlauf »das granulare Subjekt in Erscheinung« (ebd., S. 25) tritt, mithin das individualisierende Menschenbild der Moderne zugunsten eines neuen anthropologischen Selbstverständnisses der Singularität überwunden wird. Vorangetrieben wird dieser Prozess von einem simplen Umstand, der mit der Granularisierung unmittelbar einhergeht: Die digitale Vermessung und Erfassung des Lebens erzeugt ein immer detaillierteres Bild dieser Wirklichkeit. Je granularer dieses Bild wird, desto schärfer treten aber auch Differenzen in Erscheinung, anders formuliert: »Je genauer wir messen, desto ausgeprägter wird die Ungleichheit« (ebd., S. 32). Mit am deutlichsten zeige sich diese Entwicklung derzeit im Bereich der Aufzeichnung und Vermessung gesundheitsbezogener Daten mittels sogenannter Self-Tracking-Tools und unter Zuhilfenahme von Wearables wie Fitnessarmbändern und Smartwatches.

Beispiel: Das Netzwerk »The Quantified Self«

Eine besondere kulturelle Gestalt erhält diese datenbasierte Form des Selfmonitorings oder »Lifeloggings« (Selke 2014, 2016) durch ein international aktives Netzwerk von Entwickler*innen und Nutzer*innen dieser Tools, das sich »The Quantified Self« (QS) nennt und dessen primäres Ziel es ist, das datengetriebene Wissen des Menschen über sich selbst (»personal science«) zu befördern, konkret: »self knowledge through numbers« (https://quantifiedself.com). Ihre Legitimation leitet die Bewegung aus Artikel 27 der UN-Menschenrechtskonvention ab, in der neben der Freiheit des Kulturlebens auch die Partizipation am wissenschaftlichen Fortschritt geregelt ist. Im Mittelpunkt des datengetriebenen Self-Trackings steht somit »die Erforschung der eigenen Person, also des Selbst, der persönlichen Lebenswelt, des eigenen Körpers oder eben der eigenen Gesundheit« (Heyen & Dickel, 2019, S. 4), mit anderen Worten: der hochaufgelöste bzw. granulare Mensch.

Personal Science im Sinne der QS-Bewegung fühlt sich somit der Steigerung der individuellen Entscheidungsfähigkeit, der Selbstwirksamkeit und des individuellen Wohlbefindens verpflichtet. Nicht mehr das Individuum in Abweichung von einem statistischen Mittel wird zur maßgebenden Instanz, sondern der ansprechbare Fall in seiner je spezifischen Singularität. Zu einer gesellschaftlichen Revolution werde diese Form der Differenzierung aber erst durch den paradoxen Umstand, dass für deren digitale Diagnose ein Vergleich von Daten erforderlich wird, der insbesondere bei QS erst als »ein Effekt der zunehmenden Vernetzung« (Kucklick 2014, S. 28) eintritt, sprich: Vergemeinschaftung und Singularisierung gehen Hand in Hand.

Die Personal Health Science der QS offenbart insofern erste Spuren eines neuen kulturellen Musters, als es Selbsterkenntnis aus einer zu diesem Zweck geschaffenen personenbezogenen Informatik generiert, die sich vordergründig ganz dem Dienst am Menschen verpflichtet, zugleich jedoch auch als Ausdruck einer neuen datengetriebenen Ökonomie interpretiert werden kann, die neue soziale Maßstäbe zu setzen vermag, die ihrerseits in einen Imperativ umschlagen können. In diesem Zusammenhang spricht Stefan Selke (2016) auch von einer neuen »Taxonomie des Sozialen«, die Oliver Zöllner wie folgt zusammenfasst:

> »Wer dann nicht sich selbst vermisst und seinen vorbildlich sportiven Lebensstil demonstriert, also nicht am Projekt seiner konstanten eigenen Verbesserung ar-

2.2 Christoph Kucklick: Granularisierung – Die drei digitalen Revolutionen

beitet, wird letztlich bestraft: etwa durch höhere Versicherungsbeiträge, Abzüge beim Leistungsumfang oder ähnliche Mali« (Zöllner 2016, S. 24).

Die spezifische Praxis, die insbesondere im Rahmen der QS-Bewegung zu einer neuen kulturellen Form des Selbstmanagements gerinnt, produziert singuläre Präzision in bisher ungekanntem Ausmaß und besitzt das Potenzial neue Formen sozial-normativer Referenz zu begründen. Das lange gültige Leitbild des berechenbaren »homme moyen« (Adolphe Quetelet), des Mittelwertmenschen der empirischen Sozialforschung, verliert dabei nicht nur sukzessive an Relevanz, es wird vielmehr durch die objektive Erkenntnis der Singularität buchstäblich pulverisiert, denn »Selbstvermesser gehen von der radikalen Differenz zwischen Menschen aus« (Kucklick 2014, S. 49). Das mag auf den ersten Blick nicht sonderlich irritieren, wenn man jedoch bedenkt, dass das Funktionieren unseres sozialstaatlichen Versicherungswesens und damit die Idee der Solidarität wesentlich von Vertrauen und einem »Schleier des Nichtwissens« (Rosanvallon 2017, S. 251) getragen ist, wird die Brisanz dieser paradigmatischen Neuausrichtung des Selbst- und Weltverhältnisses augenscheinlich. Ein Gedanke, den auch Evgeny Morozov (2013) in seinem kritischen Diskurs über den durch digitale Technik erwirkten Informations- und Transparenzüberschuss und seine destruktiven Folgen für die politische Handlungsfähigkeit demokratisch legitimierter Gesellschaften präzise herausgearbeitet hat.

Angesichts fortschreitender Singularisierung und gesellschaftlicher Fragmentierung prognostiziert Kucklick eine drohende »Krise der Gleichheit« (Kucklick 2014, S. 50) als drängendste soziale Folge der Differenzrevolution. Einerseits arbeite der digitale Mensch unentwegt daran, seine Einzigartigkeit und Unverwechselbarkeit herauszustellen, andererseits greife er zu diesem Zweck auf technische Hilfsmittel zurück, deren binäre Form und mediale Repräsentation sowohl Transparenz als auch Niedrigschwelligkeit erlauben, was nahezu unbegrenzte Vergleichs- und Anschlussmöglichkeiten eröffnet. Das mediale Substrat der Erhebung und Verarbeitung personen- und gesundheitsbezogener Daten könne im schlimmsten Fall in das Gegenteil dessen umschlagen, was mit einer Praxis der Selbstaufklärung und dem Drang nach Einmaligkeit und Unverwechselbarkeit ursprünglich verknüpft sei. Die parallel verlaufenden Prozesse der Granularisierung und Singularisierung bergen damit eine soziale Sprengkraft, die uns zu einer fundamentalen Neujustierung einer sich unaufhaltsam fragmentierenden Gesellschaft auffordert, in der das Soziale neu versammelt werden muss (Latour 2005). Das gegenwärtige Verständnis der Gesellschaft speise sich jedoch nach wie vor aus »kruden, statistischen Verfahren« (Kucklick 2014, S. 58), die ihrerseits unpräzise Aggregatvorstellungen, wie »Klasse« oder »Milieu«, erzeugen und die einer sich in der Post- bzw. Spätmoderne herausbildenden »Gesellschaft der Singularitäten« (Reckwitz 2017) bereits in ihren Grundannahmen widersprechen.

So müsse unter singulären Gesichtspunkten u. a. die Frage der sozialen Verantwortung sowie idealtypischer Verallgemeinerungen neu beantwortet werden. Ob sich im Verlauf dieses Prozesses ein völlig neuer Gesellschaftstypus herausbilde, wie er etwa in Manuel Castells Modell der »Netzwerkgesellschaft« oder Dirk Baeckers »Studien zur nächsten Gesellschaft« aufscheint, lässt Kucklick an dieser Stelle unbeantwortet. Stattdessen erinnert er an die von Pierre Rosanvallon (2017) beschworene Gefahr der Verabschiedung der fundamentalen Idee der Gleichheit aus dem gesellschaftlichen Diskurs und eines drohenden Abdriftens in eine »totale Konkurrenzgesellschaft« (Rosanvallon 2017, S. 276), die nichts Verbindendes mehr kennt: »Je mehr Differenzierung, desto mehr Konkurrenz, und je mehr Konkurrenz, desto mehr Differenzen« (Kucklick 2014, S. 62) – ein wechselseitiges Bedingungsverhältnis, dem zumindest das Potenzial innewohnt, Sozialformen erheblich zu schwächen und unser Gemeinwesen weiter zu polarisieren. Andererseits aber könnte in der so entstehenden Differenzgesellschaft auch das Gegenteil eintreten und sich eine »erhöhte Sensibilität für soziale Diskriminierung« und eine Kultur der Toleranz gegenüber Minderheiten entwickeln. Dann »[ist] die Singularisierung […] so durchgreifend, dass sich nun jeder als eigene Minderheit empfindet. Und darin gleicht er dem anderen« (ebd., S. 63).

2.2.2 Die Intelligenzrevolution

Die Intelligenzrevolution als zweiter sozial transformativer Prozess adressiert »drei folgenreiche Effekte: Sie steigert die wirtschaftliche Ungleichheit. Sie bedroht [...] Arbeitsplätze. Sie zwingt uns zur Kooperation mit den Maschinen« (ebd., S. 69). Im Zentrum der Analyse der so bezeichneten Intelligenzrevolution steht die gesellschaftliche Moderation des durch Digitaltechnik bewirkten Fortschritts, der sich je nach eigenommener Perspektive entweder als Problem oder als Lösung, in jedem Fall aber als Irritation eingespielter gesellschaftlicher Routinen und Deutungshoheiten artikuliert. Als eine Form des technischen Fortschritts bedingt die Digitalisierung, wie alle technischen Revolutionen zuvor, gesellschaftliche Umbrüche, als deren drängendstes Risikopotenzial die Ausweitung und Zuspitzung sozialer Ungleichheitsdynamiken und gesellschaftlicher Spaltungsprozesse identifiziert wird. Zur Kompensation der Folgen ist demnach eine politische Moderation und rechtliche Regulation des digitalen Fortschritts unerlässlich. Es mag verwundern, dass Kucklick, entgegen seiner dystopisch anmutenden Diagnose der Entwicklung des Arbeitsmarkts, ökonomischer Chancen sowie keimender sozialer Ungleichheit, nicht etwa eine Kampfansage gegen die Maschinenintelligenz und ihr sozial transformatives Potenzial formuliert, sondern insofern eine vermittelnde Position einnimmt, als er eine Symbiose von Mensch und Maschine befürwortet, die von der Überzeugung geleitet ist, »dass wir nicht *gegen* die Maschinen zu kämpfen haben, sondern *mit* ihnen« (ebd., S. 87). Sie ist Konsequenz aus der Einsicht in die unüberwindbare strukturelle Verschiedenheit von Mensch und Maschine, die sich prinzipiell nicht ineinander überführen oder aufeinander reduzieren lassen. Die intelligenteste Maschine operiere

> »nicht mit Sinn, nicht mit Gefühlen und Wünschen, mit Hoffnungen und Sehnsüchten, sondern bloß mit Symbolen, mit Ziffern und Zeichen. Wofür diese stehen, ist ihnen egal. [...] Menschen hingegen müssen stets und aus allem Sinn machen, das ist anstrengend, verlangsamt uns dramatisch – und macht unser Leben lebenswert« (ebd., S. 87f.).

Ein weiterer wesentlicher Unterschied zwischen Mensch und Maschine sei durch die für das Menschsein charakteristische Bewusstheit der eigenen Geschichtlichkeit markiert, ein Merkmal, das der Maschinenintelligenz fehlt, da sie operativ an die binäre Grunddifferenz ihrer Rechenoperation gekoppelt bleibt. Kurz: Das Menschsein erweist sich im Vergleich mit algorithmischer Logik gerade dadurch, dass es das Emotionale, das Irrationale und das funktional Fehlerhafte adressiert und integriert. Die unüberwindbare strukturelle Differenz zwischen Mensch und Maschine dürfe aber weder in eine dystopische Verfallsgeschichte noch in eine techniksolutionistische Hybris münden, sondern sich in Richtung auf eine »kooperative Intelligenz-Revolution« bewegen, die drei Entwicklungen nahelegt: »Wir werden smarter. Wir passen die Welt an die Maschinen an. Und uns selbst auch« (ebd., S. 91).

Ein konstruktiver Umgang mit digitalen Errungenschaften verzichte auf polarisierende Scheingefechte, die unentwegt den öffentlichen Diskurs und die mediale Darstellung der Digitalisierungsfolgen prägen. Als Beispiel nennt Kucklick das vielbeschworene Lamento einer durch die Digitalisierung ausgelösten Verfallsgeschichte menschlicher Intelligenz (etwa Spitzer 2012). Diese erweise sich schon deshalb als methodisch problematisch, da sie einer umweltunabhängigen Definition von Intelligenz qua Bedingung aufsitzt. Die Feinauflösung der Welt bewirke vielmehr einen neuen Modus des Umgangs mit Wissen und enthülle ein weiteres Paradoxon der Digitalisierung, jenes der Vorläufigkeit: »Nur was ständig verändert wird, bleibt bestehen; aber die ständigen Veränderungen sorgen dafür, dass das, was bestehen bleibt, niemals dasselbe ist, sondern das Veränderte« (Kucklick 2014, S. 97). Dieser Umstand finde seinen Niederschlag im permanenten Update- bzw. Upgrade-Modus von Softwarelösungen, deren Fortbestand gerade durch den Modus des *Work in Progress* gesichert ist. Ferner sei der Adaptionsprozess digitaler Technik in unsere gesellschaftlichen und beruflichen Routinen darauf angewiesen, dass die Bedingungen für die Prozessierung technischer Neuerung geschaffen werden, was einerseits Abläufe und Prozesse simplifiziert, andererseits aber auch auf unsere Fähigkeiten und unser Verhalten rückwirkt, mithin tief verwurzelte Kategorien und soziale Konstrukte, wie z. B. das Geschlecht, sukzessive zu nivellieren droht (ebd., S. 100 ff.).

2.2.3 Die Kontrollrevolution

Die Kontrollrevolution als dritte Stufe der Digitalisierung bezieht sich auf die durch die Datenökonomie angestoßenen Verschiebungen im gesellschaftlich-sozialen Machtgefüge, denn nach wie vor ist juristisch und

2.2 Christoph Kucklick: Granularisierung – Die drei digitalen Revolutionen

ethisch nur unzureichend geklärt, wem die von uns produzierten Daten gehören, wer sie zu welchem Zweck, in welchem Umfang und auf welche Weise nutzen darf, wie lange, wo und von wem die Daten gespeichert, verwaltet und abgerufen werden dürfen. Der öffentliche Diskurs rund um das Thema Datenschutz wurde wesentlich befördert durch Enthüllungen des ehemaligen CIA-Mitarbeiters und Whistleblowers Edward Snowden, die im Jahr 2013 eine globale Überwachungs- und Spionageaffäre auslösten. Weitere Zuspitzung fand der diesbezügliche Diskurs durch den an die Öffentlichkeit gedrungenen missbräuchlichen Einsatz des Mikrotargeting durch das einstige britische Datenanalyse-Unternehmen Cambridge Analytica im Umkreis des US-amerikanischen Präsidentschaftswahlkampfs der Jahre 2015/16 (▶ Kap. 3.3).

Diese und andere Enthüllungen haben deutlich gezeigt, wie sehr die datenbasierte Ökonomie die gesellschaftliche Ausdeutung und Handhabung, die rechtliche Regulierung und politische Moderation der Digitalisierung herausfordert. Die seit 2018 geltende Europäische Datenschutz-Grundverordnung (DSGVO) muss als ein Versuch gewertet werden, diesen Irritationen zu begegnen. Da diese vom Grundsatz der Datenminimierung sowie der Unterscheidung zwischen personenbezogenen und nicht personenbezogenen Daten geleitet ist, muss sie in ihrer Wirkung jedoch insofern beschränkt bleiben, als »Daten [...] immer im Kontext« existieren und »eine bloße Begrenzung der Datenmenge allein [...] per se überhaupt nicht« (ebd., S. 109) hilft. Unsere Daten fungieren als Spiegel unserer Singularität und machen uns deshalb so leicht erkennbar. Das Credo der Kontrollrevolution lautet demnach, dass der Mensch in Ansehung des Verlusts seiner Datensouveränität gleichsam die Deutungshoheit über sich selbst einbüßt, da mitunter präzisere Modelle seiner selbst in Form aufbereiteter Daten vorliegen, deren Vorteil gerade darin liegt, dass sie um den menschlichen Faktor bereinigt sind.

Unter ökonomischen Gesichtspunkten geht es dabei vor allem anderen um die kommerzielle Nutzbarmachung gezielter Verhaltensmodifikation. Zur Veranschaulichung dieses Verfahrens hat der Computerwissenschaftler Jaron Lanier das Akronym BUMMER geprägt, das für »Behaviors of Users Modified and Made into an Empire for Rent« (Lanier 2018, S. 43) steht. Es adressiert das auf der Gewinnung und Verarbeitung von Daten beruhende Geschäftsmodell insbesondere von als »Verhaltensmodifikations-Imperien« (ebd., S. 15) bezeichneten Sozialen Netzwerken, die durch den gezielten Einsatz behavioraler Strategien und Designs die Aufmerksamkeit ihrer Nutzer*innen binden, um daraus ökonomischen Profit zu erwirtschaften. Die Kontrollrevolution stellt demnach den Modus des Zugriffs auf das Verhalten von Menschen von der Disziplinierung auf Kontrolle um. »Nicht mehr Vorschriften prägen unser Leben, sondern eine vielschichtige Matrix aus Beobachtungen, Überwachungen, Vorhersagen, Bewertungen, Verführungen und Ermahnungen« (Kucklick 2014, S. 111). Die Kontrolle qua Kraft der Verführung wirkt dabei ebenso anschmiegsam wie effektiv, denn sie belässt den*die Einzelne*n »mit den Illusionen seiner Handlungsmacht« (ebd., S. 115), kurz: »Wir werden nicht mehr gezwungen, sondern verführt, nicht mehr ausgebeutet, sondern informationell ausgedeutet« (ebd., S. 119).

Die operative Basis der Kontrollrevolution, die algorithmische Erfassung korrelativer Beziehungen und die damit verbundene Entbergung von Mustern, erfüllt aber auch ordnungsstiftende Funktionen und dient wesentlich der Komplexitätsreduktion einer immer komplexer werdenden Moderne, der sukzessive das Verbindende abhandenkommt. Hierin liegt für Kucklick jedoch ein weiteres Risiko, denn »vom Ordnen ist es dann nur ein winziger Schritt zum Bewerten. Aus den Zahlen werden Normen, aus Maßen werden Maßstäbe« (ebd., S. 125).

Beispiel: Social Scoring in China

Welche einschneidenden Folgen das zeitigen kann, lässt sich etwa am Beispiel der 2014 beschlossenen Einführung eines onlinebasierten Social-Scoring-Systems in der Volksrepublik China ablesen, dessen operativer Kontroll- und Gestaltungsanspruch umfassender und totalitärer kaum sein könnte und das drei essentielle Fragen aufwirft:

- Erstens, ob und ggf. wie sich unter den Bedingungen systematischer Überwachung so etwas wie informationelle Selbstbestimmung realisieren lässt?
- Zweitens, inwiefern der Prozess der kontinuierlichen Aufzeichnung aller sozialen Interaktionen sowohl auf den Menschen selbst als auch sein Verhalten in sozialen Interaktionen rückwirkt, mithin ob nicht

2.2 Christoph Kucklick: Granularisierung – Die drei digitalen Revolutionen

mittels Social Targeting und Scoring insgeheim eine Form des Human Engineering installiert wird?
- Drittens muss die Frage gestellt werden, ob ein derartiges Verfahren der sozialen Vermessung und Bewertung nicht einem methodischen Fehler aufsitzt, denn das aus Verhaltensbeobachtungen abgeleitete digitale Profil des Menschen kann letztlich nur jenen Ausschnitt der sozialen Realität wiedergeben, der auf mess- und quantifizierbaren Indikatoren beruht.

Dass ein solches Bild die Komplexität der sozialen Realität nur unzureichend zu erfassen vermag, ist schon dadurch begründet, dass diese zu einem nicht unerheblichen Teil aus wenig offenkundigen, verborgenen und dynamischen Variablen besteht (Langer 2020, S. 171).

Die von Kucklick beschriebenen Revolutionen haben allesamt weitreichende strukturelle und soziale Konsequenzen: In Anbetracht der *Intelligenzrevolution* stellt sich insbesondere die Frage, welche Berufe und Tätigkeiten auf dem Arbeitsmarkt der Zukunft noch auf Menschen angewiesen sein werden. Seinerzeit hat die industrielle Revolution im Bereich der manuellen Produktion durchgreifende strukturelle Verschiebungen auf dem Arbeitsmarkt ausgelöst und den Menschen in die Dienstleistungsgesellschaft geführt. Wohin weichen wir nun aus, wenn neben unseren körperlichen auch unsere kognitiven Leistungen sukzessive durch die Maschinenintelligenz verdrängt zu werden drohen?

Wohin uns die *Differenzrevolution* mit Blick auf die für den demokratischen Zusammenhalt fundamentale Idee der Gleichheit führt, bleibt ebenfalls ein ungelöstes Problem. Folgt man Pierre Rosanvallon (2017), dann offenbart »[d]er historische Bruch mit dem säkularen Trend, Ungleichheiten zu verringern« eine »Krise der Gleichheit«, die als »soziales Totalphänomen« verstanden werden müsse (Rosanvallon 2017, S. 15). Singularität nivelliere die Idee der Gleichheit und stelle uns unweigerlich vor die Frage, wie wir in Zukunft miteinander leben möchten und auf welchen für alle verbindlichen Fundament sich eine »Gesellschaft der Singularitäten« (Reckwitz 2017) konstituieren kann.

Die *Kontrollrevolution* zeitigt Konsequenzen vor allem hinsichtlich des menschlichen Selbstverständnisses. Wieviel Raum für Selbstbestimmung bleibt in einer Gesellschaft, in der die erforderliche Disziplin durch Formen von Kontrolle ersetzt wird? Werden wir den Gedanken der Freiheit aus unseren Selbstbeschreibungen verabschieden müssen oder werden wir uns neue Freiheitsräume erkämpfen?

Dem ungeachtet fordert der mit der Digitalisierung einhergehende Prozess der Granularisierung den Menschen dazu auf, die zunehmend unschärfer werdende Grenze zwischen sich und der Maschinenintelligenz präziser in den Blick zu nehmen. Die erforderliche Grenzziehung bzw. -präzisierung lege eine neue Selbstbeschreibung jenseits des gängigen rationalen Menschenbilds nahe, in deren Kontur das Bild des hochaufgelösten Menschen erscheint:

> »Er wird spielend experimentieren, um die Maschinen zu begreifen. Er wird voller Empathie sein, um die Differenzen zu anderen zu überbrücken. Und er wird launisch sein und unberechenbar, um die Mechanismen der gesellschaftlichen Kontrolle nach Kräften zu unterlaufen« (Kucklick 2014, S. 233).

Es mag überraschen, dass Kucklick trotz des hohen disruptiven Potenzials der Granularisierung ein optimistisches und zuversichtliches Bild des granularen Menschen zu projizieren vermag. Ob man auch mit dessen Realisierung rechnen kann, bleibt offen und durchaus fraglich, da sich zumindest das Spielerisch-Experimentelle im Rahmen der sozialen Praxis kaum als menschlicher Gemeinplatz wird bewähren können.

Im Ergebnis liefert Kucklicks diskursive Analyse der granularen Gesellschaft durchaus bedenkenswerte und auf Regulierung drängende Perspektiven, eine aus den beschriebenen Transformationsprozessen abgeleitete, tragende Systematik der digitalen Gesellschaft, wie wir sie etwa bei Armin Nassehi (2019) oder Andreas Reckwitz (2017) finden, sucht man bei Christoph Kucklick hingegen vergeblich.

2.3 Andreas Reckwitz: Digitalisierung als Singularisierung

Der Gedanke der Singularisierung gerinnt in Andreas Reckwitz Entwurf einer Gesellschaftstheorie der Spätmoderne zur Schlüsselkategorie der Beschreibung gesellschaftstektonischer Verschiebungen, die eine Abkehr vom Universalismus der Moderne markieren und einer sich prozesshaft herausbildenden spätmodernen »Gesellschaft der Singularitäten« den Weg bereiten. Der vergleichende Kultursoziologe Reckwitz, dessen wissenschaftliches Werk vornehmlich um populärkulturelle Prozesse der individuellen Selbstverwirklichung und ihrer schrittweisen Transformation in soziale Imperative kreist, nimmt augenscheinlich Bezug auf die von Christoph Kucklick anschaulich explizierte Granularisierungsmetapher. Sein selbstgesetzter Anspruch reicht jedoch insofern über die soziologische Diagnose und Analyse von Teilaspekten der Digitalisierung und ihrer Folgen hinaus, als er diese in ein tragfähiges Modell der spätmodernen Gesellschaft zu transformieren und als kulturelles Muster systematisch zu verorten versucht. In dessen Zentrum steht, vereinfacht gesagt, die Beobachtung eines gesellschaftlichen Strukturwandels vom Allgemeinen zum Besonderen.

Die Digitalisierung als eines der prägenden Gegenwartsphänomene und »Schlüsseltechnologie der Spätmoderne« (Reckwitz 2017, S. 24) gilt es aus einer soziologischen Perspektive und im Kontext der zu entfaltenden Gesellschaftstheorie daraufhin zu befragen, ob und inwiefern sie ein Motor des diagnostizierten Wandels ist (Reckwitz 2018). Dieser setzt mit der Beobachtung ein, dass die klassische, industriell geprägte Moderne etwa seit den 1980er Jahren sukzessive von einer neuen, spätmodernen Gesellschaftsform abgelöst wird. Techniken und Technologien spielen in diesen systemverändernden Prozessen eine wesentliche Rolle, und zwar nicht in einem streng deterministischen Sinne, sondern als angeeignete soziale Praktiken bzw. »materielle *Angebotsstrukturen*« (Reckwitz 2017, S. 225), die vermittels sozialer Praktiken und durch diese wirken und die »einen Spielraum vielfältiger, aber nicht beliebiger Verwendungsweisen bieten« (ebd.).

Der Schlüssel zum Verständnis des gegenwärtigen Paradigmenwandels liegt für Reckwitz in einer Transformation der »Strukturierungsformen des Sozialen«, in deren Kontext sich neben der »sozialen Logik des Allgemeinen« ein neues Bewertungs- bzw. Deutungsmuster etabliert, dessen soziale Logik das Besondere ist (Reckwitz 2018). Das Deutungsmuster des Allgemeinen gilt ihm als Errungenschaft der industriellen Moderne mit ihrem rationalen Streben nach Universalisierung, Funktionalisierung, Standardisierung, aber auch Disziplinierung und Kontrolle (Reckwitz 2017, S. 229).

> »Industrielle Techniken der Mechanisierung, der effizienten Arbeitsteilung, der Energiegewinnung und der Standardisierung [...] zogen einen entsprechenden, gesellschaftlich prägenden technischen Habitus nach sich, ein berechenbares, affektreduziertes, die Zukunft planendes Verhalten, dessen emblematische Sozialfigur der Ingenieur war« (ebd., S. 228).

Das Deutungsmuster des Besonderen hingegen ist durch eine diametrale Bewegung charakterisiert, in der das Individuelle, Singuläre und Einzigartige priorisiert, visualisiert und valorisiert wird. Es ist keine genuine Erfindung der Gegenwart, sondern als individualisierendes Motiv spätestens seit der Romantik im kulturellen Repertoire verankert, erfährt jedoch aktuell eine seither ungekannte Popularisierung und qualitative Zuspitzung. Als zentraler Treiber dieses Trends gilt ihm »ein Komplex, der sich aus dem Zusammenspiel algorithmischer Verfahren des Computing, der Digitalisierung medialer Formen und des Kommunikationsnetzwerks des Internets« (Reckwitz 2017, S. 226) speist, der seinerseits mit einem hierdurch initiierten Strukturwandel im Bereich der Ökonomie korrespondiert. Um das kulturalisierende Muster des gegenwärtigen Strukturwandels und seine soziale Konstruiertheit hervorzuheben, präferiert Reckwitz zu dessen Bezeichnung den Begriff Singularisierung – ein soziotechnisches Motiv, das sich sukzessive zu einem kulturell dominierenden Deutungsmuster entwickelt: in der Ökonomie, der Bildung, der Architektur, der Kunst etc. (Reckwitz 2017, S. 8f.). Bedeutsam erscheint ihm dabei der Hinweis, dass der Prozess der Singularisierung nicht gleichzusetzen ist mit jenem der Individualisierung, der sich auf die Freisetzung des Individuums aus sozialen und gesellschaftlichen Bindungen richtet.

2.3 Andreas Reckwitz: Digitalisierung als Singularisierung

»Singularisierung meint [...] mehr als Selbständigkeit und Selbstoptimierung. Zentral ist ihr das kompliziertere Streben nach Einzigartigkeit und Außergewöhnlichkeit, die zu erreichen freilich nicht nur subjektiver Wunsch, sondern paradoxe gesellschaftliche *Erwartung* geworden ist« (ebd., S. 9).

Die Spätmoderne ist somit durch zwei parallel verlaufende und miteinander konkurrierende Prozesse geprägt, die eine spannungsreiche soziale Doppelstruktur von Allgemeinem und Besonderem begründen. Als deren besonderes Charakteristikum gilt die Einsicht, dass das neue, postindustrielle Deutungsmuster die seit der Moderne bestehende Ordnungs- und Kategorisierungslogik nicht einfach überwindet oder ablöst, sondern überlagert und in spezifischer Weise erweitert, was einen Prozess der fortschreitenden gesellschaftlichen Ausdifferenzierung und Komplexitätssteigerung bewirkt.

Diese Singularisierungsdynamik ist ihrem Anspruch nach universal und durchgreifend, und sie bildet entgegen aller Spezialisierung und angesichts der Vielfalt gesellschaftlich relevanter Phänomene ein strukturbildendes Muster aus, das in eine spannungsreiche Dialektik von Allgemeinem (»doing generality«) und Besonderem (»doing singularity«) mündet, in der »die soziale Logik des Besonderen das Primat erhält« (Reckwitz 2017, S. 12). Umfassend ist die Singularisierung insofern, als sie alle Dimensionen des Sozialen umfasst:

»die Dinge und Objekte ebenso wie die Subjekte, die Kollektive, die Räumlichkeiten ebenso wie die Zeitlichkeiten. ,Singularität' und ,Singularisierung' sind Querschnittsbegriffe und bezeichnen ein Querschnittsphänomen, das die gesamte Gesellschaft durchzieht« (ebd.).

Dabei gilt es aus einer soziologischen Perspektive zu berücksichtigen, dass sowohl das Allgemeine als auch das Besondere »sozial fabriziert« (ebd., S. 11) werden und nicht einfach als gegeben vorausgesetzt werden können. Die soziologisch interessante Frage gilt dabei der sozialen Konstruktion des Besonderen und seiner Bedingungen. Als ursächlich für den konstatierten Wandel erweisen sich für Reckwitz (2018) insbesondere drei miteinander verzahnte Faktoren:

1. ein kultureller Faktor, der sich als individualisierendes Motiv mit einer ausgeprägten Tendenz zur Selbstverwirklichung äußert und das Singuläre und Einzigartige als gesellschaftliche Norm etabliert,
2. ein ökonomischer Faktor, der sich als Verschiebung von einem industriellen zu einem kulturellen Kapitalismus artikuliert,
3. ein technologischer Faktor, der die digitalen Transformationen und ihren Ermöglichungsspielraum in den Blick nimmt.

Für den hier befragten Zusammenhang erweist sich vor allem der technologische Aspekt als relevante Größe, gleichwohl dieser im Kontext der intendierten Gesamtarchitektur nicht von den beiden anderen Faktoren abgetrennt werden könne. Mit Blick auf die Digitalisierung gelte es folglich zu fragen, ob und inwiefern sie die soziale Konstruktion von Singularität sowohl auf einer qualitativen als auch einer strukturellen Ebene befördert.

Das spezifische Gepräge der Digitalisierung zeigt sich für Reckwitz insbesondere in seiner Doppelförmigkeit, einerseits als Instrument der Standardisierung und Rationalisierung, anderseits als strukturelle Bedingung für die soziale Konstruktion von Singularität. Das gilt für alle drei Ebenen der Digitalisierung: die algorithmischen Verfahren des Computing, die Übersetzung beliebiger Medienformate in ein allgemeines Muster und die kommunikative Vernetzung auf der Grundlage eines gemeinsamen Basisprotokolls[8] (Reckwitz 2017, S. 226). Auf allen drei Ebenen findet sich ein für technologische Errungenschaften konstitutives, strukturelles »*doing generality*, und zwar in den drei relevanten Hinsichten der Berechenbarkeit, der Formalisierung und der universellen Generalisierung« (ebd., S. 230). Gleichzeitig, und darin zeige sich die eigentümliche Doppelstruktur der Digitalisierung, bieten diese digitalen Technologien durch die Art ihrer Nutzung und Konsumierung, vermittels ihrer Einbindung in den alltäglichen Habitus, die Voraussetzung für ein ganz neues kulturelles Muster des »*doing singularity*«, das durch die Technologie nicht nur ermöglicht, sondern auch forciert werde (Reckwitz 2018).

Charakterisieren lässt sich diese durchgreifende Kulturalisierung des Technologischen und Sozialen anhand fünf zentraler Merkmale, durch die

---

8 Vgl. hierzu die erkenntnisreiche Studie von Bunz 2009.

sie sich von der »bürgerlichen Hochkultur« und der »Massenkultur der organisierten Moderne« abhebt (Reckwitz 2017, S. 238–243):

1. Sie produziert »eine strukturelle Asymmetrie zwischen einer *extremen Überproduktion von Kulturformaten* [...] und einer *Knappheit der Aufmerksamkeit* der Rezipienten«, kurz: sie entwickelt sich zur »*Überflusstechnologie*«, die in einen über Affekte mobilisierten Wettbewerb um Sichtbarkeit, Aufmerksamkeit und Attraktivität mündet.
2. Der für die Massenkultur charakteristische »Dualismus zwischen Kulturproduzenten und Publikum« verliert in der digitalen Kulturmaschine insofern an Bedeutung, als heute jeder Medienkonsumierende gleichsam an deren Produktion partizipieren kann. Die so bewirkte »Egalisierung der Kulturproduktion« bewirkt aber nicht, wie vielleicht zu erwarten wäre, das Ende der Publikumsrolle, sondern geht mit ihrer Generalisierung einher.
3. Die Digitalisierung kultureller Formate und Schöpfungen bewirkt eine »*Enthierarchisierung der Kulturformate*«, sowohl mit Blick auf Deutungshoheiten als auch hinsichtlich der bislang geltenden Zugriffsbarrieren.
4. Die Digitalisierung erlaubt insofern eine »*Verzeitlichung der Kulturformate*«, als diese im Gegensatz zur bestehenden Medienkultur keine statischen, »sondern *prozessuale* Objekte [sind], also Performanzen, die sich in der Zeit ständig zumindest teilweise verändern«. Eine sich dergestalt begründende Kultur gewinnt einen spezifischen »*Momentcharakter* und wird im Moment *erlebt*«.
5. Das Digitale zeichnet sich durch »eine Kultur der Rekombination« aus, d.h., die permanente Verfügbarkeit aller denkbaren Inhalte bedingt, »dass die Novitäten häufig Remixes aus bereits Gegebenem sind«. Die Verlinkungsarchitektur des Netzes befördert den Modus der »Rekombination und Rekontextualisierung (*mash up*)« und lässt den »Gegensatz zwischen *Original* und *Kopie(n)* [...] fragil« werden.

Das Digitale prägt folglich ein Bild der Gegenwartskultur, in der sich Allgemeinheitsansprüche relativieren und in der auf überdauernde kulturelle Objektivationen ebenso verzichtet werden müsse wie auf einen daraus abzuleitenden verbindlichen Bildungs- und Wertekanon. In diesem sich neuformierenden kulturellen Ökosystem bilden das Digitale und seine Manifestationen (algorithmisches Computing, digitale Medialität und kommunikative Referentialität) das infrastrukturelle Bezugssystem, in dem sich das Plurale, Prozessuale und Dynamische strukturell etablieren und einen Ermöglichungsspielraum für diverse Formen sowohl kultureller als auch maschineller Singularisierung hervorbringen kann.

Dieser Singularisierungsprozess erweist sich als universal und durchgreifend, da er sich auf mehreren Ebenen manifestiert: Er adressiert Subjekte ebenso wie Objekte, Kollektive, Zeitlichkeiten und Räumlichkeiten (Reckwitz 2017, S. 243). Prozesse der Singularisierung finden somit einerseits öffentlich sichtbar und gleichsam willentlich in der aktiven Auseinandersetzung der Subjekte mit digitaler Technik statt, so z. B. durch deren performative Selbstrepräsentation und Interaktion in Sozialen Netzwerken. Zumeist unbemerkt und für die Nutzer unsichtbar werden wir andererseits auch auf einer funktional-maschinellen Ebene singularisiert, und zwar auf der Grundlage eines algorithmischen Beobachtungssystems, das jedes Subjekt in seiner Einzigartigkeit abzubilden vermag. Technologische Singularisierung findet damit sowohl auf der Ebene der Mensch-Maschine-Interaktion als auch auf der Ebene der Maschine-Maschine-Interaktion statt (ebd., S. 243 f.).

Eine herausragende Rolle spielen hierbei die Sozialen Medien, da sich in ihnen eine spezifische Form der Aufmerksamkeitsökonomie kultiviert, die sich insofern an singulären Subjektdarstellungen ausrichtet, als ihr Wettbewerbsmodell auf Sichtbarkeit und Wertschätzung beruht. Mit der Form des Profils ist somit die Voraussetzung dafür geschaffen, dass Subjekte sich als einzigartig konstruieren und präsentieren können – und dies gewissermaßen auch müssen: Im Medium des Profils auf Sozialen Netzwerken artikuliert sich die »*modularische* oder *kompositorische Singularität*« (ebd., S. 245).

Das für die spätmoderne Gesellschaft charakteristische Moment einer Dynamik, durch die sich populärkulturelle Muster sukzessive in soziale Imperative transformieren, scheint sich auch im Hinblick auf Formen der digitalen Selbstdarstellungs- und Kommunikationspraxis zu bestätigen. Mit der wachsenden Verbreitung und kulturellen Etablierung dieses sozialen Musters wächst zugleich die Abhängigkeit des spätmodernden *Profil-Subjekts* von seiner sicht- und valorisierbaren Besonderheit, kurz: Seine

2.3 Andreas Reckwitz: Digitalisierung als Singularisierung

Existenz wird in gewisser Weise abhängig von seiner digitalen Repräsentation und der damit verbundenen permanent zu leistenden Statusarbeit. Das hat zur Folge, dass

> »das spätmoderne Selbst [...] so ein *dramaturgisches* [ist], und seine Subjektivierung erfolgt primär dadurch, dass es sich in gelungener Weise *vor anderen darstellt*. Das Subjekt in der Spätmoderne ist mehr und mehr identisch mit seiner Performance vor einem *Publikum* – und das Internet ist seine zentrale Arena« (ebd., S. 246).

Die hierbei vorgenommene Fokussierung auf das Einzigartige und Besondere erklärt sich im Kontext eines Wettbewerbs um knappe Ressourcen wie Sichtbarkeit, Aufmerksamkeit und Attraktivität. Dabei strebt das Subjekt bei aller Singularität doch stets nach Authentizität, was im Fall des *Profil-Subjekts* die paradoxe Form der »*performativen Authentizität*« (ebd., S. 247; 2019, S. 214f.) annimmt. Paradox insofern, als es einerseits den eigenen Wünschen und Idealen folgen *will*, dies aber zugleich auch *soll*, da Authentizität sich unlängst zu einem leitenden sozialen Imperativ entwickelt hat.

Im Kontext der Selbstrepräsentation in Sozialen Medien kann sich hieraus leicht ein mitunter rigoroser Wettbewerb um Sichtbarkeit und Wertschätzung entwickeln, der das *Profil-Subjekt* dazu antreibt, nahezu ununterbrochen digitale Statusarbeit zu betreiben. Indem es sein Profil unablässig mit Inhalten aus seinem interessanten Leben fortschreibt, akkumuliert es Singularitätskapital, »das im Spiel des Sozialen eine soziale Position und Anerkennung sichert« (ebd.). Sichtbarkeit und Wertschätzung sind in derartigen Ökosystemen jedoch vom begrenzten Gut öffentlicher Aufmerksamkeit abhängig, was dazu führt, dass soziale Anerkennung wesentlich durch die eigene Sichtbarkeit bedingt ist, »während Unsichtbarkeit den digitalen Tod bedeutet. Dass dies ein Grundprinzip der Gesellschaft der Singularitäten ist, ist in entscheidendem Maße eine Folge ihrer Medientechnologien« (ebd.).

Für die digitale Selbstrepräsentation im Medium des Profils steht dem spätmodernen Subjekt ein »*modularisiertes Tableau*« zur Verfügung, ein vorstrukturierter Fundus für die digitale Inszenierung des eigenen Lebens auf der Bühne des Internets, in der die subjektiven Wünsche und sozialen Erwartungen miteinander koinzidieren. Als Ergebnis der Kombination verschiedener materialer Elemente (Bilder, Texte, Musik, Links etc.) entsteht »die einzelne Person und ihr ‚Kosmos' als Besonderheit. Kurzum: Im Profil baut sich Unverwechselbarkeit als *kompositorische Singularität* auf« (ebd., S. 249). Da sich Profile stets in einem Wettstreit um Sichtbarkeit befinden, stehen diese zudem unter dem rigiden Anspruch permanenter Aktualisierung. Digitale Statusarbeit wird demnach zu einer persistierenden Forderung an ein zeitgemäßes, um Authentizität bemühtes Selbstmanagement. Newsfeeds, Weblogs, Timelines und Storys sind der sichtbare Ausdruck einer Dynamik, die *»durch eine Permanenz der Performanz des Neuen* gekennzeichnet« (ebd.) ist und mit deren Hilfe sich »die generelle Momentorientierung des Internets auf die Ebene der Fabrikation des Subjekts« (ebd., S. 250) überträgt. Da Aufmerksamkeit vor allem über emotional affizierbare Kommunikate geweckt wird, ist das Profil-Subjekt angehalten, sein tägliches Erleben dergestalt zu inszenieren, dass im knappen Gut um Sichtbarkeit und Wertschätzung für das Publikum ein fühl- und erlebbares Surrogat unmittelbaren authentischen Seins entsteht. Dieses Profilmarketing in eigener Sache bewirke nahezu zwangsläufig eine *»affektive Positivkultur«* des digitalen Seins, »weil die Affizierungen, die hier verhandelt werden, nahezu durchgängig von positiver Valenz sind« (ebd., S. 251). Das kulturelle Ökosystem der Kulturmaschine entspricht damit einem *»medialen Attraktivitätsmarkt«* (ebd., S. 252), auf dem das Subjekt die eigene Selbstvermarktung betreibt und in dem die Trennung von Ware und Konsum, von Gut und Publikum aufgehoben ist. Der implizite Wettbewerb um Sichtbarkeit und Aufmerksamkeit entscheidet sich darüber, wie authentisch, interessant und einzigartig die Fabrikation des eigenen Selbst gelingt. Dessen Ergebnis ist für jeden transparent und nachvollziehbar anhand der Aufrufe oder Verlinkungen (Aufmerksamkeit) und Likes (Valorisierung) quantifiziert – qua Marker zur Bestimmung des eigenen *»Singularitätsstatus«* (ebd.). Wie jeder andere Markt kennt auch dieser Markt Gewinner*innen und Verlierer*innen. Der Wettstreit um Sichtbarkeit und Aufmerksamkeit erfährt in digitalen Ökosystemen insofern eine weitere Verschärfung, als algorithmische Prozesse die Reichweite insbesondere derjenigen Posts erhöhen, die bereits zuvor einen erheblichen Verbreitungsgrad und eine hohe Valorisierung erzielt haben. Das führe zwangsläufig dazu, dass »die digitale Infrastruktur den Matthäus-

Effekt der ungleichen Aufmerksamkeit weiter an[heizt] und hilft, digitale *Winner-take-all*-Märkte zu schaffen« (ebd., S. 253).

Hinter dieser aus der sozialen Praxis erwachsenden Form öffentlicher Singularisierung wirkt ein zweiter, rein maschinell betriebener Singularisierungsprozess, der sich aus der Verhaltensbeobachtung jener Subjekte speist, die sich innerhalb digitaler Infrastrukturen bewegen. Hierbei verwischen algorithmische Beobachtungssysteme die Grenze zwischen Öffentlichkeit und Privatsphäre und produzieren ein hochauflösendes, granulares Bild subjektiver Einzigartigkeit und Spezifizität,»das sich *aus diskreten Bestandteilen zusammensetzt*« (ebd., S. 255) und aus plattformbezogenen Bewegungs- und Aktivitätsprotokollen speist. Diese Form des Profils bedarf im Gegensatz zum öffentlichen Profil keiner »identifizierbare[n] Kohärenz […]; es reicht, dass es sich beim Subjekt um ein Ensemble heterogener Präferenzstrukturen handelt, bezogen etwa auf Musikstile, Politik und Bekleidung« (ebd.), die sich adressieren und instrumentalisieren lassen. Aus der Verknüpfung der einzelnen Module zu einem Gesamtbild ergibt sich die Einzigartigkeit des singularisierten Beobachtungsprofils, das »die Offenlegung der Binnenstrukturen des einzelnen Subjekts« (ebd., S. 256) zum Ziel hat. Neben dieser Form einer pfadabhängigen Profilbildung existieren heute diverse Möglichkeiten der Selbstbeobachtung und Lebensprotokollierung, z. B. in Form von sogenannten Wearables, die allesamt eine modulare Erweiterung subjektiver Einzigartigkeit in Bezug auf nahezu beliebige Körper- und Organfunktionen erlauben. Diese Form von »*Körper-Tracking*« macht das Subjekt »in seiner irreduziblen Singularität biomedizinisch begreifbar« (ebd.) und im Sinne der individuellen Lebensführung reflexiv nutzbar.[9]

Als unmittelbare Folge der diversen Formen hochauflösender Singularisierung sieht sich das Subjekt auf digitalen Plattformen und in geschlossenen Ökosystemen einer maßgeschneiderten Umwelt gegenüber, einem hoch selektiven Arrangement auf Basis subjektiver Präferenzen und Interessen. Plattformen wie Google, Facebook oder Instagram »verwandeln somit auf maschinell-algorithmische Weise die im Prinzip *universale* kulturelle *Welt* des Netzes in unzählige *singularisierte Umwelten*, abge-

---

9 Zu den Folgen digitaler Lebensprotokollierung, insbesondere im Hinblick auf neue Formen rationaler Diskriminierung vgl. Selke 2014, 2016.

stimmt auf die einzelnen Subjekte, die nur diese zu sehen bekommen« (ebd., S. 259).[10]
Im Hinblick auf adaptive Formen der Gesellung und Vergemeinschaftung erlaubt das digitale Computernetz trotz oder gerade aufgrund seiner Universalität die Ausbildung diverser partikularer Kommunikations- und Interessensgemeinschaften. Als deren gemeinsames Bezugssystem fungiert ein jeweils identitätsstiftendes, affektiv aufgeladenes Kulturobjekt, das über spezifische Vorlieben, Interessen, religiöse oder politische Gesinnungen vermittelt ist. Als dominierende Form[11] sozialer Gemeinschaften erweisen sich dabei jene Märkte, die in Form und Struktur geradezu den Modus einer Aufmerksamkeitsökonomie erzwingen und die mit einer Überproduktion kultureller Elemente (Blogs, Bilder, Videos) einhergehen. Attraktivitätsmärkte wie Facebook, Instagram, TikTok oder YouTube befördern auf je spezifische Weise »ein Ensemble von sozialen Praktiken, in denen sich Singularitäten – seien es Subjekte […], seien es Objekte […] profilieren« (ebd., S. 263).

Eine weitere Variante singularistischer Sozialität im digitalen Raum bilden die Neogemeinschaften qua interessengeleitete Wahlgemeinschaften. Deren Besonderheit ist dadurch charakterisiert, dass ihr spezifischer Kommunikationsraum »auf der egalitären Struktur von Mitgliedern [basiert], die zur aktiven Partizipation ermutigt werden« (ebd., S. 265) und dadurch Wert gewinnen, »dass sie an der gemeinsamen, von allen als wertvoll anerkannten Sache – sei dies eine ästhetische Praxis, ein Kultobjekt oder eine politische Narration – partizipieren« (ebd.). In diesem Formen sozialer Vergemeinschaftung speist sich Singularität nicht mehr aus der Heterogenität des einzelnen Subjekts oder Objekts, sondern aus der sozialen Einheit in der Sache.

Diese vielfältigen und tief in die subjektive Lebensgestaltung eingreifenden Verschiebungen in der individuellen Lebensführung bleiben nicht

---

10 Vgl. hierzu den Diskurs um Filterblasen und Echokammern, etwa Bruns 2019, Gleich 2019 oder Zollo u. a. 2015.
11 Für Reckwitz verfehlt eine pauschale Klassifizierung digitaler Bezugssysteme als »Soziale Netzwerke« die Komplexität der digitalen Welt, in der streng gesehen drei Formen des Sozialen parallel zueinander existieren: »die heterogenen Kollaborationen (darunter Netzwerke), die Singularisierungsmärkte und […] die Neogemeinschaften« (Reckwitz 2017, S. 262).

2.3 Andreas Reckwitz: Digitalisierung als Singularisierung

ohne Folgen für das Subjekt, das sich angesichts eines dominierenden Konsum- und Selbstverwirklichungsparadigmas und strukturbedingten Anforderungen an ein digitales Aufmerksamkeitsmanagement mit vielgestaltigen, teils widersprüchlichen Anforderungen konfrontiert sieht. In der Summe identifiziert Reckwitz fünf Spannungsfelder der gegenwärtigen Netzkultur (Reckwitz 2017, S. 266–271):

1. Die Kulturalisierung des Internets habe einerseits vielgestaltige Chancen gesellschaftlicher Pluralisierung, individueller Emanzipation und Inklusion ermöglicht, insbesondere für bislang marginalisierte Gesellschaftsgruppen. Deren Verknüpfung mit einer »äußerst anspruchsvollen Erwartungsstruktur an die spätmodernde Subjektivität« führe andererseits aber auch dazu, dass dieses neue Selbstbewusstsein im Wettstreit um Sichtbarkeit und Attraktivität einem »*Profilierungszwang*« unterliegt, »*der zugleich eine Originalitäts-, Kreativitäts- und Erlebniszwang ist*«. Gelingt deren Bewältigung nicht, weil die Profilierung entweder zu *konformistisch* gerät, als *nichtakzeptabel* oder gar *pathologisch* eingestuft wird, entstehen zwangsläufig neue soziale Exklusionsmuster.
2. Neben dem Trend zu subjektiver Diversifizierung befördere die Netzkultur in ihrer gegenwärtigen Form zugleich eine »digitale *Zementierung des Individuums*«. Die algorithmische Konstruktion singulärer Profile sowie ihre Integration in entsprechend angepasste, personalisierte, hoch selektive und öffentliche Ökosysteme entziehe diesen den Charakter des Neuen und Unerwarteten und führe dazu, dass sich deren Nutzer*innen »*nolens volens* immer mehr auf stabile Identitäten festlegen lassen«.
3. Singularisierungsprozesse besitzen die Tendenz eine »Erosion des Allgemeinen« zu befördern. Einerseits erweise sich die Netzöffentlichkeit als »*das* Medium eines radikaldemokratischen Pluralismus«, andererseits entwickeln sich im Vielklang der Stimmen auch Paralleöffentlichkeiten, die nicht selten den gesellschaftlich geteilten Rahmen verlassen und »eine Parallelexistenz des Differenten und tendenziell Inkommensurablen« etablieren.
4. Die Netzkultur artikuliere sich ferner als ein »*Regime des affektiven Aktualismus*«, in dem wenig von Bestand ist und Relevantes den beständigen Aktualitätsfiltern zum Opfer falle. Dabei richte sich der Fokus

weniger auf die existenziell bedeutsamen Narrative als auf die Aktualität kurzer, affektiv aufgeladener Botschaften mit geringer Halbwertszeit.
5. Die spätmoderne Kultur des Subjekts präsentiere sich als »eine *digitale Affektkultur der Extreme*« bzw. als »*Positivkultur der Emotionen*« (Reckwitz 2019, S. 205). Dabei werde geflissentlich übersehen, dass überall dort, wo die Erschaffung positiver Emotionen zum Leitideal subjektiver Selbstverwirklichung erhoben wird, diese »so unbeabsichtigt wie systematisch und in gesteigertem Maße *negative* Emotionen hervorbringt: Enttäuschung und Frustration, Überforderung und Neid, Wut, Angst, Verzweiflung und Sinnlosigkeit« (ebd., S. 205 f.). Da für den Umgang mit negativen Emotionen in der spätmodernen Kultur ein legitimer Ort fehle, kanalisieren sich diese auf diverse Weise, entweder externalisierend in Form von Hassreden und Gewaltanwendungen oder internalisierend durch die Ausbildung psychosomatischer Krankheitsbilder (ebd., S. 206). Der charakteristische Affektcharakter der digitalen Kulturmaschine ist keineswegs nur ein Zufalls- oder Nebenprodukt der Aufmerksamkeitsökonomie, er erweist sich vielmehr als Kernstrategie des sich darauf stützenden Geschäftsmodells. Soziale Medien sind nicht nur strukturell betrachtet die zentrale Plattform der Aufmerksamkeitsökonomie, sie instrumentalisieren die dort kultivierte Emotionskultur auch auf einer algorithmischen Ebene gezielt als Ressource eines profitablen Aufmerksamkeitsmanagements, das weniger an Inhalten als an der Hervorrufung von Gefühlen orientiert ist, oder wie Lanier (2018) etwas plakativ zum Ausdruck bringt: »Social Media ist parteiisch, aber sie orientiert sich nicht nach links oder rechts, sondern nach unten. Da es einfacher ist, negative Emotionen hervorzurufen […], ist es nur logisch, dass sich daraus eher hässliche Ergebnisse ergeben« (ebd., S. 32).

Die Digitalisierung und ihre Manifestationen erweisen sich im Kontext der von Andreas Reckwitz vorgenommenen Modellierung einer Gesellschaftstheorie der Spätmoderne als Motor und Medium des konstatierten Strukturwandels, als dessen zentrales Paradigma die Neujustierung und Neukonfiguration der gesellschaftlichen Relation zwischen dem Allgemeinen und dem Besonderen aufscheint. Diese Dynamik spiegelt sich in wechselseitig miteinander verknüpften ökonomischen, technologischen und kulturellen Wandlungsprozessen und konfrontiert uns als Gesellschaft mit diversen Herausforderungen, Spannungen und Konflikten, deren Folgen für den gesellschaftlichen Zusammenhalt, die individuelle Lebensführung und den politischen Gestaltungsauftrag sich gegenwärtig nicht seriös voraussagen lassen, denen aber allesamt eine Tendenz zu eigen ist, Illusionen einer mühelos fortzuschreibenden Heils- oder Fortschrittsgeschichte zu enttäuschen (Reckwitz 2019).

3 Die Folgen der Digitalisierung für die Soziale Arbeit

In Anbetracht der umfassenden gesellschaftlichen Veränderungen, die mit den vielfältigen Prozessen der Digitalisierung einhergehen, steht die Berufspraxis der Sozialen Arbeit vor völlig neuen Herausforderungen. Denn durch die Digitalisierung entstehen auf der einen Seite neuartige Problemlagen und Bedürfnisse der Klientel, auf die die Soziale Arbeit im Gegenzug mit der Entwicklung von angemessenen Handlungsformen reagieren muss; auf der anderen Seite entstehen durch den Einzug von Informationstechnologien in den Berufsalltag der Sozialen Arbeit neue Anforderungen an viele Fachkräfte, die nun vor der Aufgabe stehen, ihre digitalen Kompetenzen angemessen zu schärfen. Hinzu kommen fortschrittsoptimistische und kulturpessimistische Diskurse bzgl. der Vor- und Nachteile der Digitalisierung, die über die traditionellen Massenmedien (Zeitung, Radio, Fernsehen) und die neuen Sozialen Medien ausgetragen werden.

Die Digitalisierung erzeugt für die Soziale Arbeit also eine Art bipolares Spannungsfeld (bzw. eine »Sandwich-Position«), denn sie wirkt sozusagen von *innen* (dienstlich, innerbetrieblich, Qualitätssicherung, Effektivität, Effizienz, Evaluation) und von *außen* (neue soziale und individuelle Problemlagen, neue professionelle Aufträge und gesellschaftspolitische Funktionszuschreibung) auf sie ein.

Dadurch erzeugt sie einen Veränderungsdruck, der sowohl die sozialen Institutionen und Organisationen als auch die einzelnen Fachkräfte erfasst. Durch die Digitalisierung werden sich in der Praxis althergebrachte Abläufe und Routinen verändern, werden professionelle Selbstverständlichkeiten und Selbstverständnisse in Frage gestellt, werden Modifikationen und Modernisierungen erfolgen. Und letztlich besitzen all diese Veränderungen – die von innen und die von außen – enorme professionsethische Implikationen, die einer breiten und intensiven berufspolitischen Reflexion bedürfen.

In den folgenden Kapiteln werden Folgen der Digitalisierung bzgl. des gesellschaftlichen Auftrags sowie der Professionsethik der Sozialen Arbeit – die bereits jetzt schon wirksam sind – exemplarisch behandelt. Zudem erfolgt eine Darstellung medienkonservativer Diskurse, die einen starken Einfluss auf die Theorie und Praxis der Sozialen Arbeit nehmen. In den danach folgenden Kapiteln 4 und 5 werden konkrete digitalisierungsbedingte Veränderungen von individuellen und sozialen Problemlagen der Klientel (▶ Kap. 4) sowie unmittelbare Veränderungen in der Berufspraxis der Fachkräfte exemplarisch dargestellt (▶ Kap. 5).

3.1 Digitalisierung und Exklusion

Inwieweit stellt der Prozess der Digitalisierung eine Herausforderung für Theorie und Praxis der Sozialen Arbeit dar? Um diese Frage beantworten zu können, ist ein Blick auf die wohlfahrtsstaatliche Aufgabe und gesellschaftliche Funktion der Sozialen Arbeit notwendig. Diese werden vom *Fachausschuss Theorie- und Wissenschaftsentwicklung des Fachbereichstags Soziale Arbeit* wie folgt definiert:

> »Die Wissenschaft der Sozialen Arbeit ist die Lehre von den Definitions-, Erklärungs- und Bearbeitungsprozessen gesellschaftlich und professionell als relevant angesehener Problemlagen. […] Der Gegenstand der Sozialen Arbeit ist die Bearbeitung von gesellschaftlich und professionell als relevant angesehener Problemlagen« (Klüsche u. a. 1999, S. 17, 23).

Der Fokus Sozialer Arbeit richtet sich also auf *relevante* individuelle und soziale Problemlagen. D. h.: Erst als *relevant* anerkannte Problemlagen lösen sozialpädagogische Diskurse, Analysen, Planungen und schließlich

Hilfeprozesse aus. Und erst die erfolgreiche Bearbeitung, Reduzierung und Lösung von Problemlagen im Rahmen eines professionellen Hilfeprozesses trägt entscheidend dazu bei (vgl. Kaminsky 2017, S. 162), dass die Soziale Arbeit ihre höchsten Werte – *Eigenständigkeit, Zugehörigkeit* sowie *Grundsicherung* (▶ Tab. 1) – für ihre Klientel realisieren kann.

Tab. 1: Höchste Werte und oberste Ziele professionell sozialberuflichen Handelns

Höchste Werte	Gesellschaftliche Relevanz	Oberste Ziele
Eigenständigkeit	Selbständigkeit	Befähigung zur Lebensführung
Zugehörigkeit	Teilhabe	Förderung und Erhalt von Inklusion und Partizipation
Grundsicherung	Lebensqualität	Förderung und Erhalt von materieller Versorgung und von gewaltfreien Lebensbedingungen

Im Zusammenhang mit den Werten Eigenständigkeit, Zugehörigkeit sowie Grundsicherung ist die Perspektive von Bommes und Scherr (1996, 2012) bedeutsam. Diese beiden Autoren skizzieren die zentralen Aufgaben der Sozialen Arbeit mit den drei Begriffen *Inklusionsvermittlung, Exklusionsvermeidung* und *Exklusionsverwaltung*. Diese Sichtweise ist insofern überzeugend, als alle Zielgruppen der Sozialen Arbeit durch ihre spezifischen Problemlagen entweder einem Exklusionsrisiko unterliegen oder bereits von Exklusion betroffen sind.

Inklusion und Exklusion

Inklusion (Lat. Inclusio: Einschluss) bezeichnet das Ideal eines umfassenden Zugangs sowie einer gleichberechtigten Partizipation von Einzelnen und Gruppen zu allen wichtigen gesellschaftlichen Bereichen – trotz möglicher individueller Unterschiedlichkeiten und Abweichungen von einer Normvorstellung; Exklusion (Lat. Exclusio: Ausschluss) hingegen bezeichnet einen nachhaltigen, abwertenden und diskriminierenden Ausschluss von Einzelnen oder Gruppen aus wichtigen gesellschaftlichen Bereichen, der zu massiven Einschränkungen von deren Teilhabe, schulischer Entwicklung, beruflicher Laufbahn, Mobilität und Lebensqualität führt.

Bezogen auf das Thema *Digitalisierung* ist für der Soziale Arbeit also zu prüfen, ob die allgegenwärtige Präsenz von digitalen Medien im gesellschaftlichen Alltagsleben überhaupt relevante Problemlagen im Sinne gesteigerter Exklusionsrisiken für bestimmte Personengruppen nach sich zieht. Dies ist ganz offensichtlich der Fall und zeigt sich z. B. an den erheblichen Risiken, die die sogenannte *Digitale Kluft* sowie die exzessive Nutzung digitaler Medien für die Betroffenen nach sich ziehen. Diese beiden Problemlagen werden weiter unten in den Kapiteln 4.1 und 4.2 diskutiert (▶ Kap. 4.1; ▶ Kap. 4.2).

3.2 Digitalisierung und Professionsethik

Im Folgenden werden die professionsethischen Folgen der Digitalisierung für die Soziale Arbeit skizziert. Um eine angemessene inhaltliche Verortung der Professionsethik sowie der *Digitalen Ethik* vornehmen zu können, ist zunächst ein kurzer Blick auf ethische Begriffe notwendig.

Ethik

Der Gegenstand der Ethik ist das menschliche Handeln, sofern es unter moralischen Gesichtspunkten zu bewerten ist. Insofern ist die Ethik eine Reflexionsebene der Moral. Vor diesem Hintergrund diskutiert sie Fragen wie: Was ist gerecht und was ist ungerecht? Was kann und darf ich tun? Zu welchem Handeln bin ich verpflichtet? Was macht eine Handlung zu einer guten (ethischen) oder einer schlechten (unethischen) Handlung? Was ist ein gutes Leben? Was ist gut für den*die Einzelne*n und für die Gemeinschaft? (Höffe 2013, S. 25 ff.; Engelke u. a. 2009, S. 272 ff.).

Die Ethik umfasst die Gebiete

1. der normativen Ethik, die Prinzipien, Werte, Normen, Kriterien für moralisch gutes Handeln sowie universalistische Theorien wie die Deontologie, den Utilitarismus und die Tugendethik behandelt,
2. der empirischen Ethik, die existierende/vorherrschende moralische Normen und diesbezügliche Praktiken in Gruppen/Gemeinschaften/Gesellschaften behandelt,
3. der angewandten Ethik, die Orientierungen für die Praxis in bestimmten Bereichen wie z. B.: Medizinethik, Wirtschaftsethik, Umweltethik und Tierethik behandelt.

Die Professionsethik der Sozialen Arbeit ist also eine angewandte Ethik und gehört zu den o. g. *Bereichsethiken*. In ihr finden sich die universalistischen Theorien der normativen Ethik, die Orientierung an den Menschenrechten sowie die Regularien berufsständischer Richtlinien (z. B. Deutscher Berufsverband Soziale Arbeit 2014). In der Sozialen Arbeit nimmt die Auseinandersetzung mit ethischen Fragestellungen bereits seit Jahrzehnten einen breiten Raum ein. Denn sozialarbeiterische Interventionen sind stets auch mit einem expliziten gesellschaftlichen Auftrag verbunden: der Bearbeitung, Bewältigung, Reduzierung und Lösung sozialer und individueller Problemlagen. Dieses Mandat impliziert eine Professionsethik, die der Menschenwürde und der sozialen Gerechtigkeit verpflichtet ist. Die beruflichen Handlungen von Sozialarbeitenden im Rahmen eines Hilfeprozesses greifen häufig unmittelbar in die Lebensumwelt ihrer Klientel ein und können dadurch einschneidende Konsequenzen für die hilfesuchenden Personen sowie für deren Angehörige haben. Dabei kann es in der Praxis während eines fallbezogenen Hilfeprozesses zu einer Reihe von ethischen Fragestellungen kommen, z. B. bei offenen Widersprüchen und Zielkonflikten zwischen:

1. den Wünschen der Klientel,
2. den Plänen des Kostenträgers/Leistungserbringers sowie
3. der professionellen Perspektive der Fachkraft (Como-Zipfel u. a. 2019, S. 7 f.).

Da Sozialarbeitende in ihrem Berufsalltag häufig mit ethischen Konflikten konfrontiert werden, besteht für sie die Notwendigkeit, eigenverantwortliche ethische Entscheidungen zu treffen. Diese Entscheidungsfindung darf jedoch nicht von subjektiven Empfindungen einer Fachkraft (»Bauchgefühl«) abhängig sein. Als fachliche Instrumentarien zum Umgang mit komplexen Entscheidungssituationen in der Praxis können diverse professionsethische Handlungsorientierungen dienen, z. B. das Modell *Ethische Prinzipien Sozialer Arbeit* von Kaminsky (2017, S. 164; ▶ Tab. 2), das die Kernelemente des breit rezipierten medizinethischen *Vier-Prinzipien-Ansatzes* von Beauchamp und Childress (1979) erweitert und auf die Soziale Arbeit überträgt.

Tab. 2: Ethische Prinzipien Sozialer Arbeit

Prinzip	Forderung
Autonomie	Die Entscheidungs- und Handlungsfähigkeit der Klient*innen wahrnehmen, respektieren und fördern.
Nicht schaden	Mit dem professionellen Tun und Unterlassen die Rechte der Klient*innen nicht verletzen und ihre Interessen nicht durchkreuzen.
Zuträglichkeit	Mit dem professionellen Tun und Unterlassen zur Selbständigkeit, Teilhabe bzw. Lebensqualität der Klient*innen beitragen.
Solidarität	In Auseinandersetzungen mit Dritten für das Interesse der Klient*innen am Erhalt und an der Förderung ihrer sozialen Existenz eintreten.
Gerechtigkeit	Die Ressourcen professionell sozialberuflichen Handelns gerecht verteilen.

Tab. 2: Ethische Prinzipien Sozialer Arbeit – Fortsetzung

Prinzip	Forderung
Effektivität	Mit Blick auf die Zielsetzungen Sozialer Arbeit die Wirksamkeit des eigenen sozialberuflichen Tuns sicherstellen bzw. wenigstens beobachten und dokumentieren.

Digitale Ethik

Die Digitale Ethik ist eine angewandte Ethik und ebenfalls eine Bereichsethik. Der Begriff *Digitale Ethik* ist im deutschsprachigen Raum vergleichsweise neu. Die erste Publikation, die *Digitale Ethik* im Titel führt, wurde von Rafael Capurro im Jahr 2009 vorgelegt. Verwandte Begriffe sind *Ethik der Digitalität*, *Digitale Medienethik* oder *Digitale Informationsethik*. Die Digitale Ethik hat vielfältige Schnittflächen mit anderen Bereichsethiken, z. B. der Technikethik. Frühe Vorläufer der heutigen Digitalen Ethik finden sich in den Arbeiten von Norbert Wiener (1894–1964) »The Human Use of Human Beings. Cybernetics and Society« aus dem Jahr 1950 und Joseph Weizenbaum (1923–2008) »Computer Power and Human Reason. From Judgement to Calculation« aus dem Jahr 1976.

Bereits Wiener und Weizenbaum wiesen darauf hin, dass die ambivalenten Auswirkungen der Computertechnologie eine Bevölkerung als Ganzes betreffen werden (Capurro 2017 & 2020). In unserer heutigen Gegenwart hat die Digitalisierung längst globale Dimensionen erreicht, umspannt die ganze Welt und beeinflusst letztlich das Leben nahezu aller Menschen. Die gesellschaftspolitische Fragestellung, wie das Zusammenleben in einer globalen digitalen Umwelt vor dem Hintergrund von sozialen, ökonomischen, kulturellen, historischen, religiösen und geographischen Unterschieden gut gelingen kann, unterstreicht die Notwendigkeit, die Digitalisierung zum Gegenstand ethischer Reflexion zu machen. Der Einfluss der digitalen Medien zeigt sich auf verschiedenen sozialen Ebenen, die durch die miteinander geteilte Technosphäre miteinander in Wechselwirkung stehen: dem Individuum (Mikro-Ebene), den sozialen Gruppen (Meso-

Ebene) und der Gesellschaft (Makro-Ebene). Dadurch entstehen durch die Digitalisierung im Allgemeinen eine ganze Reihe von widersprüchlichen und konfliktbehafteten Themen aus völlig verschiedenen Bereichen (Capurro 2020; Müller-Brehm u. a. 2020c, S. 73). Exemplarisch seien die folgenden sieben Problembereiche genannt.

1. Ökologischer Bereich: Die Technologie der digitalen Medien ist äußerst energieintensiv und hat einen enormen Stromverbrauch. Auch die Produktion der digitalen Endgeräte ist energie- und rohstoffintensiv (z. B. seltene Erden). Zudem ist die Endlagerung von elektronischen Abfall durch digitale Geräte umweltbelastend.
2. Politischer Bereich: Verbreitung von extremistischer Agitation, Propaganda und Hetze durch radikale Gruppen im Internet; Beleidigungen, Bedrohungen, Aufrufe zur Gewalt und Ermordung von politisch Andersdenkenden; systematische Verbreitung von politischen Falschinformationen zur Beeinflussung von Wahlentscheidungen; politische Zensur von missliebigen Online-Inhalten durch staatliche Dienste.
3. Datenschutzbereich: Gefährdung der persönlichen Datensicherheit durch Sammlung und Auswertung von personalisierbaren Metadaten durch privatwirtschaftliche Dienste zu kommerziellen Zwecken (z. B. Beeinflussung von Kaufentscheidungen, Handel mit persönlichen Daten).
4. Bereich Kommunikation: Digitalisierte Kommunikation (E-Mail, Chats, Messenger, Soziale Netzwerke, Videokonferenzen u. a.) tritt an die Stelle von persönlichen Begegnungen; Interaktionen zwischen Menschen und anthropomorphen Systemen in sozialen Dienstleistungsbereichen (Roboter in der Pflege, Chatbots u. a.) anstelle von Kommunikation und Begegnung mit Fachkräften.
5. Bereich Diskriminierung: Die Ausübung von Gewalt, Beleidigung, Demütigung, Ausgrenzung und Hass gegen einzelne Privatpersonen durch Cyber-Mobbing, Hate Speech und Shitstorms in Sozialen Netzwerken; Algorithmic Bias und Stigmatisierung von vulnerablen Gruppen durch informationstechnologische Beurteilungs-, Bewertungs- und Prognosesysteme; Einschränkung der Partizipation und des Zugangs zu Online-Diensten durch ungleiche infrastrukturelle Ausstattung bzw. ungleiche individuelle Fähigkeiten (Digitale Kluft, ▶ Kap. 4.1).

6. Bereich Kriminalität: Diebstahl bzw. Zerstörung von sensiblen persönlichen Daten durch erpresserische kriminelle Angriffe (Hacking, Phishing, Schadprogramme, Spähprogramme, Viren u. a.); illegaler Handel durch verschlüsselte Systeme im Internet (Waffen, Drogen, kinderprographische Produkte u. a.); Anbahnung von sexueller Gewalt durch Kontaktaufnahme von Erwachsenen mit Minderjährigen in Sozialen Netzwerken (Cyber-Grooming).
7. Bereich Privatheit: Datafizierung des Alltagslebens durch Dauerpräsenz und -erreichbarbeit (24/7) in den digitalen Medien; die Besorgnis, eine relevante Interaktion im Netz zu verpassen und dadurch nicht mehr auf dem Laufenden zu sein (Fear of Missing Out); Veränderung der Selbstwahrnehmung und Selbstkontrolle durch digitalisierte Praktiken der Selbstvermessung, Selbstoptimierung, Selbstdarstellung und Selbstrepräsentation via Apps, Sozialer Netzwerke, Karriereportale u. a.; ggf. Entgrenzungsprozesse zwischen den Sphären des Privatlebens und der Arbeitswelt.

All diese Themenbereiche bedürfen künftig noch weitreichender Diskussionen und politischer Entscheidungen, die zu verbindlichen Regelungen führen, die auch international tragfähig sind. Denn es geht dabei nicht nur um die Bewältigung aktueller Problemlagen, sondern vielmehr um Weichenstellungen für die zukünftige Gestaltung des Digitalen in der vernetzten Weltgemeinschaft und um die Frage, an welchen diesbezüglichen Werten sich diese Gestaltung orientieren soll. Insofern versteht sich Digitale Ethik auch als eine »politische Ethik« (Capurro 2020), die folgerichtig zum Gegenstand von Konferenzen (»World Summit of the Information Society« der Vereinten Nationen, Genf 2003 & Tunis 2005) sowie von Richtlinien internationaler und nationaler Institutionen wird (Datenschutz-Grundverordnung der Europäischen Union 2018; »Gutachten der Datenethik-Kommission« der Deutschen Bundesregierung 2019).

Die Digitalisierung ist kein unabänderlicher technologischer Fortschritt, der zwangsläufig dazu führt, dass in Zukunft machtvolle und autonome Computer oder Roboter aus der Technosphäre über eine entmündigte Menschheit bestimmen werden. Dies ist zwar ein durchaus verbreitetes popkulturell-dystopisches Angstszenario, das jedoch technisch völlig unrealistisch ist und das sich vielmehr einem konservativen Kulturpessimismus oder der Science-Fiction zuordnen lässt. Denn letztlich entscheiden immer Menschen darüber, ob, wann und zu welchem Zweck digitale Systeme in der Praxis eingesetzt und genutzt werden: die Investor*innen, die Auftraggeber*innen, die Entwickler*innen sowie die Anwender*innen. An jedem einzelnen Punkt dieser Verwertungskette sind alle beteiligten Akteur*innen gefordert, eigenverantwortliche und ethisch vertretbare Entscheidungen und Begründungen für die Entscheidungen zu treffen. Und diese müssen letztlich eine Reflexion über die individuellen, sozialen und ökologischen Vorteile bzw. Risiken umfassen, die durch den Einsatz digitaler Medien entstehen (Capurro 2020; Müller-Brehm u. a. 2020c, S. 73). Dies gilt natürlich auch für den Einsatz von digitalen Technologien in den Handlungsfeldern der Sozialen Arbeit.

In diesem Zusammenhang formuliert Kaminsky (2021) die folgenden vier unmittelbar praxisrelevanten Perspektiven zur Digitalisierung.

1. Sozialethische Perspektive: »Inwieweit dürfen und müssen wir unsere Institutionen verändern, wenn wir im Zuge der digitalen Transformation unserer Gesellschaft Personengruppen nicht benachteiligen, sondern ihre gesellschaftliche Gleichstellung sichern bzw. fördern wollen?« (ebd., S. 8)
2. Individualethische Perspektive: Inwieweit darf und muss die Profession Soziale Arbeit digitale Mittel nutzen, »wenn sie die Selbstständigkeit, Teilhabe und Versorgung ihrer Klient:innen nicht gefährden, sondern unterstützen und fördern will?« (ebd., S. 10)
3. Professionsethische Perspektive: Inwieweit dürfen und müssen welche digitalen Mittel genutzt werden, »wenn die Qualität und Effektivität der professionellen Praxis nicht gefährdet, sondern erhalten und gefördert werden soll?« (ebd., S. 11)
4. Organisationsethische Perspektive: Inwieweit dürfen und müssen digitale Mittel implementiert und genutzt werden, »wenn die Einrichtungen Sozialer Arbeit in ihrem Bestand und ihrer Funktionalität nicht gefährdet, sondern nachhaltig gesichert werden sollen?« (ebd., S. 14)

In den Texten der folgenden beiden Kapitel 4 und 5 finden sich en passant Aspekte und Anknüpfungspunkte zu diesen vier ethischen Leitfragen von Kaminsky sowie zu den o. g. sieben allgemeinen Problembereichen

(▶ Kap. 4; ▶ Kap. 5). Die Dynamik, die Komplexität, die Anpassungsfähigkeit sowie die sehr hohe gesamtgesellschaftliche Verbreitungsgeschwindigkeit der Digitalisierung erzeugt jedoch vielfältige Ambivalenzen, die in vielen Bereichen der Sozialen Arbeit dazu führen, dass eine eindeutige Abwägung zwischen Kosten und Nutzen, zwischen Vorteilen und Nachteilen zum gegenwärtigen Zeitpunkt kaum möglich ist. Dies betrifft auch die Möglichkeiten einer gültigen ethischen Beurteilung des Einsatzes von digitalen Technologien in der Praxis sowie die Entwicklung von angemessenen Orientierungen für die Fachkräfte. Im Gegenteil: Es zeigt sich vielmehr, dass durch die Digitalisierung der Sozialen Arbeit völlig neue Wertkonflikte und ethische Dilemmata erzeugt werden.

Beispiel: Algorithmische Prognoseinstrumente im Kinderschutz

Ein gutes Beispiel hierfür ist die Diskussion des Einsatzes von algorithmischen Prognoseinstrumenten im Bereich des Kinderschutzes, die in Kapitel 5.2 näher behandelt werden (▶ Kap. 5.2): Wenn wir davon ausgehen, dass diese digitalen Systeme überaus zuverlässig die Misshandlung oder den Missbrauch eines Kindes in einer Familie prognostizieren können, sind wir dann nicht verpflichtet diese Instrumente in jedem Fall einzusetzen um Schaden abzuwenden, auch dann, wenn dadurch die autonome Urteilsbildung einer Fachkraft eingeschränkt wird und selbst dann, wenn wir wissen, dass diese Instrumente durch algorithmische Bias bestimmte Familien diskriminieren können?

Insofern können die folgenden Abschnitte und Kapitel keine abschließenden Lösungsvorschläge auf die vier Leitfragen von Kaminsky sowie die sieben Problembereiche anbieten. Sie können jedoch Anregungen zu einer ethischen Reflexion bieten und somit zu einer professionellen und einzelfallbezogenen Urteilsfindung beitragen.

3.3 Digitalisierung und Medienkonservatismus

Ausgehend von der bereits in den späten 1980er Jahren bestehenden flächendeckenden Verbreitung des Computers, sind vor allen zwei technische Innovationen entscheidend für die heutige Bedeutung des Digitalen.

- *Erste Innovation:* die Geburtsstunde des »World Wide Web« und damit des Internets in der uns heute bekannten Form am 30. April 1993. An diesem Tag gab das europäische Kernforschungszentrum CERN den von Tim Berners-Lee entwickelten WWW-Standardbrowser »libwww« zum kostenlosen Download frei. Aus heutiger Sicht zurückblickend war der Entstehung des Internets die entscheidende Erweiterung der Digitalisierung, die seitdem die Arbeitswelt, das öffentliche Leben und den privaten Alltag von Milliarden von Menschen nachhaltig verändert hat.
- *Zweite Innovation:* die Einführung tragbarer Endgeräte insbesondere des internetfähigen Smartphones seit 2007 (Apple iPhone), das die Funktionen vieler vorherigen Mobilgeräte (Mobiltelefon, Organizer, Walkman, Discman, Kamera, Radio, Navigationsgerät, Messgeräte u. a.) in sich vereint. Die nahezu umfassende Verfügbarkeit digitaler Medien – über 24 Stunden am Tag, an jedem Ort – wurde erst durch diese leicht transportierbaren Geräte mit ihren vielfältigen kommunikationstechnologischen Optionen realisiert. Sie schaffen die Möglichkeit einer ständigen Benutzbarkeit und Erreichbarkeit. Ohne das Smartphone wären auch die überaus erfolgreiche Entwicklung bzw. Verbreitung von Sozialen Netzwerken (z. B. Facebook seit 2004) und Messenger-Diensten (z. B. WhatsApp seit 2009) nicht möglich gewesen (vgl. Bertsche & Como-Zipfel 2014).

Die Technikgeschichte zeigt, dass für gesellschaftlich bedeutende technische Innovationen, die durch ihr Wirkungspotential die Alltagswelt verändern können, zunächst immer hohe Investitionen in den Aufbau einer Infrastruktur notwendig sind.

Beispiel: Transport- und Kommunikationstechnologien

Für die Eisenbahn mussten Schienennetze, Stellwerke und Bahnhöfe gebaut werden; für das Auto Straßen, Autobahnen, Tankstellen, Ampelanlagen; für das Flugzeug Airports, Tower, Start- und Landebahnen. Und auch die modernen Kommunikationsmedien benötigen aufwendige Technologien der Übertragung: Radio und Fernsehen brauchen Sendestationen, Studios, Funktürme, Satelliten und Kabelnetze; das Telefon braucht Verteilerzentralen, Knotenpunkte, Kabelverbindungen, Sendemasten und Satelliten. Die Erstellung dieser Infrastrukturen erfordert erhebliche finanzielle Mittel, umfangreiche Baumaßnahmen und oftmals schmerzhafte Einschnitte in die Umwelt. All diese Unternehmungen benötigen Entscheidungen der Politik, die idealerweise von einem weitgehenden gesellschaftlichen Konsens getragen werden: Es sind hoffnungsvolle Investitionen in die Modernisierung und die Zukunft eines Landes.

Dem fortschrittsoptimistischen Ausbau neuer Technologien – und insbesondere den populären Massen- und Unterhaltungsmedien – stehen jedoch auch kulturpessimistische Positionen entgegen, die in elaborierter Form auf mögliche negative Folgen dieser Innovationen hinweisen (vgl. Grimm & Müller, 2014). Umberto Eco hat in seinem 1964 erschienenen Buch *Apocalittici e Integrati* (Apokalyptiker und Integrierte, dt. 1984) zwei grundsätzliche intellektuelle Grundhaltungen gegenüber der Massenkultur und ihren Medien beschrieben, denen er die Figuren des *Apokalyptikers* (männlich!) und des *Integrierten* (männlich!) zuordnet. Auf der einen Seite stehen optimistische *Integrierte*, die das Entstehen einer populär-massenmedialen Kultur begrüßen und die neuen Techniken intensiv konsumieren; auf der anderen Seite stehen elitäre *Apokalyptiker*, für die die Massenkultur eine Anti-Kultur und ein Zeichen des Zerfalls sind. Ecos *Apokalyptiker* sind jedoch keine konservativen Nostalgiker*innen, die durch die neuen technologischen Herausforderungen überfordert wären, das Vergangene betrauern und sich in die überschaubare Welt ihrer Jugend zurückwünschen. Im Gegenteil: Der *Apokalyptiker* ist die bewusst eingenommene Rolle des kulturpessimistischen Warners, der jedoch selbst souverän innerhalb der modernen Medienwelt agiert und somit hohe Reichweiten erzielen kann.

Beispiele für Ecos »Apokalyptiker«

Als berühmte zeithistorische Beispiele seien die Hauptvertreter der frühen Frankfurter Schule der Kritischen Theorie, Theodor W. Adorno und Max Horkheimer, genannt. Trotz ihrer umfassenden Kritik an den elektronischen Massenmedien und der Kulturindustrie traten beide häufig in Radio-Sendungen auf und beeinflussten als Medien-Intellektuelle der Adenauer-Zeit die öffentlichen Diskurse in der Bundesrepublik der 1950er und 1960er Jahre (vgl. Vasek 2016; Schildt 2020; Bertsche & Como-Zipfel 2017). In den 1970er und 1980er Jahren hat vor allem der amerikanische Kommunikationswissenschaftler Neil Postman den Pessimismus gegenüber den elektronischen Medien sehr öffentlichkeitswirksam vertreten. Postmans breit rezipierte Kritik bezog sich insbesondere auf das Medium Fernsehen, dessen Show-Charakter alle dort behandelten Themen in oberflächliche Unterhaltung verwandelt. Der diesbezügliche prägnante Titel von Postmans Buch *Wir amüsieren uns zu Tode* (Amusing Ourselves to Death, 1985) hat bis heute noch nichts von seinem Charakter eines Schlagworts verloren (Brinkemper 2003; Pörksen 2018).

Dass Ecos Figur des *Apokalyptikers* auch heute noch immer Relevanz besitzt, zeigen berühmte Beispiele aus der amerikanischen Gegenwartsliteratur. In dem 2014 erschienenen Roman *Bleeding Edge* von Thomas Pynchon findet sich ein kurzes Statement, das deren Skepsis gegenüber der Digitalisierung bündelt:

> »Ja, und das Internet war ihre Erfindung, dieses Zauberding, das wie ein Geruch noch in die letzten Winkel unseres Lebens dringt, das Einkaufen, die Hausarbeit, die Hausaufgaben und die Steuererklärung erledigt, unsere Energie verbraucht und unsere kostbare Zeit frisst. Und darum gibt es da keine Unschuld. Nirgends. Hat es nie gegeben. Das Internet ist aus Sünde geboren, aus der schlimmsten Sünde, die es gibt. Und während es gewachsen ist, hat es nie aufgehört, diesen bitterkalten Todeswunsch für den Planeten im Herzen zu tragen« (Pynchon 2014, S. 533).

Pynchon siedelt seinen Roman im Jahr 2001 an, also in der Frühphase des Internets, kurz nachdem das Platzen der Dotcom-Blase die Börsenwelt in Aufruhr versetzt hat und kurz nach der weltpolitischen Erschütterung durch die Anschläge des 11. September 2001. Damals hatte das Internet bereits nicht mehr den Charakter einer *Bleeding-Edge-Technologie*, also einer völlig neuartigen und partiell unausgereiften Technik, deren Nutzen noch nicht erwiesen und deren Risiken noch nicht bekannt sind. Pynchon propagiert jedoch ein grundsätzliches Misstrauen gegen ein im Kern dämonisches Medium und greift damit konservative Vorurteile auf, die seit jeher mit den Informationstechnologien in Verbindung stehen. Vor allem vor dem Hintergrund, dass die historischen Vorläufer des Internets tatsächlich im industriell-militärisch-universitären Komplex liegen und dass es heute hauptsächlich privatwirtschaftlichen Interessen dient.

Einen ähnlich pessimistischen Charakter hat der Roman *The Circle* aus dem Jahr 2013 von Dave Eggers. Hier gelingt es einer fiktiven IT-Firma diverse Internetangebote (Suchmaschinen, Soziale Netzwerke, Verkaufsplattformen, Bezahldienste u. a.) zusammenzufassen um somit ein unverzichtbares Produkt für die gesamte Bevölkerung anzubieten. Die optimistische Idee der Firma – die Welt durch allgegenwärtige Transparenz, Kommunikation, Information, Teilhabe und Belohnungssysteme besser zu machen – führt jedoch gleichzeitig zu Überwachung, Kontrolle und Optimierungsdruck. Das Irritierende an diesem Roman (und an der Fortsetzung *The Every* von 2021) ist, dass die Aufgabe von Privatheit und Freiheit von den meisten Protagonist*innen nicht nur billigend in Kauf genommen, sondern durch deren Verhalten sogar noch freiwillig forciert wird – was an Ecos Figur des konsumorientierten *Integrierten* erinnert. Die vielfältigen Möglichkeiten von Suchmaschinen und Sozialen Netzwerken zur Sammlung von persönlichen Daten zur Erstellung von Verhaltensanalysen und Nutzerprofilen, sind eine ethisch fragwürdige Begleiterscheinung des Alltagsmediums Internet. Zumal deren privatwirtschaftliche Betreiber in erster Linie daran interessiert sind, wirtschaftliche Einkünfte zu erzielen und keineswegs gesellschaftliche Diskurse, Vielfalt oder Meinungspluralismus zu fördern. In Anbetracht der Wirkungsmöglichkeiten algorithmischer Systeme stellt sich das prinzipielle Problem einer Manipulierbarkeit der Nutzer*innen durch das lenkende Gestalten von Entscheidungssituationen durch gezielte Informationsvermittlung an bestimmte Personengruppen. Diese als *Nudging* und *Microtargeting* bezeichneten Verfahren können im privatwirtschaftlichen Kontext als Marketinginstrumente zur Beeinflussung von Kaufentscheidungen als auch im politischen Kontext zur Beeinflussung von Wahlentscheidungen eingesetzt werden. Unter ethischen Aspekten ist der Einsatz dieser Instrumente insofern fraglich, denn eine derartige intransparente Beeinflussung kann gegen die Rechte und Interessen der Betroffenen verstoßen und somit zu einer Einschränkung von Autonomie und Selbstbestimmungsmöglichkeiten führen (Görder 2021, S. 8 & 11). Vor dieser Diskussion eines plattformgestützten, datenerfassenden »Überwachungskapitalismus« (Zuboff 2018; Müller-Brehm u. a. 2020c, S. 73) sowie in Anbetracht der Initiativen der chinesischen Regierung Big-Data-basierte Beobachtungs- und Bonussysteme (*Social-Scoring-Systeme*; ▶ Kap. 2.2.3) für ihre Bürger*innen einzuführen (vgl. Assheuer 2017) erscheint *The Circle* letztlich als ein durchaus realistischer Roman. Er wirkt daher nicht zufällig wie ein Prequel des Buchs *1984* von George Orwell, in dem die technischen, ökonomischen und sozialen Voraussetzungen eines späteren totalitären Überwachungsstaats geschaffen werden.

Auch wenn manche gesellschaftspolitischen Positionen einer kulturpessimistischen bzw. medienkonservativen Digitalisierungskritik durchaus nachvollziehbar sind, sollte ihr Einfluss auf die Theorie und Praxis der Sozialen Arbeit mit Skepsis beobachtet werden. Dies zeigt sich sehr deutlich am Beispiel einer technikfeindlichen Kritik des exzessiven Nutzungsverhaltens von digitalen Medien, die bisweilen konservative bewahrpädagogische Positionen einnimmt und sich alarmistischer Mittel bedienen, um breite mediale und öffentliche Aufmerksamkeit zu erzeugen (▶ Kap. 4.2).

4 Klientelbezogene Digitalisierungsrisiken

In den folgenden beiden Abschnitten werden exemplarisch zwei verschiedene Dimensionen von potentiellen Exklusionsrisiken für die Klientel der Sozialen Arbeit dargestellt, die durch Prozesse der Digitalisierung entstanden sind: die Digitale Kluft (▶ Kap. 4.1)und die exzessive Nutzung digitaler Medien (▶ Kap. 4.2). Diese beiden Exklusionsrisiken unterscheiden sich inhaltlich und formal ganz erheblich, denn die negativen Folgen für die Betroffenen der Digitalen Kluft entstehen unmittelbar aus den spezifischen technologisch-infrastrukturellen Eigenschaften der Medien und des Internets und haben dadurch eine gesellschaftspolitische Akzentuierung, während die negativen Folgen von exzessiver Nutzung digitaler Medien für die Betroffenen hauptsächlich auf deren individuellem Verhalten basieren.

4.1 Die Digitale Kluft als Exklusionsrisiko

Durch die Konstruktion der digitalen Infrastruktur sowie durch die Eigenschaften der Endgeräte werden komplexe technologische Strukturen erzeugt, die für verschiedene Bevölkerungsgruppen unterschiedliche Konsequenzen bzgl. der Verfügbarkeit des Internets haben. Einerseits gibt es Gruppen, die einen niederschwelligen Zugang zu den neuen Medien haben; andererseits gibt es Gruppen, deren Zugangsmöglichkeiten zur Nutzung der digitalen Technologien eingeschränkt sind. Häufig haben diese Zugangsbeschränkungen sozioökonomische, generationenspezifische und infrastrukturell-regionale Faktoren, so dass die Digitalisierung bereits bestehende Ungleichheiten zwischen Arm und Reich, zwischen hohem und niedrigem Bildungsstand, zwischen Jung und Alt, zwischen Großstadt und Dorf verfestigt. Diese ungleiche Verteilung der Nutzungsmöglichkeiten zwischen verschiedenen Bevölkerungsgruppe wird als *Digitale Kluft, Digital Divide* oder *Digital Gap* bezeichnet (Capurro 2017; Iske & Kutscher 2020). Für die Gruppe der Benachteiligten kann dies Einschränkungen bzgl. der gesellschaftlichen Teilhabe, der schulischen Bildung sowie der beruflichen Entwicklung zur Folge haben. Das Problem der Digitalen Kluft birgt daher auch ethische Konflikte, denn es zeigt, wie die flächendeckende Einführung und Etablierung einer Technologie zu völlig neuen Formen sozialer Ungerechtigkeit, Benachteiligung und Ausgrenzung in der Bevölkerung führen kann und dadurch Werten wie Verteilungsgerechtigkeit oder Chancengleichheit widerspricht.

Die Bereitstellung einer leistungsfähigen digitalen Infrastruktur durch den Ausbau der Breitbandzugänge erfordert erhebliche finanzielle Mittel, die durch die öffentliche Hand getragen werden. Die strukturpolitischen Entscheidungen haben in der Bunderepublik über viele Jahre zu einer Bevorzugung von bevölkerungsreichen, städtischen Regionen gegenüber ländlichen Regionen geführt. Die Folgen dieser ungleichen Investitionspolitik sind erhebliche regionale Disparitäten. Dies zeigt der Breitbandatlas 2021 des Bundesministeriums für Verkehr und digitale Infrastruktur (2021). Im globalen Maßstab sind diese Ungleichgewichte noch deutlicher sichtbar, denn vor allem in vielen Entwicklungs- und Schwellenländern ist der Ausbau der digitalen Infrastruktur noch längst nicht flächendeckend realisiert. Durch diese Digitale Kluft steht in den Entwicklungsländern deutlich weniger Menschen der Zugang zum Internet offen als z. B. in den hochindustrialisierten Staaten Europas, Nordamerikas und Asiens. Zudem wird durch diesen Rückstand auch die technologisch-ökonomische Modernisierung, die internationale Wettbewerbsfähigkeit und die Entwicklung des Wohlstands dieser Volkwirtschaften behindert. Auch dies sind ethisch relevante Themen, denn sie betreffen unmittelbar den Alltag, die Lebensqualität und die Versorgung der Bevölkerung in den betroffenen Ländern.

4.1.1 Digitale Kluft und vulnerable Gruppen

Indem die Digitale Kluft soziale Ungleichheit und Exklusion produziert bzw. reproduziert, wird sie zu einem wichtigen Thema für die Praxis der Sozialen Arbeit. Denn von den negativen Auswirkungen der Digitalen Kluft sind im deutschsprachigen Raum insbesondere vulnerable Bevölkerungsgruppen – die häufig auch zur Klientel der Sozialen Arbeit gehören – in ihrem unmittelbaren Lebensalltag betroffen.

Beispiele

So können z. B. Menschen, die unter funktionalem Analphabetismus leiden (in Deutschland ca. 6,2 Millionen Erwachsene im erwerbsfähigen Alter; Grotlüschen u. a. 2019), die vielfältigen Inhalte und Angebote des Internets nicht in vollem Umfang rezipieren. Denn die Benutzung von Computern und Smartphones setzt – trotz graphischer Benutzeroberflächen und leichter Sprache – kompetente Nutzer*innen voraus, die zumindest über ausreichende Lese- und Schreibfähigkeiten verfügen. Ähnlich gelagerte Zugangsprobleme (Digital Skills Gap) zu den digitalen Medien haben auch viele Menschen mit kognitiven Einschränkungen oder körperlichen Handicaps (z. B. Menschen mit einer Sehbehinderung oder motorischen Einschränkungen), viele bildungsferne Menschen sowie viele ältere Menschen (insbesondere die vor dem Ende des Zweiten Weltkriegs geborenen Jahrgänge). Andere Gruppen wie z. B. obdachlose Menschen oder in Armut lebende Menschen besitzen häufig keine leistungsfähigen digitalen Endgeräte und haben somit auch keinen Zugang zum Internet.

Diese heterogenen Gruppen werden bisweilen mit den Begriffen *Digital Outsider*, *Digital Abseitsstehende* oder *Offliner* bezeichnet (Ehrenstein 2020; Initiative D21 2021, S. 37). Der Anteil der *Digital Abseitsstehenden* an der Gesamtbevölkerung in Deutschland (über 14 Jahre) lag im Jahr 2020 bei immerhin 16 % (Initiative D21: Digital-Index 2020/21, S. 37): d. h., dass hierzulande also ca. 11 Millionen Menschen gegenwärtig von einer Partizipation an der Digitalisierung mehr oder weniger exkludiert sind. Dieser Ausschluss wird in der Zukunft möglicherweise noch zunehmen und erheblichere Auswirkung auf deren Lebensqualität und Alltagbewältigung haben, denn der Ausbau der digitalen Infrastruktur schreitet weiter voran.

Beispiel: Online-Banking

So zeigt sich z. B., dass der jahrzehntelange Ausbau von Online-Banking-Systemen der privatwirtschaftlichen Kreditinstitute letztlich bundesweit dazu geführt hat, dass viele örtliche Bankfilialen im ländlichen Raum geschlossen wurden. Seitdem stehen persönliche Bankberater*innen vor Ort häufig nicht mehr zur Verfügung, was eine persönliche Hilfestellung sowohl bei alltäglichen als auch komplexeren Kund*innengeschäften (Daueraufträge verändern, Geld überweisen) vielerorts unmöglich macht.

Von den Kreditinstituten wird zum jetzigen Zeitpunkt des digitalen Ausbaus bereits vorausgesetzt, dass der Großteil ihrer Kundschaft souverän mit Bankautomaten und Online-Banking umgehen kann. In Anbetracht der o. g. Zugangsprobleme von Angehörigen vulnerabler Gruppen ist diese Erwartung jedoch nicht realistisch und führt für die Betroffenen dazu, dass sie Hilfe von Dritten erbitten müssen – was zu einer Einschränkung von Autonomie führt.

Beispiele: Gesundheitswesen und Behörden

Ähnliches gilt für ältere und vulnerable Patient*innen des Gesundheitswesens. Durch das *Digitale-Versorgung-Gesetz* (DVG) vom 19.12. 2019 (Bundesgesundheitsministerium 2020) wird eine verpflichtende digitale Vernetzung für den Gesundheitsbereich angestrebt, die u. a. zur Einführung von digitalisierten, elektronischen Arbeitsunfähigkeitsbescheinigungen (eAU) ab Juli 2022 sowie von digitalen Rezepten für apothekenpflichtige Medikamente führen wird (ebd.). Diese sogenannten E-Rezepte können ab Januar 2022 von allen Ärzt*innen mit Kassenzulassung ausgestellt, via App auf einem Smartphone mit Near-Field-Communication dokumentiert und dann in der Apotheke eingelöst werden Für eine Übergangszeit können im Bedarfs- bzw. im Ausnahmefall noch Rezepte in Papierform ausgestellt werden. Der weitere Ausbau von digitalen Service-Angeboten erfolgt auch im öffentlichen Bereich, wie z. B. Stadtverwaltungen, Landratsämtern sowie Bundes- und Landesbehörden. So verpflichtet das *Gesetz zur Verbesserung des Onlinezugangs zu Verwaltungsleistungen (Online-Zugangsgesetz)* von 2017 den Bund und die Länder, bis Ende 2022 ihre Verwaltungsleistung für Bürger*innen auch digital über Service-Portale mit persönlichem Nutzer*innenkonto und Identifikation anzubieten (*Digitales Rathaus, Digitales Landratsamt*). Die Elemente der Digitalisierung der Verwaltung umfassen die Bereiche E-Government, E-Participation, E-Administration und E-Voting, die jedoch technologisch anspruchsvolle Verfahren bzgl. der Authentifizierung, der Autorisierung, der digitalen Identität sowie Verschlüsselungsmethoden voraussetzen (Piesold 2021).

Internetaffinen Personen kommt dieser technologische Modernisierungsprozess möglicherweise entgegen, denn er entspricht ihrer alltäglichen Praxis mit den digitalen Medien und kann für sie Vereinfachungen bei Behördenkontakten ermöglichen. Durch die Umsetzung des Online-Zugangsgesetzes besteht jedoch auch die Möglichkeit, dass in naher Zukunft Präsenz-Sprechstunden für alle Bürger*innen in den Diensträumen sowie die persönliche Kommunikation mit Amtspersonen reduziert werden. Aber vulnerable Gruppen benötigen möglicherweise eine*n persönliche*n Ansprechpartner*in sowie einen niedrigschwelligen Zugang (ohne digitale Hürde) und wären durch eine weitgehende Verlagerung der Dienste in digitale Services in ihrer Kommunikation mit der Verwaltung behindert.

Beispiel: COVID-19-Schutzimpfung

Dass die Verlagerung von öffentlichen Dienstleistungen in den digitalen Bereich für große Teile der Bevölkerung bereits zu erheblichen Problemen geführt haben, zeigen verschiedene staatliche Maßnahmen im Kontext der Bewältigung der Corona-Pandemie: z. B. das Procedere zur Anmeldung für die COVID-19-Schutzimpfung im Frühjahr 2021, die in den einzelnen Bundesländern i. d. R. über einen mehrstufigen Online-Registrierungs-Prozess erfolgt ist (nur partiell war auch eine telefonische Anmeldung möglich).

Diese Online-Registrierung setzte voraus, dass impfinteressierte Bürger*innen Zugang zu digitalen Endgeräten, dem Internet und einem eigenen E-Mail-Konto haben sowie angemessene Bedienungskompetenzen besitzen. Voraussetzungen also, die die o. g. benachteiligten Gruppen nicht oder nur in einem eingeschränkten Maße erfüllen und dadurch bei der Registrierung wiederum auf die Hilfe von Dritten angewiesen waren.

Der Ausbau von digitalen Service-Portalen wird sich künftig auch auf die Soziale Arbeit (z. B. Jugendamt, Sozialverwaltung) erstrecken und zu partiellen Veränderungen in der Kontaktaufnahme und in der Kommunikation mit den Hilfesuchenden führen (▶ Kap. 5.1). Um die Zugänge zu den Angeboten der Sozialen Arbeit für die *Digital Outsider* auch künftig niederschwellig zu realisieren, müssen also weiterhin Möglichkeiten der analogen, persönlichen Kommunikation angeboten werden. Im Gegensatz dazu zählen zur Klientel der Sozialen Arbeit auch Personen, die auf der anderen Seite der Digitalen Kluft stehen. Diese Personen haben einen nahezu unbeschränkten Zugang zu den Digitalen Medien und dem Internet und verwenden diese völlig selbstverständlich in ihrem privaten oder beruflichen Alltag. Dies trifft auf die Mehrzahl der Jugendlichen und der jungen Erwachsenen zu. Für die Generationen, die mit den Digitalen Medien aufgewachsen sind und für die diese ein fundamentaler Bestandteil ihrer Lebenswelt sind, hat Prensky (2001) den Begriff der *Digital Natives* geprägt. Palfrey und Gasser (2008) zählen alle Personen, deren Geburtsjahr nicht vor dem Jahr 1980 liegt, potentiell zu den Digital Natives. Nach dieser Sichtweise wären alle älteren Jahrgänge, insbesondere die in den 1950er und 1960er Jahren geborene Generation der Baby-Boomer, sogenannte Digital Immigrants, deren private Alltagspraxis deutlich weniger umfassend durch die Digitalen Medien geprägt ist als die der Digital Natives.

4.1.2 Digitale Kluft und Arbeitswelt

Für große Teile der Gruppe der Berufstätigen können durch die Digitalisierung der Arbeitswelt potentielle Exklusionsmechanismen in Gang gesetzt werden. Denn in Anbetracht dieser »schnellsten, radikalsten Umwälzung der Arbeitswelt, die es in der Menschheitsgeschichte je gegeben hat« (Lorenzo 2020, S. 1), werden in nahezu allen Arbeitsbereichen Beschäftigte benötigt, die neben ihren ursprünglichen Kernberufen auch gleichzeitig über profunde Kompetenzen im Umgang mit den digitalen Medien verfügen: sei es im Handwerk, in der Industrie, in den Banken, in der Verwaltung, im Gesundheitssektor oder im Bildungsbereich. Dies belegt die »EY-Jobstudie 2021 Digitalisierung im Arbeitsleben« (Ernest & Young 2021): 33 % aller Beschäftigten verspürt bereits gegenwärtig einen erheblichen Einfluss der Digitalisierung auf die eigene Arbeit (ebd., S. 5) und 72 % erwarten weitere Veränderungen des eigenen Aufgabenbereichs infolge der Digitalisierung (ebd., S. 14). Insbesondere für Arbeitnehmer*innen, die in der Nutzung der digitalen Medien wenig Erfahrung besitzen – im Sinne einer *Digital Skills Gap* – ist jedoch ein zeitnaher Erwerb dieser Kompetenzen möglicherweise nur mit schwerwiegenden Problemen verbunden bzw. nicht mehr möglich. Für diese Gruppe sind daher negative Konsequenzen für ihren Arbeitsplatz und ihre Karriere zu befürchten. So machen sich 12 % aller Beschäftigten Sorgen, dass ihr Arbeitsplatz infolge der Digitalisierung in Gefahr ist – am stärksten in den Branchen Immobilien/Banken/Versicherungen (20 %) und der Automobilindustrie (19 %). Am geringsten sind diese Sorgen in der Gesundheitsbranche (8 %) (Ernest & Young 2021, S. 15 f.).

Dass informationstechnologische Veränderungen sehr schnell relevant werden können, hat die Corona-Pandemie gezeigt – z. B. im Hochschulbereich.

Beispiel: Hochschulen in der Corona-Pandemie

Zu Beginn der Pandemie im Frühjahr 2020 standen in den Hochschulen im deutschsprachigen Raum nahezu alle Lehrenden plötzlich vor der Aufgabe, binnen sehr kurzer Zeit die Umstellung von Präsenz-Lehre in Online-Lehre zu realisieren, um den Unterricht aufrechtzuerhalten. Diese anspruchsvolle Aufgabe erforderte von den Lehrenden – je nach vorherigen individuellem Kenntnisstand – einen zeitnahen Kompetenzerwerb in der Anwendung verschiedener digital-interaktiver Kommunikationsmedien (insbesondere Videokonferenzen). Die Anforderungen für die Studierenden waren ebenfalls beträchtlich, da erwartet wurde, dass diese über leistungsfähige Endgeräte, einen Internetzugang und digitale Kompetenzen verfügen – ohne diese Voraussetzungen wäre eine Teilnahme am Unterricht und an Prüfungen nicht möglich gewesen.

So hat sich die Corona-Pandemie im akademischen Lehrbetrieb als ein massiver Treiber der Digitalisierung und Modernisierung erwiesen, denn sie hat alle Beteiligten dazu gezwungen, die schon längst im Hochschulbereich bereitstehende technologische Infrastruktur nun auch intensiv nutzen. Rückblickend erscheint dieser Modernisierungsschub fast wie die Blaupause einer zukünftigen umfassenden Digitalisierung der Arbeitswelt, die ihre Begründung in der Anpassung auf veränderte Verhältnisse findet:

»Fast über Nacht ist es vor 19 Monaten verschwunden – das alte Uni-System, das aus einem Geflecht produktiver Nahbeziehungen bestand [...]. Mit erstaunlicher Innovationskraft stellten die sonst so behäbigen Institutionen binnen Wochen auf den Digitalbetrieb um, forschten, lehrten, kommunizierten. Das alles geschah beinahe geräuschlos, klaglos. Die Öffentlichkeit nahm kaum Kenntnis davon. [...] Eine Debatte, wie es sie über geschlossene Schulen, überforderte Familien und psychisch belastete Kinder und Jugendliche gab, blieb in Bezug auf die Studierenden und Professoren aus« (Herbold 2021, S. 35).

Diese fast lautlosen, aber massiven Veränderungen im prinzipiell überaus traditionsbewussten Hochschulbereich stehen exemplarisch für die Umwälzungen für viele Arbeitsplätze in Dienstleistungsbranchen während der Corona-Krise (z. B. Verwaltungen, Versicherungen, Büros, Agenturen, Kanzleien). Auch hier wurden innerhalb von kurzer Zeit umfangreiche Aufgaben, Tätigkeiten und Präsenzpflichten von den Unternehmen ins Homeoffice – also in den privaten Wohnbereich – verlagert. Fast gleichzeitig wurde von vielen Arbeitgeber*innen eine bereits vorhandene technologische Infrastruktur im häuslichen Bereich sowie ein zeitnaher Kompetenzerwerb von den betroffenen Beschäftigten vorausgesetzt. Die zunehmende Digitalisierung von Dienstleistungsberufen setzt perspektivisch also Arbeitnehmer*innen voraus, die nicht nur technikaffin, flexibel und stets lernbereit sind, sondern die auch eine *Entgrenzung* im Sinne einer zunehmenden Ausweitung von beruflichen Anforderungen in ihre Privatsphäre akzeptieren. Es ist zu befürchten, dass insbesondere ältere und niedrig qualifizierte Beschäftigte nicht in der Lage sind, diesen grundlegenden Veränderungen ihrer traditionellen Arbeitskultur zu folgen und dadurch von beruflicher Exklusion bedroht sein werden. Zudem ist zu befürchten, dass die einschneidenden Veränderungen in der Berufswelt, die durch die Corona-Pandemie angetrieben wurden, sich nicht nur langfristig etablieren werden, sondern möglicherweise nur ein vorläufiges Übungsfeld sind für all die zukünftigen, noch umfassenderen Veränderungen, die mit der Digitalisierung einhergehen werden. Über die konkrete Gestalt der künftigen, digitalisierten Berufswelten und Arbeitsmärkte kann derzeit nur spekuliert werden (Seelmeyer 2021, S. 199) (▶ Kap. 1.4). D. h. dass die folgenden, wichtigen Fragen zum gegenwärtigen Zeitpunkt nicht seriös beantwortet werden können:

- ob und in welchem Ausmaß es durch Automatisierungsprozesse zu einem massiven Abbau von Arbeitsplätzen in sensiblen Branchen kommen wird,
- ob und wie viele neue Berufsbilder entstehen werden,
- ob es zu weiteren sozioökonomischen Polarisierungen zwischen hochqualifizierten und gering qualifizierten Beschäftigten kommen wird.

Für die Praxis der Sozialen Arbeit bedeutet dies letztlich, dass sie erst dann auf Folgen der exkludierenden Dynamiken der Digitalisierung in der Berufswelt reagieren kann, nachdem diese bereits eingetreten sind.

4.2 Die exzessive Mediennutzung als Exklusionsrisiko

Dass eine detaillierte fachliche Auseinandersetzung in der Sozialen Arbeit mit apokalyptisch-medienkonservativen Positionen (▶ Kap. 3.3) notwendig ist, zeigt die kontroverse Debatte um ein aggressionsförderndes, gesundheitsgefährdendes und süchtig machendes Potential der digitalen Medien. Einerseits handelt es sich bei exzessivem Nutzungsverhalten in der Tat um eine relevante individuelle und soziale Problemlage mit deutlichen

4.2 Die exzessive Mediennutzung als Exklusionsrisiko

Exklusionsrisiken – diese zeigen sich insbesondere in der Praxis der Kinder- und Jugendarbeit: in der Erziehungsberatung, Schulsozialarbeit, Familienhilfe, Heimerziehung und Kinder- und Jugendpsychiatrie. Andererseits üben konservative Akteur*innen durch die Formulierung von technikkritischen und bewahrpädagogischen Stellungnahmen einen direkten oder indirekten Einfluss auf Fachkräfte in pädagogischen und sozialarbeiterischen Handlungsfeldern aus. Diese Debatte um digitale Mediennutzung hat sich dadurch längst von einem rein wissenschaftlichen Fachdiskurs entfernt und in ein polarisierendes öffentliches Reizthema verwandelt, das von Schlagworten wie *Computersucht*, *Internetsucht*, *Onlinesucht* oder *Killerspiele* umringt wird. Die permanente Präsenz dieses Themas wird bereits seit vielen Jahren durch dessen häufige mediale Behandlung in Publikumszeitschriften, Tageszeitungen, Erziehungsratgebern, Radio-Features, TV-Dokumentationen und TV-Talkshows getragen. In Form und Inhalt wenden sich diese Angebote an ein möglichst breites, interessiertes Laienpublikum. Forciert wird diese Debatte jedoch hauptsächlich durch medienkonservative Perspektiven, die sich an einen vermeintlich *gesunden Menschenverstand* wenden, im Kern aber verunsichernd und angstmachend sind. Die technikfeindliche Simplifizierung komplexer Sachverhalte vor dem Hintergrund eines kulturpessimistischen Gesamtszenarios bildet also auch noch heute das ideale öffentliche Spielfeld des Apokalyptikers (▶ Kap. 3.3) und beeinflusst letztlich auch die Sichtweise von Fachkräften der Sozialen Arbeit und deren Klientel.

Exemplarisch sei in diesem Kontext der renommierte Wissenschaftler Manfred Spitzer, Professor für Psychiatrie und ärztlicher Direktor der Psychiatrischen Universitätsklinik Ulm, genannt. Spitzer ist nicht nur Herausgeber der Fachzeitschrift *Nervenheilkunde* und Autor zahlreicher Fachpublikationen, er ist auch ein entschiedener Gegner der intensiven Nutzung von digitalen Medien im Freizeitbereich und zu Unterhaltungszwecken. Seine Kritik trägt er als häufiger Gast in TV-Talkshows und in populärwissenschaftlichen Büchern vor. So erscheinen alleine schon die Titel von Spitzers populärwissenschaftlichen Büchern zu diesem Thema äußerst plakativ: »Vorsicht Bildschirm!« (2006), »Digitale Demenz: Wie wir uns und unsere Kinder um den Verstand bringen« (2012), »Cyberkrank! Wie das digitalisierte Leben unsere Gesundheit ruiniert« (2015), »Die Smartphone-Epidemie. Gefahren für Gesundheit, Bildung und Gesellschaft« (2018), »Digitales Unbehagen: Risiken, Nebenwirkungen und Gefahren der Digitalisierung« (2020). Diese alarmistische Wortwahl ist möglicherweise den Vermarktungsstrategien der Verlage geschuldet, sie transportiert jedoch vor allem medienkonservative Perspektiven. Die Verwendung von im deutschen Sprachraum neuartigen Begriffen wie »Digitale Demenz«, »Cyberkrank« oder »Smartphone-Epidemie« löst bei Teilen des Publikums möglicherweise Befürchtungen vor der Entstehung von neuen Krankheiten aus, für die es jedoch in den klinischen Klassifikationssystemen (ICD und DSM) keine Entsprechung gibt.

Die Argumentationsweisen in Spitzers populärwissenschaftlichen Schriften sind vielfach kritisiert worden, denn sie beziehen sich zwar auf wissenschaftliche Forschungsergebnisse, geben diese jedoch bisweilen verkürzt und selektiv wieder (exemplarisch: Stremmel 2018). Dadurch sind die Ausführungen zwar auf den ersten Blick empirisch belegt und unmittelbar überzeugend (und führen somit zu voreiligen Urteilsbildungen); auf den zweiten Blick wirken sie jedoch schlechterdings monokausal und minderkomplex. Problematisch erscheint zudem ein medienkonservativer Generalverdacht gegenüber der Nutzung von digitalen Medien im Freizeitbereich (z. B. Computerspiele). Denn es ist zwar einerseits vollkommen richtig, dass deren exzessive Nutzung mit schwerwiegenden Problemen einhergehen kann; andererseits praktiziert jedoch nur ein relativ kleiner Bevölkerungsanteil eine pathologische Nutzung (▶ Kap. 4.2.2). Ein gesamtgesellschaftliches Gefährdungspotential im Sinne einer krankmachenden *Smartphone-Epidemie*, die den Großteil der Bevölkerung erfasst, ist also nicht vorhanden.

Abgesehen davon erscheint aus sozialpädagogischer Sicht Spitzers Tendenz zu minderkomplexen Erklärungen der Entstehung von Problemen des Kindes- und Jugendalters problematisch. So begründet er z. B. Schulversagen, Aggressivität oder Übergewicht hauptsächlich mit häufigem Fernsehkonsum und Computerspielen. Insofern formuliert Spitzer plakativ eine einfache Lösung all dieser Probleme: »Meiden Sie die digitalen Medien. Sie machen, wie vielfach gezeigt wurde, tatsächlich dick, dumm, aggressiv, einsam, krank und unglücklich« (Spitzer 2012, S. 325). Eine derartig monokausale Erklärung für schulische Leistungsprobleme und Aggressivität blendet jedoch wichtige Einflussgrößen aus: z. B. Aufmerksamkeitsdefizite aufgrund einer Hyperkinetischen Störung, Teilleistungsschwächen, Mobbing in der Schule, ein bildungsfernes Elternhaus, Migration, Armut, familiäre Gewalt, elterliche Trennungskonflikte, Verwahrlosung, Misshandlung, sexueller Missbrauch. In Anbetracht dieser Problemlagen erscheint eine häufige Mediennutzung als Erklärung für schlechte Schulnoten allenfalls marginal. Auch Übergewicht von Kindern und Jugendlichen entsteht nicht alleine durch häufiges Fernsehen und Computerspielen, sondern hat vielfältige Gründe: z. b. familiäres Essverhalten, familiäre Tischrituale, häufiger Verzehr von kalorienreichen Nahrungsmitteln mit hohem Zucker- und Fettgehalt, Übersprunghandlungen (Essen bei Langeweile, Frustration, Stress), genereller Bewegungsmangel sowie Einflüsse der Werbeindustrie (vgl. Bertsche & Como-Zipfel 2017).

Zu dem möglichen Einfluss medienkonservativer Sichtweisen auf Fachkräfte der Sozialen Arbeit bemerkt Aufenanger:

»Vor allem bei vielen Eltern, Pädagog*inn/en und Lehrpersonen ist eine bewahrpädagogische Weltsicht auf das Verhältnis von Menschen zu Medien zu erkennen, welche von einem einfachen, als mechanistisch zu kennzeichnenden Wirkungsmodell ausgeht: Die Medien wirken auf die Menschen, und die Menschen sind den Medien hilflos ausgeliefert« (Aufenanger 2007, S. 76).

Nach dieser minderkomplexen Sichtweise wären Nutzer*innen von Bildschirmmedien also nur dumpfe Konsument*innen und wehrlose Opfer der Technologien, gefangen in einem manipulativen Reiz-Reaktions-Schema. Dies ist jedoch ein veraltetes Modell, das nicht mehr dem heutigen technologischen Stand der Medien und deren kreativ-interaktiven Nutzungsmöglichkeiten entspricht.

Aufenangers Hinweis ist wichtig für die Theorie und Praxis der Sozialen Arbeit, insbesondere in der Kinder- und Jugendarbeit. Denn nicht nur besorgte Eltern, sondern auch Fachkräfte können medienkonservative, technikfeindliche und bewahrpädagogische Perspektiven vertreten. Eine solche fachliche Grundhaltung hätte dann womöglich direkte Rückwirkungen auf die methodische Gestaltung eines Hilfeprozesses. Anstelle einer differenzierten Diagnostik und einer individuell zugeschnittenen Beratung könnte diese Haltung zu einem vorschnellen erzieherischen Schulterschluss mit den besorgten Eltern und deren Ängsten vor den möglichen Gefahren der digitalen Medien für ihre Kinder führen.

4 Klientelbezogene Digitalisierungsrisiken

Beispiel: Erziehungsberatung

Wenn z. B. in einer Erziehungsberatung ein 12-jähriger Gymnasiast mit Übergewicht und schulischen Leistungsproblemen vorgestellt wird, der zudem in der Freizeit gerne Computerspiele nutzt, dann wäre als bewahrpädagogische Strategie lediglich eine direkte Bezugnahme auf medienkonservative Ratschläge denkbar: »beschränken Sie bei Kindern die Dosis, denn dies ist das Einzige, was erwiesenermaßen einen positiven Effekt hat. Jeder Tag, den ein Kind ohne digitale Medien zugebracht hat, ist gewonnene Zeit« (Spitzer 2012, S. 375). In diesem Fall wäre als Beratungsstrategie ausschließlich eine deutliche Reduzierung mit Verbotsregeln bis hin zur völligen Abstinenz des Jungen gegenüber den digitalen Medien zu befürchten – aber nicht die Bearbeitung von anderen Problemen, die in diesem Fall möglicherweise schwerwiegender sind (z. B. familiäre Konflikte). Es würde auch keine pädagogische Förderung von wertvollen Kompetenzen und Wissen durch den Umgang mit dem Computer erfolgen, obwohl diese auch für den schulischen Bereich wichtig sind und immer wichtiger werden (E-Learning, Fernunterricht via Videokonferenzen u. a.).

Denn mit der Entwicklung des Internets zu einer interaktiven Plattform werden Nutzer*innen immer mehr zu kreativen Mitgestalter*innen des Internets: z. B. die Entwicklung von Profilseiten in einem Sozialen Netzwerk, die Erstellung von eigenen Videos, der Umgang mit Bildbearbeitungsprogrammen, die gezielte Recherche von Informationen und Wissen im Netz, das Veröffentlichen eigener Texte im Netz, Informationsaustausch in Foren.

4.2.1 Mediennutzung zwischen Alltagspraxis und Pathologisierung

Bereits Mitte der 1990er Jahre, also in der absoluten Frühphase des Internets, erschienen erste Publikationen, die einen pathologischen Gebrauch dieses neuen Mediums thematisierten. Die schon früh einsetzende Beschäftigung mit dem Suchtpotential des Internets ist rückblickend insofern überraschend, als das Netz damals aufgrund der vergleichsweise langsamen

Datenübertragungsgeschwindigkeiten, geringen Rechnerleistungen, begrenzten Graphiken, spärlichen Website-Angeboten sowie dem Mangel an interaktiven Optionen bei weitem noch nicht die Attraktivität entfalten konnte, die es heute besitzt.

Goldberg-Anekdote

Von besonderem Interesse ist dabei die Publikation des New Yorker Psychiaters Ivan Goldberg, der mit der Darstellung diagnostischer Kriterien für eine »Internet Addiction Disorder« (1995) eine vermeintliche *Scherz-Diagnose* erfand, die er auf seiner Homepage platzierte und unter seinen Fachkolleg*innen in Umlauf brachte. Goldberg selbst verstand die Diagnose als einen ironischen Seitenhieb auf die seinerzeit erneuerten Kriterien für Abhängigkeitserkrankungen im amerikanischen Klassifikationssystem für psychische Störungen »Diagnostic and Statistical Manual of Mental Disorders IV«, das 1994 veröffentlicht wurde. Doch anstelle von Gelächter erzielte Goldberg gegensätzliche Reaktionen. Er erhielt eine Vielzahl von Anfragen von Personen, die behaupteten, von genau dieser neuartigen Störung betroffen zu sein und bereits einen entsprechenden Leidensdruck entwickelt zu haben. Sie beschrieben, dass sie ihre privaten und beruflichen Aufgaben nicht mehr angemessen bewältigen konnten, da sie zu viel Zeit im Internet verbrachten.

Als sich zum Jahreswechsel 1996/97 die amerikanischen Print-Medien *New York Times* (Belluck 1996), *Newsweek* (Levy 1996) und *The New Yorker* (Wallis 1997) der Internet-Abhängigkeit widmeten, erreichte das Thema auch die breite Öffentlichkeit und veranlasste die Fachwelt zu einer intensiven Beschäftigung mit diesem neuen Phänomen.

In den Folgejahren entstand eine unüberschaubare Anzahl entsprechender Publikationen. Unter den Arbeiten dieser Frühphase erwiesen sich die Beiträge von Young (1996, 1998a, 1998b) und Davis (2001) als wegweisend für die weitere wissenschaftliche Debatte (vgl. Como-Zipfel & Löbmann 2014, S. 249 f.).

4 Klientelbezogene Digitalisierungsrisiken

Die grundsätzlichen Fragestellungen der Goldberg-Anekdote führen jedoch bis heute zu Kontroversen in der Fachwelt. Handelt es sich bei der Internet-Abhängigkeit

- um ein eigenständiges klinisches Krankheitsbild
- oder um eine Verhaltensauffälligkeit, der eine andere psychische Störung (z. B. Depression) zugrunde liegt,
- oder um eine modische Schein-Diagnose und eine übertriebene Pathologisierung von Alltagspraktiken.
- oder um ein von selbst vorübergehendes, an das Jugendalter gebundenes Problemverhalten?

Festzustellen ist, dass seit 2013 die *Internet Gaming* »Disorder im Diagnostic and Statistical Manual of Mental Disorders 5« erwähnt wird. Zwar nicht als eigenständige Diagnose, sondern im Anhang (Section III) als eine Störung, für die noch weiterer Forschungsbedarf besteht. In der ab 2022 gültigen 11. Version der »International Classification of Diseases« der WHO wird die *Online-Spielsucht* erstmals als eigenständige Diagnose (6C50.0: *Gaming Disorder, online*) unter den Impulskontrollstörungen gelistet. Doch jenseits dieser klinischen Klassifikationen ist die intensive Nutzung von digitalen Medien im Privatbereich, im Beruf, in Schule und Studium für breite Bevölkerungsteile bereits seit vielen Jahren eine vollkommen selbstverständliche Alltagspraxis. Sie ist zudem nahezu unverzichtbar für eine angemessene soziale Partizipation und die Organisation des täglichen Lebens. Insbesondere für Jugendliche und junge Erwachsene sind die digitalen Medien ständige Begleiter. Sie sind Kommunikationsmittel, Hobby, Sport, Bühne der Selbstinszenierung und des kulturellen Ausdrucks. Allein der Befund, dass im Jahr 2020 in Deutschland 34 Millionen Menschen (Altersdurchschnitt 37,5 Jahre; 52 % männlich, 48 % weiblich) regelmäßig Computer- und Videospiele benutzten (Game 2020), unterstreicht die Tatsache, dass der Gebrauch digitaler Medien im Privatbereich auch ein gesamtgesellschaftliches, generationenübergreifendes Massenphänomen ist.

Die digitale Transformation zeigt sich im Alltagsleben besonders stark dort, wo sie eine neue, umfassende kommunikative Sphäre erzeugt, die sich wie eine »digitale Haut« (Randow 2020, S. 35) an alle bestehenden privaten und beruflichen Sozialbeziehungen schmiegt, diese überformt und zu einem globalen System vernetzt: z. b. durch Messenger-Dienste, Videokonferenzen, Online-Spiele, Diskussionsforen, Streaming-Dienste, Dating-Apps, Bewertungsportale, Online-Shops, Home-Banking und Soziale Medien.

Das Sucht-Dreieck

Die Frage, ob eine tägliche Nutzung digitaler Medien die fluide Grenze von der Normalität zur Verhaltensstörung überschreitet, kann immer nur im Einzelfall entschieden werden und ist abhängig von dem Wechselspiel zwischen den drei Ebenen des sogenannten Sucht-Dreiecks (angelehnt an: Kielholz & Ladewig 1973):

1. gesellschaftliche, generationsspezifische und soziokulturelle Praktiken,
2. Persönlichkeit, individuelle Motivationslagen, kurz- und langfristigen Konsequenzen,
3. Spezifika und Verfügbarkeit des Suchtmittels.

Ab wann also wird die Nutzung digitaler Medien pathologisch, ab wann wird Kontrollerleben zum Kontrollverlust, ab wann wird Selbstdarstellung zur Überforderung, ab wann wird Kontaktpflege zu Stress, ab wann wird eskapistische Berieselung zur Entfremdung, ab wann wird Informationsaufnahme zum Zwang, ab wann wird Spielen zur Sucht? Diese Fragen sind gerade für die Soziale Arbeit relevant, können aber aufgrund der äußerst unscharfen Trennungslinien niemals pauschal für große Bevölkerungsanteile oder ganze Generationen beantwortet werden, sondern immer nur einzelfallbezogen und nach gründlicher Diagnostik.

4.2.2 Empirische Befunde

Als potentielles Exklusionsrisiko und damit als Aufgabe der Sozialen Arbeit erweist sich die Digitalisierung überall dort, wo sie von den Benutzer*innen in dysfunktionaler Weise zur Anwendung gebracht wird. Die exzessive Nutzung digitaler Medien – insbesondere in der privaten Freizeit – ist den sogenannten *Verhaltenssüchten* zuzuordnen. Zum Symptomkomplex der Verhaltenssüchte zählen auch das pathologische Glücksspiel, die Sportsucht, die Kaufsucht, die Arbeitssucht und die Sexsucht. Die Definition der Verhaltenssüchte geht im deutschsprachigen Raum insbesondere auf die wegweisenden Publikationen von Grüsser und Thalemann (2006) sowie Mann und Fauth-Bühler (2014) zurück:

> »Der Begriff der Verhaltenssucht bezieht sich auf die Tatsache, dass sich an sich normale, angenehme Tätigkeiten in unangepasste, immer wiederkehrende Verhaltensweisen verwandeln. Diese werden aufgrund eines unwiderstehliches Verlangens, Anreizes oder Impulses, den das Individuum nur schwer kontrollieren kann, häufig ausgeführt, obwohl das Verhalten in dieser Intensität der Person und/oder anderen Schaden zufügt. Die Verhaltenssucht stellt eine chronische Erkrankung dar, bei der ein anhaltendes Risiko besteht, auch nach langen Abstinenzzeiträumen rückfällig zu werden« (ebd., S. 3).

Die Diagnose der Verhaltenssüchte orientiert sich weitgehend an den Kriterien der stoffgebundenen Suchterkrankungen (Alkohol, Drogen, Medikamente u. a.). Neurologische Befunde weisen zudem darauf hin, dass bei Verhaltenssüchtigen das exzessive Nutzungsverhalten zu Veränderungen im Belohnungssystem des Gehirns führt, die auch für stoffgebundene Abhängigkeitserkrankungen charakteristisch sind (vgl. Fauth-Bühler & Mörsen 2014, S. 119 ff.). In Anlehnung an Young (1996) und das DSM 5 (2015) sind bzgl. einer pathologischen Nutzung digitaler Medien folgende Punkte relevant:

- Übermäßige Beschäftigung und gedankliche Vereinnahmung (Nutzung wird zur Haupttätigkeit des Tages),
- Entzugssymptome, wenn die Nutzung wegfällt (Person ist reizbar, ärgerlich, ängstlich, traurig),
- Toleranzentwicklung (Person möchte immer mehr Nutzungszeit),
- erfolglose Kontrollversuche bzgl. der Reduktion des Nutzungsverhaltens,
- Interessenverlust an früheren Hobbys und Freizeitbeschäftigungen,
- Fortführung des Nutzungsverhaltens trotz Einsicht in den psychosozialen Schaden für sich und andere,

4.2 Die exzessive Mediennutzung als Exklusionsrisiko

- Täuschung von Familienangehörigen, Therapeut*in und anderen Personen bzgl. der Nutzungsdauer,
- Nutzungsverhalten als Flucht vor negativen Gefühlen (z. B. Langeweile, Stress, Hilflosigkeit, Schuldgefühle, Ängstlichkeit),
- Gefährdung von Beziehung, Freundschaften oder Arbeitsstelle durch das Nutzungsverhalten.

Es ist davon auszugehen, dass es eine komplexe Wechselwirkung zwischen der Dauer, Art und Inhalt der exzessiven Mediennutzung und dem Geschlecht, dem Alter, dem Bildungsstand und dem sozioökonomischen Milieu der Nutzer*innen gibt. Die Vorlieben und Interessen der verschiedenen Gruppen könnten sich dabei auf diverse Angebote erstrecken: z. B. Online-Sportwetten, Online-Glücksspiele, Massively Multiplayer Online Role-Playing Games, Online-Shops, Soziale Medien, Online-Pornographie, Online-Partnerschaftsbörsen, Online-Recherchen, Online-Informationssuchen, Online-Streaming-Dienste oder Offline-Computerspiele. Festzustellen ist zudem, dass die verschiedenen Angebote – je nach Zielgruppe – ein unterschiedliches Suchtpotential haben. In diesem Zusammenhang weisen empirischen Befunde aus dem deutschsprachigen Raum (Zeitraum 2010 bis 2020) eindeutig auf die besondere Bedeutung von zwei Angeboten hin: Online-Spiele und Soziale Medien. Trotz aller inhaltlichen Unterschiede zwischen den Spielen und den Netzwerken ist festzustellen, dass die beiden Angebote interaktiv sind und wichtige Bedürfnisse erfüllen wie z. B. soziale Zugehörigkeit, Kommunikation, Selbstdarstellung, Anerkennung, Erfolg und Belohnung (vgl. Rumpf u. a. 2011; Eichenberg & Auersperg 2018). Gerade durch die ständige Verfügbarkeit (24 Stunden am Tag) dieser beiden Angebote via Smartphone, Tablet und anderen Endgeräten ist bei Nutzer*innen das Phänomen *Fear Of Missing Out* (FOMO) zu beobachten: also die Angst, etwas zu verpassen und dadurch den Anschluss zu seinem sozialen Umfeld im Internet zu verlieren, weil man an bestimmten Kommunikationen nicht teilnimmt. Die schnelllebige Welt der Online-Spiele und der Sozialen Medien erzeugt also ggf. die Anforderung permanent im Netz aktiv sein zu müssen, um keine sozialen Interaktionen zu versäumen (vgl. Deutsches Zentrum für Suchtfragen 2019).

Die erste deutsche Repräsentativerhebung »Prävalenz der Internetabhängigkeit« (PINTA) stammt aus dem Jahr 2011. Hier wurden ca. 15.000

Personen im Alter zwischen 14 und 64 Jahren mit standardisierten Telefoninterviews befragt. Die PINTA-Studie stellt bzgl. der Gesamtbevölkerung eine Prävalenz pathologischer Nutzung von 1.0% fest (0,8% weiblich; 1,2% männlich). Bei Jugendlichen in der Gruppe der 14- bis 16-Jährigen lag dieser Prozentsatz bei 4,0% (4,9% weiblich; 3,1% männlich) und damit am höchsten. Differenziert nach Art der Nutzung ist festzustellen, dass in der Gruppe der als pathologisch klassifizierten Nutzer*innen als häufigste Internetaktivitäten das Online-Spielen und die Sozialen Netzwerke genannt werden. Es gibt dabei jedoch deutliche Geschlechtsunterschiede im Nutzungsverhalten: In der Gruppe der 14- bis 24-Jährigen pathologischen User verwendeten 77,1% der Nutzerinnen Soziale Medien, aber nur 64,8% der Nutzer. Dagegen spielten 33,6% der Nutzer Online-Spiele, während die Nutzerinnen dies nur zu 7,2% taten (vgl. Rumpf u. a. 2011).

Ein Vergleich der PINTA-Ergebnisse mit den Zahlen der »Mediensucht 2020-Studie« der DAK-Gesundheit zeigt, dass die Sozialen Medien und die Online-Spiele noch immer im Mittelpunkt der Nutzung stehen. Durch die Anlehnung dieser Studie an das ICD-11 entsteht eine differenziertere Gliederung in *riskantes* und bereits *pathologisches* Nutzungsverhalten, wodurch das Ausmaß der Problematik sichtbarer wird. In der ersten Erhebung der DAK im September 2019 zeigten 10% (14.3% männlich; 5,1% weiblich) der 10- bis 17-Jährigen ein riskantes Nutzungsverhalten für digitale Spiele – dies entspricht etwa 535.000 Kindern und Jugendlichen in Deutschland. Pathologisches Spielen wurde bei 2,7% (3,7% männlich; 1,6% weiblich) festgestellt – dies entspricht 144.450 Personen. Riskantes Nutzungsverhalten von Sozialen Medien zeigten 8,2% (9,9% männlich; 6,3% weiblich) – dies entspricht 438.700 Kindern und Jugendlichen. Die pathologische Nutzung von Sozialen Medien liegt bei 3,2% (4% männlich; 2,2% weiblich) – dies entspricht 171.200 Personen. In einer weiteren Erhebung im April 2020 aufgrund der Corona-Pandemie zeigte sich, dass die Werte der täglichen Nutzungsdauer sich im Verlauf des ersten Lockdowns in allen Bereichen erhöht haben: im Mittel von 138,6 Minuten unter der Woche auf 193,1 sowie von 192,9 an Wochenenden auf 241,0 (DAK-Gesundheit 2020).

Es stellt sich die Frage, ob es spezielle Risikogruppen gibt, die für pathologische Internetnutzung besonders anfällig sind. Die am häufigsten untersuchte Subform der Internetabhängigkeit ist das pathologische Computerspielen, wobei in diesbezüglichen Studien zumeist nur Jugendliche betrachtet werden. Neben Alter und Geschlecht wurden in mehreren Studien (s. u.) bzgl. des exzessiven Spielens verschiedene Persönlichkeits- und Umweltfaktoren als potentielle Risikofaktoren untersucht. So waren abhängige Spieler*innen häufig durch eine erhöhte Impulsivität, geringe Empathie, geringe Sozialkompetenz, wenig Sozialkontakte, Peer-Group-Probleme, Ein-Eltern-Familien und geringere familiäre Zuwendung gekennzeichnet. In diesem Zusammenhang ist zu beachten, dass bei vielen exzessiven Nutzer*innen häufig Komorbiditäten festzustellen sind. Empirische Befunde aus dem In- und Ausland erwähnen zudem psychosoziale und gesundheitliche Probleme wie Konflikte im familiären Bereich und im sozialen Nahumfeld, ein eingeschränktes Freizeitverhalten, häufiges Schulschwänzen, sich verschlechternde Schulleistungen, depressive Verstimmung, Aggressivität, körperlich-hygienische Vernachlässigung, Verwahrlosung, Rücken- oder Kopfschmerzen, Übergewicht und Schlafstörungen (Rehbein, Kleinmann & Mößle 2010; Wölfling u. a. 2011; Schuhler & Vogelsang 2011; Frölich & Lehmkuhl 2012; Mößle & Rehbein 2013; Tsitsika u. a. 2013).

Daneben gibt es empirische Befunde bzgl. der Komorbidität mit psychischen Störungen: Es zeigen sich deutlich erhöhte Prävalenzraten bzgl. affektiver Störungen, Persönlichkeitsstörungen, Hyperkinetischer Störungen, depressiver Verstimmungen und sozialer Phobien (Bischof u. a. 2013; Müller & Dreier 2013). Sowohl für die Risikofaktoren als auch für die Komorbiditäten gilt jedoch, dass bislang noch keine belastbaren Aussagen getroffen werden können, die die Wechselwirkungen zwischen ihnen und der Genese einer Internetabhängigkeit eindeutig belegen. Es kann also nur im Einzelfall entschieden werden, ob es sich bei den beobachtbaren Problemlagen einer Person um die Ursachen, die Folgewirkungen oder die Begleiterscheinungen einer exzessiven Mediennutzung handelt (Como-Zipfel & Löbmann 2014).

Insgesamt ist festzustellen, dass sich eine klare Altersabhängigkeit des Phänomens der exzessiven Mediennutzung findet und dass besonders Jugendliche davon betroffen sind. Die im Privatbereich mit Abstand intensivsten Nutzer*innen der digitalen Medien sind Jugendliche im Altersspektrum sind zwischen zwölf und 19 Jahren. Die seit 1998 vom

Medienpädagogischen Forschungsverbund Südwest (MPFS) jährlich durchgeführten KIM-Studien (Kinder, Internet, Medien: Altersgruppe sechs bis 13 Jahre) und JIM-Studien (Jugend, Information, Multi-Media: Altersgruppe: zwölf bis 19 Jahre) belegen eine umfassende Verfügbarkeit von digitalen Medien für Kinder und Jugendliche (98 bis 99 %). Zudem ist ein kontinuierlicher Anstieg der Internetnutzung zu verzeichnen: Z. B. erhöhte sich in der Altersgruppe zwölf bis 19 Jahre die Nutzungsdauer von 114 Minuten im Jahr 2007 auf 205 Minuten im Jahr 2019 (also noch vor der Corona-Pandemie); hinzu kommen ggf. noch der Konsum von Fernsehen und Offline-Computerspielen (MPFS 2019).

Es zeigt sich also, dass die Entwicklung von sozialpädagogisch relevanten Problemlagen, die sich unmittelbar aus der exzessiven Mediennutzung ableiten, vor allem die Gruppe der Kinder und Jugendlichen betreffen und diesbezügliche Auffälligkeiten in dieser vulnerablen Altersgruppe besonders deutlich sind. Ob es sich dabei eher um ein vorübergehendes entwicklungsbedingtes, jugendspezifisches Phänomen handelt, das sich ohne fachliche Hilfen von selbst im jungen Erwachsenenalter reduziert oder das sich zu einer Abhängigkeit entwickelt, ist von vielen Einflussfaktoren abhängig. Ein hohes Risiko, ein langanhaltendes pathologisches Nutzungsverhalten zu entwickeln, besteht vor allem für diejenigen Jugendlichen, die aufgrund von Misserfolgen in der realen Welt enttäuscht sind, sich sozial ausgeschlossen fühlen oder die Mediennutzung als automatisierte Reaktion zur Regulation negativer Gefühle (z. B. Langeweile, Stress) praktizieren. Insbesondere diese Gruppe von exzessiven Nutzer*innen haben erhebliche Probleme, ihren Aufenthalt im Netz selbständig zu kontrollieren und willentlich zu reduzieren (Dreier u. a. 2013; Mößle & Rehbein 2013).

4.2.3 Hilfsangebote: Infrastruktur und Expertise

Das spezielle Problem der exzessiven Mediennutzung verdeutlicht die Notwendigkeit einer intensiven Diskussion in Theorie und Praxis der Sozialen Arbeit bzgl. der Digitalisierung und deren Folgen im Allgemeinen. Denn bereits dieses Problem alleine führt zu einem erheblichen Leidensdruck bei vielen der hiervon Betroffenen und löst einen Hilfebedarf aus. Zudem wird dieses Problem durch das Nachwachsen der jüngeren internet-affineren Generationen tendenziell noch erheblich ansteigen, was sich in steigenden Fallzahlen niederschlagen dürfte. Daher werden künftig neben Interventionskonzepten auch Präventionskonzepte erforderlich sein. Mittlerweile verfügen bereits viele Beratungsstellen, Suchthilfeeinrichtungen, psychotherapeutische Praxen, psychiatrische Kliniken und universitäre Ambulanzen über spezielle Angebote und eine Expertise bzgl. der Medien- und Internetsucht. Der *Fachverband Medienabhängigkeit e. V.* nennt diesbezüglich bundesweit 228 Einrichtungen, das *Deutsche Zentrum für Suchtfragen des Kindes- und Jugendalters* nennt 350 Einrichtungen (beide Stand: Januar 2020). Es ist somit zwar festzustellen, dass es bereits eine entwickelte Versorgungsstruktur gibt, diese ist jedoch nicht flächendeckend; sie kann die wachsende bundesweite Nachfrage kaum decken. Insbesondere in ländlichen Regionen ist das Angebot noch etwas geringer ausgebaut als in Ballungsräumen. Für die Betroffenen und deren Angehörige hat dies lange Anfahrtswege und lange Wartezeiten zur Folge.

Wenn also die exzessive Mediennutzung in den kommenden Jahren ein noch stärkeres Aufgabengebiet der Sozialen Arbeit werden wird, dann entsteht dadurch auch ein wachsender Handlungsbedarf für den Bereich der sozialpädagogischen Aus- und Weiterbildung. Denn nur so können die notwendigen Kompetenzen in Diagnose und Intervention in diesem Themenbereich inhaltlich angemessen vermittelt werden. An störungsspezifischen anamnestisch-diagnostischen Instrumenten für die Erfassung des Mediengebrauchs liegen bereits seit geraumer Zeit mehrere Fragebogen vor. Der erste deutschsprachige Fragebogen, die *Internetsuchtskala* von Hahn und Jerusalem, stammt bereits aus dem Jahr 2001. Insgesamt orientieren sich die Fragebögen im Aufbau stark an den o. g. Kriterien einer Abhängigkeitserkrankung. Hingewiesen sei an dieser Stelle auf die folgenden Bögen in chronologischer Reihenfolge:

- *Fragebogen zum Computerspielverhalten bei Kindern* (Thalemann u. a. 2004),
- *Onlinesuchtverhalten bei Erwachsenen* (Wölfling, Müller & Beutel 2008),
- *Compulsive Internet Use Scale* (Meerkerk u. a. 2009),
- *Computerspielskala des Kriminologischen Forschungsinstitutes Niedersachen* (Rehbein, Kleinmann & Mößle 2009),

- *Skala zum Skala zu Computerspielverhalten bei Erwachsenen* (Wölfling, Müller & Beutel 2011),
- *Social Media Disorder Scale* (Van Den Eijnden, Lemmens & Valkenburg 2016),
- *ACIA Strukturiertes klinisches Interview zu internetbezogenen Störungen* (Müller & Wölfling 2017),
- *Gaming Disorder Scale for Adolescents* (Paschke, Austermann & Thomasius 2020).

Die klinischen Erklärungsmodelle und Interventionsmethoden zur exzessiven Mediennutzung werden weitgehend von den Perspektiven der Methodenschulen der Psychoanalyse und der Verhaltenstherapie geprägt. Die psychoanalytische Sichtweise beurteilt eine pathologische Nutzung eher als ein Begleitsymptom von anderen bereits bestehenden psychischen Störungen und legt den Fokus auf die Behandlung der ursprünglichen Erkrankungen; die Verhaltenstherapie bewertet eine pathologische Nutzung eher als eine originäre Suchterkrankung und setzt auf Verfahren, die sich in der Behandlung von stoffgebundenen Abhängigkeiten bewährt haben (vgl. Te Wild 2014). Dementsprechend liegen im deutschsprachigen Raum bislang drei Manuale zur exzessiven Computer- und Internetnutzung vor, die entweder psychoanalytische oder verhaltenstherapeutische Perspektiven verfolgen:

- *Pathologischer PC- und Internet-Gebrauch. Eine Therapieanleitung* (Schuhler & Vogelsang 2012),
- *Computerspiel- und Internetsucht. Ein kognitiv-behaviorales Behandlungsmanual* (Wölfling u. a. 2013) sowie
- *Kognitiv-verhaltenstherapeutisches Gruppenprogramm für Jugendliche mit abhängigem Computer- oder Internetgebrauch* (Moll & Thomasius 2019).

Diese störungsspezifischen Manuale sind aus der klinischen Forschung und Praxis heraus entstanden; die Ergebnisse ausführlicher Wirksamkeitsstudien der dort beschriebenen Behandlungsansätze stehen derzeit z. T. noch aus. Daneben bestehen im psychiatrischen Kontext auch pharmakologische Behandlungsansätze (z. B. Stimulanzien, Antidepressiva) vor

4.2 Die exzessive Mediennutzung als Exklusionsrisiko

allem bei Vorliegen komorbider psychischer Störungen mit erheblichem Leidensdruck.

Aus Sicht der Sozialen Arbeit erscheint es notwendig, dass angesichts des Problems der exzessiven Mediennutzung die Entwicklung einer integrativen sozialpädagogischen Interventionsstrategie erfolgt. Diese muss auch familiäre, häusliche, genderbezogene, schulische, kulturelle und sozio-ökonomische Hintergründe umfassen. Denn eine rein klinisch-störungsspezifische Behandlung von Suchterkrankungen hat i. d. R. nur die Abstinenz und die Rückfallprophylaxe als zentrale Zielsetzungen. Eine völlige Abstinenz von Computer und Internet ist aus heutiger Sicht jedoch kaum realisierbar – schon alleine aus der Notwendigkeit, dass vielfältige schulische und berufliche Anforderungen den Gebrauch dieser Medien voraussetzen. Insofern muss die Entwicklung von Interventionen zur Förderung eines kompetenten und angemessenen Umgangs mit den digitalen Medien neben der klinischen Perspektive auch die lebensweltorientierte Perspektive der Sozialen Arbeit umfassen.

5 Die Digitalisierung in der Berufspraxis der Sozialen Arbeit

Bereits seit den 1990er Jahren wird die Praxis der Sozialen Arbeit durch den Einsatz von digitalen Medien zusehends verändert – und diese Veränderung wird in den kommenden Jahren noch weiter zunehmen. Von einem Großteil der Fachkräfte wird die zunehmende Relevanz der neuen Technologien im Berufsalltag nicht bestritten. Roeske (2018, S. 16f.) weist jedoch darauf hin, dass Sozialarbeitende insofern eine durchaus widersprüchliche Haltung zur Digitalisierung einnehmen, als viele Fachkräfte den bedeutenden Einfluss der Informationstechnologie auf ihre Arbeit negieren und gleichsam versuchen diesen Einfluss von ihrem *eigentlichen* praktischen Handeln abzugrenzen. Hierfür sind vor allem zwei Gründe relevant:

- Das Berufsbild der Sozialen Arbeit ist geprägt von der individuellen Arbeit mit der hilfesuchenden Klientel, die idealerweise in der unmittelbaren, persönlichen, vertrauensvollen Begegnung *Auge in Auge* erfolgt.
- In den meisten Studiengängen der Sozialen Arbeit in der Bundesrepublik sind bislang noch keine Pflicht-Lehrveranstaltungen für *alle* Studierenden enthalten, die den Themenkomplex Digitalisierung-Informatik-Medienpädagogik eingehend behandeln. Das bedeutet, dass die neuen Technologien im Studium oftmals nicht systematisch mit dem Berufsbild verknüpft werden.

Insofern basieren die Kompetenzen der Fachkräfte in diesem Bereich zumeist lediglich auf deren privaten Nutzungserfahrungen, und es fehlt vielfach an Wissen über die Möglichkeiten und die Bedeutung des Einsatzes dieser Medien in der Praxis. Roeske stellt daher zutreffend fest, dass es in den Studiengängen der Sozialen Arbeit hier »Nachholbedarfe hinsichtlich der Vermittlung von Basiswissen« (2018, S. 19) gibt. Dass die Soziale Arbeit ohnehin schon lange keine »technologiefreie Sphäre« (Kreidenweis 2021, S. 824) mehr ist, zeigt sich darin, dass insbesondere in der Administration bereits seit Jahrzehnten klassische Informationstechnologien eingesetzt werden. Diese Technologien entsprechen zumeist dem alten Begriff der *Elektronischen Datenverarbeitung* (EDV) und unterstützten als Office- oder Fachsoftware bereits vorhandene Prozesse, z. B.:

- Stammdatenverwaltung und elektronische Aktenführung,
- Dokumentation von Hilfeplanung, Hilfeverlauf, Kontakten, Evaluation; Koordination von Terminen und Kontakten.
- Personalverwaltung, Arbeitsplanung, Leistungserbringung,
- Finanzverwaltung, Buchhaltung, Leistungsabrechnung.

Die klassische EDV stammt noch aus der Zeit vor der Einführung des Internets und arbeitet ausschließlich mit strukturierten Daten (z. B. Wörtern und Zahlen), die per Hand über Textverarbeitungsprogramme in z. B. Formulare eingegeben werden. Die Verarbeitung erfolgt dann nach einem Input-Output-Prinzip auf der Grundlage von exakt programmierten Regeln. Im Zentrum dieser Technologien stand und steht die Entlastung von Fachkräften bei administrativen Aufgaben, die Beschleunigung interner Kommunikationswege und das Effizienzbestreben von Trägerorganisationen. Die neuen digitalen Technologien hingegen, die sich Künstlicher Intelligenz (KI) und Verfahren der Big-Data-Analyse bedienen, unterscheiden sich von der klassischen EDV auf vielfältige Weise. Indem sie gigantische Mengen von Informationen sammeln, analysieren, bewerten und Entscheidungen treffen, optimieren sie nicht nur dienstliche Handlungsabläufe, sondern bilden auch ein Instrumentarium für die Entwicklung und die Gestaltung innovativer Hilfsangebote in den sozialen Dienstleistungen. Die Einsatzmöglichkeiten der digitalen Technologien in der Praxis sind dabei überaus vielfältig und in ihren Funktionen – je nach Handlungsfeld und Zielgruppe – auch äußerst unterschiedlich, wie zwei Beispiele aus der Altenarbeit und der Behindertenarbeit zeigen.

Beispiel: Arbeit mit alten Menschen

Für Senior*innen können digitale Assistenzsysteme durch die Übermittlung von Audio- oder Bildinformation zur Realisierung eines sicheren und selbstbestimmten Lebens in eigenen Wohnungen oder im betreuten Wohnen beitragen. Sensorische Sturzdetektoren, die z. B. in die Kleidung eingearbeitet sind, können alte Menschen schützen, indem sie sofort einen Alarm auslösen und Hilfe herbeirufen, sobald eine Person gefallen ist. Über Audioübertragung und Sprachassistenz wäre in diesem Fall zudem eine schnelle verbale und visuelle Kommunikation mit der gestürzten Person möglich, bis Hilfe vor Ort eintrifft. Eine technisch optimierte Assistenz birgt unter bestimmten Bedingungen für Senior*innen also eine Chance für den Erhalt von Autonomie (Kreidenweis 2018; Rottkemper 2021).

Beispiel: Arbeit mit behinderten Menschen

Menschen mit einer Gehbehinderung, die auf die Benutzung eines Rollstuhls angewiesen sind, können durch den Einsatz der Smartphone-App *Wheelmap* wichtige Informationen über die Barrierefreiheit von öffentlichen Orten erhalten. Dieses digitale Assistenzsystem vermittelt den Nutzer*innen Wissen bzgl. von Routen des öffentlichen Nahverkehrs, Wegstrecken zu Ämtern, Behörden, Bibliotheken, Theatern, Kinos, Restaurants, Cafés, Arztpraxen, Museen und Geschäften sowie der dortigen baulichen Zugangsmöglichkeiten (Aufzüge, Rampen, Treppen u.a.). Für Deutschland umfasst diese App mittlerweile ca. 600.000 Orte. Die Qualität der Barrierefreiheit kann zudem von den Nutzer*innen über die App bewertet werden. Für Rollstuhlfahrer*innen kann dieses Assistenzsystem also zu einer Erweiterung ihrer Autonomie und Mobilität beitragen. Denn sie ermöglicht eine bessere Vorbereitung, Terminierung und Planung von Arztbesuchen, Amtsgängen, Einkäufen und Ausflügen (Gartzke 2014, S. 150; Hannemann 2021).

Komplexere und weitreichendende Einsatzmöglichkeiten für die digitalen Systeme in der Praxis der Sozialen Arbeit finden sich im Bereich der Online-Kommunikation und der algorithmischen Risikoprognostik. Diese Bereiche werden in den Kapiteln 5.1 und 5.2 behandelt.

5.1 Digitale Kommunikation mit Klient*innen

Im Folgenden wird der Fokus auf die Veränderungen gelegt, die mit der Digitalisierung im eigentlichen Kerngeschäft der Sozialen Arbeit einhergehen: im Bereich der Kommunikation zwischen den Fachkräften und ihrer Klientel. Denn die individuelle Kontaktaufnahme, die persönliche Beratung und das geschützte Gespräch mit den Hilfesuchenden sind traditionell kennzeichnend für das professionelle Selbstverständnis der Sozialen Arbeit. Mit dem Einzug von digitalen Kommunikationstechnologien in die professionelle Praxis kann dieses Selbstverständnis jedoch umfassend irritiert werden. Während die o. g. klassische EDV aus den 1970er Jahren nicht für die direkte Kommunikation mit der Klientel genutzt wurde (und aus technischen Gründen auch nicht genutzt werden konnte), zeigen sich die Potentiale der Digitalisierung in der Sozialen Arbeit nun vor allem in diesem Bereich. Bereits im Jahr 2013 wies Reamer (S. 163 ff.) auf die vielfältigen Anwendungsmöglichkeiten von Kommunikationstechnologien in der Praxis im Kontakt zwischen Fachkräften und der Klientel hin:

- Online Counseling,
- Telephone Counseling,
- Video Counseling,
- Cybertherapie,
- Self-Guided Web-Based Interventions,
- Electronic Social Networks,
- E-Mail,
- Text Messages.

Dass diese vorausschauende Übersicht von Reamer vollkommen zutreffend ist und mittlerweile auch in der Sozialen Arbeit im deutschsprachigen Raum mehr oder weniger stark rezipiert wird, zeigen viele Beispiele. So hat in der sozialpädagogischen Praxis die Fernkommunikation von Fachkräften mit Klient*innen über Instant-Messenger-Dienste (z. B. WhatsApp) seit Jahren zusehends an Umfang (Seelmeyer 2021, S. 200 f.) gewonnen. Sie ersetzt bisweilen ältere Kommunikationsformen wie Brief, Telefonat, E-Mail oder SMS. Die dienstliche Nutzung dieser Technologien ist aus mehreren Gründen attraktiv: Sie ist passgenau auf die Alltagspraxis und die Lebenswelt der Zielgruppe der jüngeren Klientel ausgerichtet. Durch ihre Präsenz auf den mobilen Endgeräten versprechen sie

- jederzeit und überall eine Erreichbarkeit.
- Sie verfügen über eine große Zahl von kommunikativen Funktionen (z. B. Foto, Film, Sprachnachrichten, Gruppen) und
- sind i. d. R. überaus preiswert bzw. kostenlos.

Die Messenger-Dienste befinden sich jedoch im Besitz von privatwirtschaftlichen Unternehmen (z. B. gehört WhatsApp seit 2014 zu Facebook/Meta) und dienen deren Geschäftsmodell zur Sammlung von personalisierbaren Metadaten zur kommerziellen Nutzung. Die dienstliche Kommunikation über Instant-Messaging-Dienst birgt aus datenschutzrechtlicher Sicht für die Klientel also ähnliche Probleme wie die Nutzung der Sozialen Medien im Freizeitbereich. Zudem können für Fachkräfte durch die berufliche Nutzung von Instant-Messenger-Diensten und Netzwerken auch professionsethische Fragestellungen entstehen, die die Gefahr einer »neuen Kolonialisierung von Lebenswelten« (Kutscher u. a. 2014, S. 89) umfassen. Die Grenzen zwischen Privatheit und Dienst können undeutlich werden, z. B. wenn Fachkräfte während ihrer Freizeit via sozialer Medien von Klient*innen Freundschaftsanfragen bekommen bzw. zur Teilnahme an Chat-Gruppen eingeladen werden oder wenn Fachkräfte durch ihre Nutzung von Netzwerken beiläufig eine Vielzahl von privaten Informationen über den Alltag von Hilfesuchenden erfahren (Kutscher 2020b, S. 84). Problematisch ist zudem, wenn Fachkräfte Nachrichten von Klient*innen auf ihrem privaten Smartphone erhalten, da sie nicht auf dienstliche Mobilgeräte zurückgreifen können. Denn bislang verfügen lediglich 12 % aller Mitarbeitenden über organisationseigene Smartphones oder Tablets (Kreidenweis 2021, S. 823). Diese mangelnde technische Ausstattung von Fachkräften durch ihre Einrichtungen ist letztlich eine materielle Erscheinungsform der Digitalen Kluft innerhalb sozialer Dienstleistungen.

Aus der Perspektive der Sozialen Arbeit muss bzgl. der digitalen Kommunikation mit der Klientel eine prinzipielle Unterscheidung in zwei Kategorien erfolgen:

1. Kommunikation, die ohne die persönliche Anwesenheit einer Fachkraft erfolgen kann (z. B. Chatbots, Serious Games),
2. Kommunikation, die nur mit der persönlichen Anwesenheit einer Fachkraft erfolgen kann (z. B. Online-Beratung).

In den folgenden Abschnitten werden die grundlegenden Charakteristika dieser beiden unterschiedlichen Formen der digitalen Kommunikation dargestellt.

5.1.1 Chatbots und Serious Games

Chatbots sind Computerprogramme, die der direkten Online-Kommunikation (via Websites, Apps) zwischen Klient*innen und sozialen Organisationen in Form eines Dialogs dienen. Diese regelbasierten Software-Systeme sind textbasiert und in der Lage, inhaltlich passende Antworten auf die eingegebenen Fragen von Benutzer*innen zu erstellen (Input-Output). Welche Antworten ein Chatbot auf welche Fragen gibt, wird durch einen Algorithmus bestimmt. Dies erfolgt durch die thematische Input-Analyse von Wörtern bzw. Wortgruppen sowie vorgefertigter Output-Textbausteine (Hussain 2018; Waag u. a. 2020, S. 181). Indem Chatbots zu praktisch jeder Tages- und Nachtzeit (24/7) in der Lage sind, bedarfsgerechtes Wissen an die Ratsuchenden zu vermitteln, unterstützen sie diese in ihrer Suche nach Informationen über mögliche nahegelegene Hilfsangebote und spezialisierte Institutionen, zudem generieren sie ggf. eine automatisierte Terminvergabe. All diese Arbeitsschritte erfolgen, ohne dass eine sozialpädagogische Fachkraft aktiv geworden ist und ohne dass Anfahrten und Wartezeiten für die Klient*innen angefallen sind. Reamer (2013, S. 165) weist darauf hin, dass für viele erwachsene Klient*innen die Nutzung von Online-Services angenehmer erscheint, als eine entsprechende persönliche Dienststelle aufzusuchen. Zudem besteht insbesondere bei Themen, die für manche Nutzer*innen schambesetzt sind, die Möglichkeit, dass für diese der Erstkontakt mit einem anonymen Chatbot niedrigschwelliger ist, als der persönliche Kontakt mit einer Fachkraft. Weinhardt weist zudem darauf hin, dass im Rahmen der Psychotherapieforschung gezeigt werden konnte, dass für verschiedene Fragestellungen zumindest für einen »Teil der Patient:innen in der Interaktion mit einer algorithmisch ausgelieferten Hilfe, an der keine menschlichen Fachkräfte beteiligt sind, deutliche Besserungen erzielen können« (Weinhardt 2022, S. 7).

Für soziale Organisationen erscheint unter dem Aspekt der Entlastung von Fachkräften (und ggf. auch in Anbetracht von Personallücken) die Einführung derartiger digitaler Angebote naheliegend:

> »So muss ein Chatbot nur einmal entwickelt werden und kann dann prinzipiell von beliebig vielen Personen orts- und zeitungebunden genutzt werden, ohne je müde oder unfreundlich zu werden. Auf diese Weise können, ohne die Entstehung zusätzlicher Kosten, Leistungsreserven vorgehalten werden, die zur Absicherung eines Normalzustandes erforderlich sind« (Seelmeyer 2020, S. 184).

Die interaktiven Einsatzmöglichkeiten von Chatbots und anderen Conversational Agents in der Beratung sind zum gegenwärtigen Zeitpunkt auf eine formale Informationsvermittlung begrenzt und beziehen sich nur auf ein begrenztes Themenspektrum. Sie können bislang noch keine individuelle Fachberatung zu komplexen psychosozialen Problemlagen ersetzen, denn dies setzt das persönliche Wissen, die Erfahrung, die Empathie und die kommunikativen Fähigkeiten von Fachkräften voraus (Seelmeyer 2020, S. 185). Diese Einschränkung gilt auch für das bislang ambitionierteste Projekt in diesem Segment, die 2017 von Alison Darcy an der Stanford University entwickelte Smartphone-App *Woebot* (Woebot Health 2022), wobei *Woe* für *Kummer* oder *Wehklage* steht. Diese App ist ein E-Mental-Health-Service, der sich methodisch an der kognitiven Verhaltenstherapie orientiert und sich an Menschen richtet, die an Depressionen und unter Angstgefühlen leiden. Der Woebot soll seine Nutzer*innen über Symptome, psychische Störungsbilder und Hilfsangebote informieren, aufmunternde Tipps für den Alltag geben sowie durch gezielte Fragen zur Selbstreflexion anregen. Er ist letztlich aber nur als ein Instrument zur Ergänzung oder Überbrückung bzgl. einer realen Psychotherapie zu verstehen (Summen 2018). Dennoch: Ein Vorläufer der heutigen Chatbot-Technologie ist Joseph Weizenbaums berühmtes Programm ELIZA aus dem Jahr 1966. Und bereits dieses klassische Programm, das Kommunikationsformen der Gesprächspsychotherapie von Carl Rogers simulierte, war in der Lage, die Nutzer*innen glauben zu lassen, dass sie mit einem realen Menschen kommunizieren (Hussain 2018). Insofern ist es bei dem Einsatz von Chatbots aus professionsethischer Perspektive unerlässlich, dass die Organisationen ihre Klientel stets darauf hinzuweisen, dass sie nicht mit einer menschlichen Fachkraft, sondern mit einer Maschine kommunizieren, zu der weder eine Dienstleistungsbeziehung noch eine zwischenmenschliche Beziehung möglich ist (Görder 2020, S. 20).

Mit den Begriffen Serious Games und Gamification wird ein umfangreiches und unscharfes Spektrum von digitalen Anwendungen umschrieben, die für Nutzer*innen via PC, Laptop oder Smartphone zur Verfügung stehen. Diese Instrumente basieren auf den bereits seit Mitte der 1970er Jahren bewährten Konzepten der Computer- bzw. Videospiele (das erste Computerspiel für den Heimgebrauch, das den Massenmarkt erreicht hat, war das von Ralph Baer entwickelte *Pong* aus dem Jahr 1975 auf einer Atari-Konsole). Diese Anwendungen machen sich zunutze, dass kommerzielle Computerspiele in der Bevölkerung bereits seit Jahrzehnten äußerst breit rezipiert werden (im Jahr 2020 nutzten in Deutschland 34 Millionen Menschen regelmäßig Computer- und Videospiele; ▶ Kap. 4.2.2). Auf den ersten Blick ähneln die Serious Games den üblichen Computerspielen (Strategiespiele, Geschicklichkeitsspiele usw.), die jedoch einen rein unterhaltenden Charakter haben. Im Gegensatz dazu behandeln Serious Games *ernste* Inhalte und verfolgen vor allem pädagogische (Vermittlung von Lerninhalten, Wissen und Informationen u. a.) und therapeutische (kognitive Reflexion, Entwicklung von Problemlösefertigkeiten, Psychoedukation, Verhaltensmodifikation u. a.) Ziele, wobei sie gleichzeitig einen unterhaltenden und spielerischen Charakter behalten. Ein gutes

Beispiel wie Gamification ernsten Themen spielerisch begegnet, ist die Website *Personal Investigator* (Aplayspace), auf die Reamer hinweist:

»Personal Investigator uses solution-focused therapy principles to help adolescents address challenges in their lives. In the online game, adolescents visit a detective academy and play the role of a personal investigator hunting for clues that will help them solve a personal problem. Players are given a detective notebook, where they are asked to record their thoughts and ideas. Five solution-focused conversational strategies are mapped into five distinct game areas. In each area, the player meets a character who talks with the player in an informal way and asks the player to answer questions in the notebook. Three of the convenations incorporate videos of adolescents desctibing how they overcame penonal problems by using the strategies desctibed. To complete the game and graduate from the academy, players must complete the tasks set by each character. Upon completing the game, they receive a printout of their notebook« (Reamer 2013, S. 165).

Serious Games beruhen i. d. R. auf der Grundlage von Methoden der operanten Lerntheorie von Burrhus Frederic Skinner und arbeiten mit positivem oder negativem Feedback an die Nutzer*innen. Deren Verhalten (z. B. Cursorbewegungen, Klicks) innerhalb des Spiels wird vom Computer registriert und daraufhin entweder belohnt (führt i. d. R. zu einem Verhaltensaufbau) oder bestraft (führt i. d. R. zu einem Verhaltensabbau). Die Rezeption und die Wirkungen der Serious Games haben zudem entwicklungspsychologische Begründungen. Einerseits ist das Spiel tief in der menschlichen Existenz verwurzelt und dient dem Individuum schon früh bei der Entwicklung seiner Fähigkeiten, Fertigkeiten und Verhaltensweisen; andererseits ist das Spiel eine freiwillige Handlung die innerhalb festgesetzter Grenzen von Zeit, Raum und Regeln stattfindet, ihr Ziel aber *in sich selbst* hat und von positiven Gefühlen der Spannung und des Vergnügens begleitet wird (Brill & Unz 2014, S. 198 f.).

Eine den Serious Games und den o. g. Chatbots verwandtes Angebot stellen die Digitalen Gesundheitsanwendungen (DiGA) dar, die über die Gesetzlichen Krankenversicherungen abgerechnet werden können und somit Patient*innen zur Verfügung stehen. Dies wurde im Rahmen des Digitale-Versorgungs-Gesetzes vom 19. 12. 2019 ermöglicht. Diese digitalen Medizinprodukte umfassen auch interaktive Therapie-Programme für den Bereich der psychischen Erkrankungen (z. B. Depression, Angststörungen, Alkoholabhängigkeit).

Professionsethische Sicht auf Serious Games

Aus professionsethischer Sicht wirft der Einsatz von Serious Games in der Sozialen Arbeit jedoch verschiedene Fragenstellungen auf. So weist Kutscher (2020b, S. 80ff.) darauf hin, dass die meisten Gamification-Anwendungen vorrangig auf der Ebene der Veränderung des Verhaltens arbeiten und letztlich der zweckrationalen Verhaltenssteuerung bzw. Verhaltensoptimierung und Anpassung an gesellschaftlichen Normen dienen. Indem die Technologie ausschließlich sozial erwünschtes Verhalten der Klient*innen belohnt und verstärkt, unterbleibt im Gegenzug eine kritisch-emanzipatorische Auseinandersetzung mit der eigenen Problemlage. Daher stellt sich schließlich die Frage, welche Werte und Normen in den Serious Games eingelagert sind und welche Ideen von Autonomie und von einem guten Leben den Nutzer*innen vermittelt werden sollen.

5.1.2 Beratung und digitale Medien

Professionelle Beratung ist eine zentrale Dienstleistung von Fachkräften der Sozialen Arbeit. Kennzeichnend für die Beratung ist deren Heterogenität, denn sie findet in diversen Handlungsfeldern (z. B. Erziehungsberatung, Schuldnerberatung, Sexualberatung, Suchthilfen, Behindertenhilfen, Migrationshilfen) sowie in unterschiedlichen Settings (ambulant oder stationär, freiwillig oder in Zwangskontexten) statt. Dementsprechend unterschiedlich sind die Adressat*innen, die Ausgangspunkte, Anlässe, Zielsetzungen und der zeitliche Umfang von Beratung. Weil sozialarbeiterische Beratungsprozesse sich auf psychische Aspekte (Gefühle, Gedanken, Wünsche, Erinnerungen, Befürchtungen u. a.), auf soziale Aspekte (sozioökonomische Situation, familiäre Situation, Bildung, Arbeit u. a.) und auch auf sehr private und ggf. intime Themen beziehen können, ist eine vertrauensvolle Arbeitsbeziehung zwischen Fachkraft und Klient*in erforderlich. Daher gilt traditionell das unmittelbare persönliche Gespräch in Präsenz (Face-to-Face) als der Königsweg der Beratung (Pauls & Stockmann 2013, S. 11 ff.; Belardi 2017, S. 177 ff.; Weinhardt & Widulle 2021, S. 136 f.).

Seit Mitte der 1990er Jahre haben sich kontinuierlich diverse Prozesse einer Technologisierung, Mediatisierung und Digitalisierung der sozialarbeiterischen Beratung entwickelt, die das klassische Face-to-Face-Setting zusehends ergänzen oder ersetzen. Ähnliche Prozesse sind auch in den benachbarten Handlungsfeldern der Psychotherapie, der Supervision und des Coachings festzustellen. Die ersten Versuche im deutschsprachigen Raum, Beratungsangebote im Internet via verschlüsselter E-Mail-Kommunikation bereitzustellen, sind im Kontext der Telefonseelsorge entstanden. Zudem wurde im Jahr 1996 von Vertretern der Diözese Würzburg die Webpräsenz *Kummernetz* entwickelt, woraus sich 2000 die *Arbeitsgemeinschaft Christliche Onlineberatung* (ACO) gebildet hat. Ein weiteres Onlineangebot wurde 1997 vom Landesverband der Pro Familia in Baden-Württemberg unter der Bezeichnung *Sextra* entwickelt. Diese beiden frühen digitalisierten Beratungsangebote starteten zunächst als Nischenprodukte, die auf die Pionierarbeit einzelner Personen zurückging, entwickelten sich jedoch aufgrund der starken Nachfrage – mit jeweils über 20.000 Anfragen pro Monat bis zur Jahrtausendwende – zu eigenständigen Diensten mit einem umfangreichen Stab an geschulten professionellen und ehrenamtlichen Mitarbeitenden. In den Folgejahren entwickelte sich das Angebot von digitalisierten Beratungsangeboten im Kontext der Sozialen Arbeit rasant: Bereits 2004 boten über 500 gemeinnützige Einrichtungen diese Dienstleistung an (Peters 2013, S. 160 ff.; Stüwe 2021, S. 773; Weinhardt 2022, S. 2). Diesem Ausbau folgten Qualifizierungsmaßnahmen für Berater*innen (z. B. die Weiterbildung *Einführung in die Onlineberatung* an der Technischen Hochschule Nürnberg), die Entstehung von Fachzeitschriften (z. B. das *e-beratungsjournal.net – Zeitschrift für Online-Beratung und computervermittelte Kommunikation* im Jahr 2005) sowie die Gründung von Fachverbänden (z. B. der *Deutschsprachige Gesellschaft für psychosoziale Online-Beratung – DGOB* im Jahr 2005).

Die inhaltliche und formale Ausgestaltung der digitalen Beratungsangebote ist eng mit drei Entwicklungsprozessen verbunden:

- der technologischen Entwicklung des Internets (z. B. Rechnerleistung, Serverkapazität, Speicherkapazität, Geschwindigkeit der Datenübertra-

gung, Kanäle, Frequenzen, Netzinfrastruktur, Software) und der Leistungsfähigkeit der damit zusammenhängenden Endgeräte der Nutzenden,
- den informationstechnischen Kompetenzen und Qualifikationen der Fachkräfte und der ehrenamtlich Mitarbeitenden in der Beratungspraxis,
- den informationstechnischen Kommunikations- und Informationsmöglichkeiten der Klientel.

Diese drei Prozesse befinden sich seit der Einführung des Internets in einer dynamischen Entwicklung und führen zu ständigen Innovationen, Modifikationen und Ergänzungen, die von allen interessierten Nutzenden ein ständiges Weiterlernen erfordern. Dementsprechend differenziert sind die gegenwärtigen digitalisierten Beratungsangebote. Dies zeigt sich in den vielfältigen Begriffen, die für die technologisierten Beratungs-Settings verwendet werden: Online-Beratung, Online-Therapie, Online-Counseling, Beratung im Netz, virtuelle Beratung, Blended Counseling, Cyber-Counseling, Distance Counseling, E-Beratung, E-Therapie, E-Mental-Health, E-Coaching, E-Counseling, Mobile-Therapy, Mobile-Mental-Health. Für den Bereich der Sozialen Arbeit wird i. d. R. der Begriff *Online-Beratung* als Überbegriff verwendet, der verschiedene Beratungsformen subsumiert.

Online-Beratung

Prinzipiell ist von Online-Beratung nur dann zu sprechen, wenn sie computergestützt und über das Internet vermittelt wird, individuell auf die ratsuchende Person zugeschnitten, dialogisch und interaktiv ist (Kupfer & Mayer 2019, S. 245; Stüwe 2021, S. 773).

Die verschiedenen Formen, in denen digitalisierte Beratung praktiziert werden, sind nicht trennscharf voneinander abzugrenzen, denn sie weisen z. T. vielfältige Überschneidungsflächen auf:

1. Die ursprüngliche Form der Online-Beratung aus den 1990er Jahren ist die verschlüsselte E-Mail-Kommunikation, die auch gegenwärtig noch

von vielen Ratsuchenden genutzt wird. Diese Form war zunächst ausschließlich durch Schriftlichkeit und Textproduktion gekennzeichnet, wurde aber durch die Einführung von Symbolen, Bildern und Zeichen (Emoticons) in ihren kommunikativen Ausdrucksformen erweitert. Die E-Mail-Kommunikation wird i. d. R. als eine asynchrone, zeitversetzte Beratungsform genutzt. Die Beratung via E-Mail bietet einen soliden Datenschutz, wahrt die Privatsphäre und ermöglicht eine persönliche Eins-zu-Eins-Beratung. Für die Klientel ermöglicht die E-Mail-Beratung ein hohes Maß an kommunikativer Selbstbestimmung (z. B. den Text zum selbst gewählten Zeitpunkt absenden, Pausieren, Nutzung von nonverbalen Emoticons als Hinweis auf eigene Befindlichkeiten sowie die Nutzung von selbstproduzierten Bildern). Eine ähnliche jedoch seltener praktizierte Sonderform dieser Beratung stellt die Kommunikation via SMS dar, die insbesondere für Nutzer*innen relevant ist, die keinen Zugang zu bzw. keine Erfahrung mit digitalen Endgeräten haben.

2. Die Online-Beratung via Chat erfolgt ebenfalls durch Schriftlichkeit, Textproduktion und Symbole. Die Unterschiede zur E-Mail-Kommunikation sind jedoch gravierend und liegen in ihrer Synchronität, d. h., die Beratung erfolgt unmittelbar in Echtzeit und die Ratsuchenden und die Beratenden befinden sich gleichzeitig an den Endgeräten. Die Nutzung von Chats ist in einem persönlichen Eins-zu-Eins-Format (Einzel-Setting) möglich und bietet somit einen geschützten Rahmen. Zudem können Chats auch die Privatsphäre von Einzelpersonen verlassen und in einem Gruppen-Setting stattfinden, indem die Anzahl der Diskussionsteilnehmer*innen erweitert wird. Da dieses Setting den Kreis der Ratsuchenden bewusst vergrößert, ermöglicht es neue Kommunikationsmöglichkeiten durch Austausch, Zusammenarbeit und Gemeinschaftsbildung (*Triple-C-Modell: Communication, Collaboration, Community*). Ebenso wie die E-Mail-Beratung ermöglichen Chats der Klientel ein hohes Maß an kommunikativer Selbstbestimmung (z. B. durch Pausieren, die Möglichkeit zu Zurückhaltung, die Nutzung von Emoticons, Bildern etc.).

3. Die Nutzung von audio- und videobasierten Technologien in der Online-Beratung ist eine starke Annäherung an die Kommunikationsform des Face-to-Face-Settings in Präsenz. Diese Form der Online-Beratung

findet in Echtzeit statt und verlässt die Ebene der Schriftlichkeit. Durch die Corona-Pandemie ist in vielen Dienstleistungsbranchen und im Privatbereich die Kommunikation via Videokonferenzen (z. B. von den Anbietern *Zoom* und *Skype* oder Instant-Messenger-Diensten) eine weitverbreitete Alltagspraxis geworden und hat persönliche Treffen in der realen Welt ersetzt. Trotz ihrer erprobten Alltagstauglichkeit ist Online-Beratung via Audio- und Videosettings jedoch aus mehreren Perspektiven anspruchsvoll und komplex, denn sie setzt neben der Gewährleistung einer hohen Datensicherheit auch eine stabile Internetverbindung, leistungsfähige Endgeräte, ausreichende Bildschirme, Mikrofone, Lautsprecher, ggf. Headsets sowie geschützte Räume voraus. Und es sollten technische Störungen nicht übersehen werden. Denn manches Video-Meeting ist durchsetzt mit verzweifelten Rufen wie z. B. »Können Sie mich noch/wieder/hören/sehen?« (Weinhardt 2022, S. 6). Zudem ist zu berücksichtigen, dass die Bildschirm-Kommunikation zu einem anhaltenden, starren Blick auf den Monitor führen kann, der für Fachkraft und Klient*in anstrengend ist. Hinzu kommt, dass eine Videositzung ggf. einen unerwünschten Blick in das Privatleben, den Alltag und den Haushalt der Klientel ermöglichen kann. Wichtig ist auch eine Vereinbarung über den Umgang mit technischen Störungen wie z. B. partiellem Bildausfall, Tonausfall oder Einfrieren (Sümmerer 2020, S. 352 f.).
4. Der Begriff Blended Counseling umschreibt eine Beratungspraxis, die Formen der persönlichen Face-to-Face-Beratung in Präsenz sowie alle o. g. Formen der Online-Beratung, der SMS-Kommunikation und des klassischen Telefonats umfassen kann. Es findet hier also eine Kombination beider Settings statt. Zu welchen Anteilen und zu welchem Umfang diese beiden Formen in Anspruch genommen werden, muss jeweils individuell mit den Klient*innen vereinbart werden und hängt von deren Anliegen, Bedürfnissen und Möglichkeiten zur Nutzung digitaler Medien ab. Ebenso ist die Umsetzung von Blended Counseling von der technischen Ausstattung der Beratungsstelle und den digitalen Kompetenzen der Beratenden abhängig. Durch die Mischung von verschiedenen Kommunikationssettings ist Blended Counseling möglicherweise in der Lage, zu einer lebensweltnahen, flexibleren und niedrigschwelligen Beratung beizutragen und dadurch Kontaktabbrü-

che zu reduzieren. So könnten die Fachkräfte bei kurzen E-Mail-Anfragen der Klientel – zwischen zwei Terminen in Präsenz – direkt reagieren, um auf diese Weise zu einer Intensivierung und Stabilisierung des Beratungsprozesses beizutragen (Flammer & Hörmann 2018, S. 15 ff.; Kupfer & Mayer 2019, S. 245 f.).

Die Zielgruppen, für die eine Nutzung von Beratung via digitaler Medien potentiell attraktiv und vorteilhaft ist, sind äußerst heterogen und umfassen Personen,

1. die aus verschiedenen Gründen nicht oder nur erschwert in die Beratungsstelle kommen können, z. B. aufgrund körperlicher oder psychischer Einschränkungen, die deren individuelle Mobilität begrenzen,
2. die aufgrund beruflicher oder familiärer Verpflichtungen starke zeitliche Einschränkungen haben,
3. die aufgrund einer großen räumlichen Entfernung zwischen Wohnort und Beratungsstelle einen enormen Anfahrtsweg haben, z. B. Bewohner*innen des ländlichen Raums,
4. für die ein Face-to-Face-Setting in Präsenz eine zu große kommunikative Hürde darstellt und die ansonsten keinen Weg in eine persönliche Beratung gefunden hätten, weil deren Anliegen ggf. schambehaftet, stigmatisierend oder angstauslösend sind,
5. für die die Anonymität, Asynchronität sowie die Möglichkeit zur rein schriftlichen Kommunikation ein höheres Maß an Kontrolle/Sicherheit bietet,
6. für die Aspekte der Ökologie und des Klimaschutzes wichtig sind und die daher auf die Fahrt zur Beratungsstelle mit motorisierten Transportmitteln verzichten möchten.

Zu berücksichtigen ist hierbei, dass für alle Zielgruppen eine wichtige Voraussetzung für die Nutzung von Online-Beratung die Einführung von Pauschalgebühren (Flatrate-Tarife) zu Beginn der 2000er Jahre ist, die die Kosten der Nutzung von Kommunikationstechnologien reduzierte. Bedeutend ist zudem der Ausbau der Netzinfrastruktur, die überhaupt erst eine hohe Geschwindigkeit in der Übertragung von großen Datenvolumen realisiert.

Die o. g. Nutzungsaspekte bzgl. der Zielgruppen sind allesamt Begründungen für die Attraktivität, das Potential und die Nutzbarkeit von Online-Beratung und sie entsprechen dem *Triple-A-Modell* (Accessibility, Affordability, Anonymity). Die zunehmende Verwendung mobiler Endgeräte und die hohe Verbreitung von Smartphones in nahezu allen Bevölkerungs- und Altersgruppen haben weitere Rückwirkungen auf die Nutzungspraxis von Adressat*innen der Online-Beratung. Durch den oft intensiven Gebrauch von Mobilgeräten sind viele Ratsuchenden i. d. R. ständig online aktiv und erreichbar, unabhängig von Ort, Zeit und Kontext. Für die Klientel ist es dadurch auch en passant möglich, sich unmittelbar bzw. asynchron Beratung einzuholen oder auch in Echtzeit an Beratungssitzungen (z. B. Chats) teilzunehmen, obwohl sie sich ggf. an keinem geschützten, privaten Ort befinden. Diese Möglichkeiten der Mobilkommunikation unterstreichen die Lebensweltorientierung, Niederschwelligkeit und Barrierefreiheit von Online-Beratung. (Flammer & Hörmann 2018, S. 18; Kreidenweis 2018; Kupfer & Mayer 2019, S. 247 ff.; Klein & Pulver 2020, S. 193 ff.).

Die Entwicklung und Rezeption der Online-Beratung in der Sozialen Arbeit seit Ende der 1990er Jahre kann durchaus als Erfolgsgeschichte gesehen werden. Sie hat sich neben der persönlichen Beratung in Präsenz fest als Dienstleistung und Setting etabliert. Während der Corona-Pandemie wurde auch in dem benachbarten Handlungsfeld der Psychotherapie die digitalisierte Fernbehandlung (Videosprechstunde, Videotherapie) durch eine Anpassung der diesbezüglichen Regelungen und die Installation von Verschlüsselungstechnologien bundesweit ermöglicht und letztlich wohl auch aus pragmatischen Gründen breit rezipiert und positiv bewertet. Eine Befragung aus dem Jahr 2020 mit 3.500 Psychotherapeut*innen zeigte zudem, dass immerhin 90 % der Befragten planen, auch nach dem Ende der Pandemie weiterhin Videobehandlungen durchzuführen (Bundespsychotherapeutenkammer 2022).

Wenngleich die Online-Beratung aufgrund ihrer Triple-A- und Triple-C-Eigenschaften viele Adressat*innen erreicht hat, die sonst nie den Zugang zur einer sozialarbeiterischen Beratung in Präsenz gefunden hätten, ist im Gegenzug davon auszugehen, dass dieses digitale Angebot bei verschiedenen Zielgruppen bereits vorhandene soziale Ungleichheiten reproduziert und verstärkt hat (Klein & Pulver 2020, S. 192). Auch hier zeigt sich das exkludierende Potential der Digitalen Kluft (▶ Kap. 4.1), die vulnerable Gruppen wie ältere, bildungsferne sowie kognitiv und körperlich beeinträchtige Menschen von der Nutzung der Online-Beratung ausschließen kann. Zudem ist darauf hinzuweisen, dass im Gegensatz zu einer persönlichen Beratung in Präsenz durch ein ausschließlich digitales Beratungssetting viele nonverbale Informationsübermittlungen zwischen den Akteur*innen verloren gehen können: z. b. Körpersprache, Mimik, äußeres Erscheinungsbild, Gestik, Habitus, Stimmlage, Blickkontakt, Atmung, Geruch (Sümmerer 2020, S. 353). Es sind gerade diese Informationen, die für die gegenseitige Bildung einer vertrauensvollen Arbeitsbeziehung zwischen Fachkraft und Klient*in wichtig sind. Weinhardt weist in diesem Zusammenhang darauf hin,

> »dass sich Berater:innen und Adressat:innen in einer gemeinsamen videografischen Inszenierung befinden, in der sich z. b. über Objektivbrennweite der Webcam, gewähltem Bildausschnitt, Körperpositionierung, Displaygröße sowie Auflösung und Flüssigkeit der Übertragung ein gemeinsames Raumerleben konstituiert, das wesentlich darüber entscheidet, ob Videoberatung als wechselseitige Guckkastenbühne, Panopticon oder (beispielsweise durch natürlich wirkende Sichtachsen) gemeinsames, immersives Tun erlebt wird« (Weinhardt 2022, S. 8).

Diese Besonderheiten sprechen letztlich dafür, dass überall dort, wo es in der Praxis der Sozialen Arbeit möglich ist, eine Mischform zwischen Präsenz- und Online-Beratung anzubieten, so wie sie im Modell des Blended Counseling konzipiert ist.

5.1.3 Digitale Öffentlichkeitsarbeit sozialer Organisationen

Das Wissen um die Bedeutung des Internets für Jugendliche und junge Erwachsene ist für die strategische Ausgestaltung der Öffentlichkeitsarbeit der Trägerorganisationen der Sozialen Arbeit von großer Bedeutung. Denn insbesondere Angehörige der jüngeren Generationen verbringen vergleichsweise viel Zeit im Internet, kommunizieren und informieren sich über Online-Dienste. Das bedeutet, dass die Angebote der sozialen Organisationen im Netz präsentiert werden müssen, um von jungen Menschen (potentiellen Klient*innen und deren Angehörigen) überhaupt wahrgenommen zu werden. So ist es mittlerweile selbstverständlich, dass alle deutschen Spitzenverbände der Freien Wohlfahrtspflege und deren Mitgliedsorganisationen über eigene Internetpräsenzen in Form von Websites verfügen. Der zeitliche, personelle und finanzielle Aufwand für die Einführung und die dauerhafte Betreuung von eigenen Websites und Aktivitäten in den Sozialen Netzwerken ist jedoch hoch. Insbesondere kleinere, nur regional tätige soziale Organisationen müssen daher prüfen, welche Aktivitäten den größten Nutzen versprechen hinsichtlich der Erreichung der Zielgruppe, der Reichweite, der Interaktionsrate und der Weiterverbreitung von Inhalten (Gartzke 2014, S. 143).

Kreidenweis plädiert in diesem Zusammenhang für eine »radikal kundenfokussierte Konfiguration« der digitalen Dienstleistungen:

> »Das beginnt schon bei den Öffnungszeiten: Welcher Dienst ist erreichbar, wenn in der Familie abends oder am Wochenende über soziale Probleme gesprochen wird? Kann gleich online ein Beratungstermin gebucht werden? Steht eine Chat-Hotline zur Verfügung?« (Kreidenweis 2018).

Das Informationsangebot der Websites und Social-Media-Aktivitäten von sozialen Organisationen darf also nicht statisch organisiert sein und nur Wissen über die Träger und deren Unterstützungsangebote erhalten. Interessierte sollten sich darüber hinaus über aktuelle Aktivitäten und spezielle Projekte der Institutionen informieren können und die Möglichkeit zu einer interaktiven Kommunikation haben. Im Gegenzug werden die Leistungen von sozialen Organisationen und Diensten (Pflege, Beratung, Erziehungshilfen usw.) von Klient*innen und deren Angehörigen über privatwirtschaftliche Online-Bewertungsportale (z. B. werpflegtwie GmbH) kommentiert, empfohlen oder kritisiert. Diese Bewertungen erstrecken sich bisweilen auch auf die Benutzerfreundlichkeit oder die Übersichtlichkeit der Websites von sozialen Einrichtungen. Unter dem Aspekt der Öffentlichkeitsarbeit ist die Beobachtung von Bewertungsportalen für die Organisationen also durchaus relevant, denn das gebündelte Feedback von Klient*innen kann potentielle Kund*innen bzgl. deren Entscheidung zur Kontaktaufnahme beeinflussen. Zudem können diese Bewertungen – auch wenn sie ggf. manipuliert sein sollten – das Bild einer Einrichtung in der digitalen Öffentlichkeit prägen.

Um Adressat*innenkreise aus der Generation der Digital Natives
(▶ Kap. 4.1.1) einen niedrigschwelligen Zugang anzubieten, kann es für
Trägerorganisationen attraktiv erscheinen, ihre Kommunikationsformen
an der digitalen Alltagspraxis von jüngeren Menschen auszurichten und
hierfür die Sozialen Netzwerke zu nutzen. So verfügen alle o. g. Spitzenverbände
über Unternehmensseiten z. B. beim Branchenführer Facebook.
Die Nutzung dieser lebensweltnahen Angebote in den Sozialen Netzwerken durch Hilfesuchende kann jedoch zu Problemen bzgl. des Datenschutzes und der Wahrung der Privatsphäre führen. Denn alle Sozialen
Netzwerke sind im Besitz von privatwirtschaftlichen Anbietern, deren
Geschäftsmodell u. a. darauf basiert, möglichst viele nutzerbezogene Informationen/Daten zu sammeln, auszuwerten, personenbezogene Profile
zu erstellen um diese ökonomisch zu verwerten. Durch jeden Klick einer
Person auf eine Seite in den Netzwerken werden in der Folge automatisch
Metadaten produziert, registriert, gespeichert, analysiert und Partnerunternehmen oder Datenhändlern (Listbroker, Adressbroker, Datenbroker)
zu Werbezwecken zur Verfügung gestellt. Kutscher skizziert hierzu:

>»Sobald sie die Facebookseite bspw. einer Schuldnerberatung, eines Frauenhauses, einer stationären Hilfeeinrichtung o. ä. besuchen oder Kontakt aufnehmen,
> entstehen Metadaten, die seitens der Anbieter mit personenbezogenen Daten
> kombiniert und ausgewertet werden und sie in den Daten, die auch an Dritte
> weitergegeben werden, als Klient*innen psychosozialer Dienste erkennbar machen« (Kutscher 2020b, S. 85).

Letztlich ist dieser technologische Vorgang vielen Nutzer*innen – also
auch Klient*innen – nicht transparent oder wird von ihnen billigend in
Kauf genommen. Aber die Aggregation von personenbezogenen Daten
kann durchaus zu negativen Konsequenzen führen, z. B. wenn die gesammelten Informationen über eine*n Nutzer*in durch algorithmische
Berechnungen kombiniert und als *prekär* oder *problematisch* bewertet
werden und somit zu einem negativen personenbezogenen Profil (z. B.
personalisiertes Negativ-Scoring bei Kreditinstituten oder Versicherungsunternehmen) führen. Dies gilt natürlich auch für Personen, die innerhalb
der Netzwerke die Seiten von sozialen Organisationen besuchen. Denn
diesen Vorgang bewertet ein Algorithmus (in Abgleich mit anderen aggregierten Daten) möglicherweise als ein Interesse bzw. Bedarf der*des
Nutzer*in an psychosozialen Diensten und deklariert diese*n als potentiell

hilfebedürftige Person. Für soziale Organisationen besteht durch ihre Präsenz in der Sozialen Netzwerken also ein ethisches Dilemma: einerseits ein sehr niederschwelliges Angebot für internetaffine Interessent*innen anzubieten; andererseits die Datensicherheit der Nutzer*innen zu bewahren. In der Literatur werden bzgl. einer Lösung dieses Dilemmas zwei Positionen diskutiert:

1. Reamer (2013, S. 167f.) schlägt vor, dass die Interessent*innen zunächst transparent über die Erfassung und Verarbeitung ihrer Metadaten aufgeklärt werden und danach ggf. eine informierte Zustimmung erteilen. Problematisch an diesem Vorschlag ist jedoch, dass die Verwertung, die Verfügbarkeit, die Weitergabe und der Zugriff auf diese Daten letztlich unüberschaubar ist und von einer sozialen Organisation auch nicht geregelt werden kann.
2. Dolinsky und Helbig (2015, S. 64) empfehlen, dass in den Sozialen Netzwerken keine Erwähnung von sozialpädagogischen Inhalten durch soziale Organisationen stattfindet. Dies hätte letztlich zur Folge, dass ihre Präsenz auf den Netzwerken die Interessent*innen nicht mehr über ihre Angebote informieren könnten und damit auch ihren eigentlichen Zweck nicht mehr erfüllen könnte (Kutscher 2020b, S. 88f.).

Datensicherheit

In Anbetracht dieser beiden Positionierungen erscheint es wichtig, dass die sozialpädagogischen Fachkräfte über ein ausreichendes IT-Wissen verfügen, um die potentielle Gefährdung der informationellen Selbstbestimmung ihrer Klientel realistisch einzuschätzen zu können – zumindest dann, wenn diese dienstliche Online-Angebote innerhalb des Hilfeprozesses (z. B. Formulare) nutzt. Zudem sollten in der Arbeit mit Klient*innen auch nur digitale Online-Instrumente eingesetzt werden, deren Vertrauenswürdigkeit hinsichtlich der Datenerfassung und -sicherheit weitgehend gewährleistet ist; d.h., dass der Missbrauch oder der Diebstahl sensibler Daten, die z.B. über elektronische Klient*innenakten oder Online-Beratung generiert wurden, ausgeschlossen ist. Um darüber hinaus eine weitergehende strukturelle Benachteiligung von marginalisierten Gruppen durch Datenmissbrauch nach der privaten Nutzung von unseriösen Websites zu reduzieren, wäre es zudem wichtig, dass die Klientel über diese potentiellen Gefahren von Fachkräften systematisch informiert werden – im Sinne einer aufklärenden Medienpädagogik (Roeske 2018, S. 17; Görder 2020, S. 19).

Die Voraussetzung für ein solches professionelles Handeln bilden für Siller u. a. (2020, S. 326 f.) die drei folgenden Dimensionen, die ein medienkritisches und medienkundliches Grundwissen repräsentieren, über das die Fachkräfte der Sozialen Arbeit verfügen sollten:

1. Orientierungswissen über eine mediatisierte Gesellschaft, über mediale und technologische Entwicklungen im Zusammenspiel mit sozialen und kulturellen Wandlungsprozessen,
2. Kenntnisse über die Auswirkungen der Entwicklungen in der mediatisierten Gesellschaft auf Lebenswelten und Lebenslagen der Adressat*innen sowie
3. eigene Medienkompetenz in Verbindung mit Kenntnissen und Fähigkeiten im Umgang mit Medien in der Gesellschaft.

In Anbetracht dieser vielfältigen Einsatzmöglichkeiten der in diesem Kapitel behandelten digitalen Werkzeuge in der Praxis der Sozialen Arbeit sowie in Anbetracht der zunehmend digitalisierten Lebenswelten ihrer Klientel wird deutlich, dass viele Fachkräfte künftig vor der Aufgabe stehen werden, ihr Kompetenzprofil um digitales Wissen und Können zu erweitern um die Erfordernisse ihres sich weiter technologisierenden Arbeitsumfelds erfüllen zu können. Wenn digitale Kompetenzen also zusehends zu einer handlungsfeldübergreifenden »Querschnittsqualifikation aller Sozialarbeiter*innen« (Görder 2020, S. 19) werden, dann stehen die Hochschulen vor der Aufgabe, ihren Studierenden dieses digitale Wissen und Können zu vermitteln, um sie angemessen auf diese Anforderungen der Berufswelt vorzubereiten. Und in Anbetracht des o. g. Nachholbedarfs sollte dies zeitnah geschehen. Die Vermittlung grundlegender digitaler und medialer Kompetenzen für Sozialarbeitende fällt zunächst dem Bereich der akademischen Ausbildung im Rahmen der Lehrpläne von Bachelor- und Masterstudiengängen sowie von Zertifikatskursen zu; andererseits wird es in Zukunft aber auch eine dauerhafte Weiterbildungsaufgabe der sozialen Organisationen sein, ihre Beschäftigten über die relevanten informationstechnologischen Entwicklungen in ihrem professionellen Handlungsfeld auf dem aktuellen Stand zu halten, im Sinne eines lebenslangen Lernens.

5.2 Algorithmen und Prognosen

5.2.1 Grundbegriffe

Algorithmus

Algorithmus ist ein zentraler Begriff der Computerprogrammierung. Indem ein Algorithmus in einer für Maschinen kompatiblen und festgelegten Sprache präzise Anweisungen codiert, entsteht ein Software-Programm. Ein Algorithmus ist also eine exakte Verfahrensanweisung, die in einer definierten Abfolge von einzelnen Verarbeitungsschritten durchzuführende Teilhandlungen nach einem bestimmten, sich wiederholenden Schema festlegt. In diesem Sinne ist ein Algorithmus in der Datenverarbeitung eine Art Rezept, um eine spezifische Aufgabe in eindeutig beschriebenen Schritten nach vorgegebenen Mustern zu lösen.

Aufgrund der Leistungsfähigkeit der modernen Computertechnologie, die in hoher Geschwindigkeit gigantische Datenmengen (Big Data Analytics) verarbeitet, können sogenannte *lernende* algorithmische Systeme nicht nur strukturierte Daten (z. B. aus Formularen), sondern auch unstrukturierte Daten (z. B. Sprache, Filme, freie Texte, Bilder) analysieren. Durch die Verrechnung einer Vielzahl dieser heterogenen Informationen/Daten und auf der Grundlage von statistischen Wahrscheinlichkeiten können diese

Systeme komplexe Vergleiche anstellen, Zusammenhänge verknüpfen, Ähnlichkeiten, Regelmäßigkeiten, Gemeinsamkeiten und Beispielfälle eigenständig identifizieren. Die Funktionsweise und Leistungsfähigkeit dieses Prozesses erfordert die Verfügbarkeit von großen Datenmengen. Während des Verarbeitungsprozesses erstellt das System Klassifikationen und Kategorien, wodurch es sich selbst in seiner Genauigkeit und Mustererkennung präzisiert.

Künstliche Intelligenz (KI)

Lernende algorithmische Systeme werden auch als *Künstliche Intelligenz* (KI) bezeichnet. Von herkömmlichen Computerprogrammen unterscheidet sich die KI also durch ihre Eigenschaft, dass sie zu Aufgabenstellungen letztlich selbst Lösungswege erarbeiten kann, dabei eigene Fehler selbst korrigiert sowie sich dadurch – idealerweise – kontinuierlich verbessert. Es ist aber darauf hinzuweisen, das zum gegenwärtigen Zeitpunkt die KI als eine »schwache KI« bezeichnet werden muss, d. h., dass sie trotz aller Komplexität (Mustererkennung, Machine Learning, Black-Box-Phänomen u. a.) prinzipiell immer noch durch klassische Algorithmen determiniert ist. In Gegensatz dazu könnte eine (ggf. zukünftige) »starke KI« selbständige Transferleistungen realisieren, also das autonome Erlernen von bisher unbekannten Konzepten sowie deren Anpassung an neue Rahmenbedingungen (Fehling 2013, S. 5; Capurro 2017; Schneider & Seelmeyer 2018, S. 22 f.; Müller-Brehm u. a. 2020b, S. 7; Görder 2021, S. 2; Menne 2021, S. 47).

Die Analyse von großen Datenmengen durch algorithmische Systeme dient in den verschiedensten Wissensgebieten dazu, z. B. Hypothesen für künftige Entwicklungen zu erstellen. In vielen privatwirtschaftlichen Branchen (z. B. dem Aktienhandel) werden bereits seit mehreren Jahren auf der Basis einer algorithmischen Analyse von großen Datenmengen Prognosen erstellt und wirtschaftliche Entscheidungen eingeleitet. Auch im Personalbereich werden bisweilen algorithmische Systeme eingesetzt, z. B. bei Stellenbesetzungen, um eine Vorauswahl unter den Bewerbungen zu treffen, oder bei der Überwachung und Bewertung von Mitarbeiter*innen während deren Arbeit am Dienstcomputer (Wolfangel 2021, S. 24). D. h., dass diese Systeme ggf. Entscheidungen über die berufliche Entwicklung von Personen beeinflussen können. Den algorithmusbasierten Prognosen wird häufig dabei eine hohe Genauigkeit zuschrieben. Denn sie suggerieren eine größere Objektivität, da sie aus komplexen Berechnungen auf der Grundlage von digitalisierten Informationen entstammen und dadurch eine scheinbar neutrale technologische Instanz repräsentieren. Dies im Gegensatz zu den – möglicherweise durch menschliche Emotionen verzerrten –subjektiven Einschätzungen von Fachkräften aus der Praxis.

Es ist jedoch festzustellen, dass die digitalen Prognosen nicht neutral sind, sondern Personen diskriminieren können. Denn empirische Befunde zum *Algorithmic Bias* zeigen, dass die Auswertung unstrukturierter Daten zu systematischen Verzerrungen führen kann und rassistische oder sexistische Stereotype und Vorurteile gegenüber bestimmten Gruppen sogar noch verstärkt (▶ Kap. 1.3). Die bereits bestehende Benachteiligung von vulnerablen Bevölkerungsgruppen kann also im Rahmen algorithmischer Datenanalyse reproduziert werden, was zu weiterer Ungleichbehandlung, Ungerechtigkeit und Schädigung führen kann. Roeske stellt hierzu fest:»Je weiter Personen sich am Rande der Gesellschaft bewegen, desto stärker unterliegen sie der Macht von Unternehmen und umso höher ist die Chance der Diskriminierung durch Daten« (Roeske 2018, S. 17). Entscheidend für die Entstehung von Algorithmic Bias bei selbstlernenden Systemen ist die Zusammensetzung der Eingabedaten, in denen bereits subtile Werturteile bzw. Vorurteile inkludiert sein können. Bei den Verarbeitungsprozessen von großen Datenmengen wird das System sich dann immer wieder bei jedem Durchlauf auf diese ursprünglichen Vorurteile beziehen und sie reproduzieren. Die Strukturen, Vorgehensweisen und Bewertungsmuster, die die KI währenddessen selbst erlernt, sind aufgrund der enormen Datenmengen und der Komplexität der Verarbeitungsprozesse weder für die Entwickler*innen noch für die Nutzer*innen unmittelbar nachvollziehbar. Zudem führt diese Funktionsweise von KI direkt zum Black-Box-Phänomen, d. h. dem Problem, dass für die Nutzer*innen i. d. R. nicht identifiziert werden kann, aufgrund welcher Faktoren ein algorithmisches System zu einer Empfehlung oder Entscheidung gekommen ist (Görder 2021, S. 9). Letztlich können die Nützlichkeit und die

Fehlerhaftigkeit der Prognosesysteme in Handlungsfeldern der Sozialen Arbeit wohl erst durch eine Einzelfallanalyse in der Praxis durch Fachkräfte sichtbar gemacht werden.

Professionsethische Fragestellungen bzgl. Algorithmen

Die potentielle Diskriminierung von Menschen durch algorithmische Systeme wirft eine Reihe von professionsethischen Fragestellungen auf, die Themen wie Transparenz, Schadensvermeidung und Verantwortung umfassen: Von wem wurde die Entwicklung dieser Systeme in Auftrag gegeben, finanziert und produziert? Welchen Nutzen sollen diese Systeme haben? Sind bei der Erstellung des Algorithmus bereits diskriminierende Vorurteile der Entwickler*innen oder Auftraggeber*innen eingeflossen? Von wem und mit welchem Ziel werden diese Systeme in der Praxis eingesetzt? Können die Entwickler*innen der selbstlernenden Systeme überhaupt noch deren innere Verarbeitungsprozesse und Entscheidungswege nachvollziehen und diese im Bedarfsfall korrigieren? Ist den Anwender*innen transparent, wie die algorithmischen Ergebnisse zustande gekommen sind und welche Aspekte dabei wie gewichtet wurden? Sind die algorithmischen Entscheidungen fachlich angemessen? Sind technische Fehlfunktionen möglich, die zu falschen Berechnungen und Ergebnissen führen? Erfüllen algorithmisierte Entscheidungssysteme dieselben Regeln, die wir auch an menschliche Fachkräfte ansetzen würden? Wer übernimmt letztlich die Verantwortung für die Entscheidungen solcher Systeme? (Schrödter u. a. 2018, S. 2 ff.; Görder 2020, S. 17 ff.; Kutscher 2020a, S. 353 ff.; Kutscher 2020b, S. 78 ff; Müller-Brehm u. a. 2020c, S. 73 f.).

5.2.2 Anwendungsgebiete in der Praxis

Privatwirtschaftlich agierende Internetkonzerne wie Google, Facebook oder Amazon setzen bereits seit vielen Jahren Big Data Analytics ein, um solide Prognosen für künftiges Verhalten ihrer Nutzer*innen zu erstellen. Dabei geht es in erster Linie um kommerzielle Gewinnmaximierung durch die Beeinflussung des Kaufverhaltens der Nutzer*innen mittels des Einsatzes von individuell zugeschnittenen Marketingtechniken (*Nudging*, ▶ Kap. 3.3). In der Praxis der Sozialen Arbeit wird gegenwärtig die Anwendung von algorithmischen Systemen zur Diagnostik und Prognostik diskutiert, die sich insbesondere auf Risiko- und Gefährdungsbereiche beziehen: den Bereichen der Kinder- und Jugendarbeit (Kinderschutz, Kindeswohlgefährdung, s. u.) und z. T. auch in der Bewährungshilfe (Risikoorientierung, Rückfallprophylaxe; vgl. hierzu Schierz 2022). Prognostische Systeme werden zudem bereits seit einigen Jahren in der Praxis der Polizeiarbeit erprobt und im Bereich der Kriminalitätsprävention eingesetzt. Insofern geben sie einen ersten indirekten Hinweis auf die potentiellen Vor- und Nachteile des Einsatzes dieser Technologien in der Praxis der Sozialen Arbeit.

Kriminalitätsprävention

In seiner berühmten Kurzgeschichte *Minority Report* aus dem Jahr 1956 skizziert der amerikanische Autor Philip K. Dick eine Technologie im Dienste polizeilicher Kriminalitätsprognostik. In der hierfür spezialisierten Abteilung *Prä-Verbrechen* wurde ein Verfahren entwickelt, um noch nicht begangene Straftaten zu prognostizieren und sie durch rechtzeitigen dienstlichen Zugriff zu verhindern. Die Technologie der *Prä-Verbrechen* basiert auf den Vorhersagen von drei hellsichtigen Menschen – Donna, Jerry und Mike –, deren zumeist unzusammenhängende Orakelsprüche den ganzen Tag über von einer Analysemaschine aufgezeichnet und mittels eines Algorithmus verglichen, zusammengefügt, visualisiert und kodiert werden. Durch dieses Procedere erfolgt letztlich eine solide Risikoeinschätzung bzgl. künftiger Straftaten. Die Abteilung *Prä-Verbrechen* in Dicks Kurzgeschichte arbeitet überaus erfolgreich und hat dazu geführt, dass schwerkriminelle Straftaten um »neunundneunzig Komma acht Prozent« (Dick 2014, S. 137) reduziert wurden und der letzte Mord bereits fünf Jahre zurückliegt. Die gegenwärtig im deutschsprachigen Raum – und in der Realität – praktizierten polizeilichen Strategien, durch die zukünftige Verbrechen zuverlässig prognostiziert und verhindert werden sollen, werden als *Predictive Policing* bezeichnet. Diese vorhersehende Polizeiarbeit basiert natürlich nicht auf den Mitteilungen von menschlichen Orakeln wie Donna, Jerry und Mike, sondern auf Algorithmen und Big-Data-Analysen. Auf der Grundlage der Daten von bereits begangenen Straftaten werden Variablen wie z. B. Art des Verbrechens, Täter*innenverhalten, Ausführung, Ort, Zeit, An- und Abfahrtswege analysiert sowie Muster errechnet um eine Risikoprognose zu erstellen – also: wann und wo sich welche Verbrechen ereignen werden.

In Deutschland wurden Tests dieser Technologien erstmals 2010 in Nordrhein-Westfalen durchgeführt. Mittlerweile haben nahezu alle Bundesländer entsprechende Software-Systeme von kommerziellen Anbietern (z. B. Microsoft, IBM) oder selbst erstellte Systeme in der Polizeiarbeit eingeführt. Bislang arbeiten die einzelnen Bundesländer zumeist mit jeweils unterschiedlichen Programmen, die nicht über die Ländergrenzen hinweg mit anderen Software-Systemen kompatibel sind. Aufgrund des Fehlens einer übergreifenden zentralen Datenverwaltung zwischen den Bundesländern gehen also noch vielfältige Informationen verloren. Zudem werden wegen datenschutzrechtlicher Einschränkungen von den Systemen keine personenbezogenen Daten erfasst und verarbeitet, sondern nur die durch polizeiliche Einsätze ermittelten Informationen von Einbrüchen, Autoaufbrüchen und anderen Verbrechen (Diehl & Kartheuser 2018).

Die Kriminalitätsprävention nach dem gegenwärtig praktizierten *Predictive Policing* ist also sehr weit von dem umfassenden Überwachungsapparat des *Minority Report* entfernt. Denn die algorithmischen Prognosen beschränken sich bislang insbesondere auf ortsgebundene Aussagen und weisen tagesaktuell auf besonders gefährdete Wohnviertel hin, in denen ein höheres Risiko auf Straftaten besteht. Dies führt in der Einsatzplanung dazu, dass in diesen vermeintlich gefährdeten Gebieten verstärkt Polizeipräsenz durch Patrouillen erfolgt. Diese Praxis kann jedoch Auswirkungen auf das Zusammenleben und das soziale Gefüge einer ganzen Stadt haben. Einige Bewohner*innen eines solchen Gebietes werden die vermehrte Polizeipräsenz begrüßen und sich sicherer fühlen; andere Bewohner*innen hingegen werden in ihrem Sicherheitsgefühl irritiert, denn es kann durch die häufigeren Patrouillen subjektiv der Eindruck entstehen, in einem riskanten Milieu zu leben. Des Weiteren kann durch die Stadtgesellschaft eine ungerechtfertigte Etikettierung dieses Wohnviertels als gefährlicher

5.2 Algorithmen und Prognosen

Ort oder sozialer Brennpunkt erfolgen, so dass dessen Bewohner*innen stigmatisiert werden und zudem der Wert der dortigen Immobilien sinkt. Im Gegensatz dazu werden durch verstärke Patrouillen in einem Wohnviertel die Kapazitäten für polizeiliche Präsenz in anderen Stadtgebieten, die vom Algorithmus als weniger gefährdet eingestuft werden, reduziert (Kartheuser 2018).

Der Einsatz von algorithmischen Prognose-Systemen in der Polizeiarbeit birgt also schon gegenwärtig die Gefahr der Diskriminierung. Denn bereits die genutzte kommerzielle Software kann stigmatisierende Vorurteile und Verzerrungen enthalten, die zu systematischen Benachteiligungen von marginalisierten Bevölkerungsgruppen führen, z. B. wenn der Algorithmus Wohnviertel mit einem höheren Ausländer*innenanteil automatisch als gefährlicher einstuft. Görder (2020, S. 18) weist in diesem Zusammenhang darauf hin, dass die Software *COMPAS (Correctional Offender Management Profiling for Alternative Sanctions)*, die in New York, Wisconsin, Kalifornien und Florida eingesetzt wird und von amerikanischen Gerichten zur Prognose der Rückfallgefährdung von Straffälligen genutzt wird, Ungleichbehandlung aufgrund von ethnischer Zugehörigkeit produziert. Da die kommerziellen Hersteller dieser Systeme i. d. R. ihren Quellcode nicht offenlegen, können mögliche Bias von den Polizeibehörden nicht überprüft werden und sie müssen den Ergebnissen der Berechnungen schlechterdings vertrauen. In einem freiheitlich-demokratischen Rechtsstaat erscheint der Einsatz von umfassenden polizeilichen Prognose-Systemen, die eine personalisierbare Analyse vornehmen, undenkbar. Dennoch ist darauf hinzuweisen, dass es neben dem *Predictive Policing* sowie der klassischen Aktenauswertung bereits jetzt schon vielfältige algorithmische Instrumente zur personalisierten Kriminalitätsprävention gibt, z. B. Überwachung des Verhaltens einer Person im Internet mittels Big Data Analytics sowie fernforensischer Software (z. B. »Bundestrojaner«), Telekommunikationsüberwachung, Analyse von Bewegungsdaten (z. B. Kreditkartenabrechnungen, Mobiltelefon-Einwahlen, Überwachungskameras, Gesichtserkennungsverfahren).

Bislang wurden derart umfassende Maßnahmen nur partiell bzw. aus besonders schwerwiegenden Gründen (z. B. zur Abwehr von terroristischen Anschlägen) von den Behörden eingesetzt. Es ist aber offensichtlich, dass der Einsatz all dieser Instrumente und die algorithmische Verarbeitung aller dort gewonnenen Informationen letztlich zu gläsernen Bürger*innen ohne Privatheit führen würden und Dicks Vision eines Überwachungsstaats tatsächlich nicht mehr fern wäre.

Im Gegenzug ist zu beachten, dass die Funktionalität von komplexen algorithmischen Systemen nur dann gewährleistet ist, wenn sie Zugriff auf ausreichend große Datenmengen hat. So musste das vom Bayerischen Landeskriminalamt seit 2014 in den Städten Nürnberg und München eingesetzte *Pre Crime Observation System* (Precobs) im Oktober 2021 dauerhaft eingestellt werden, da durch die Corona-Pandemie deutlich weniger Einbrüche registriert wurden und somit die Datengrundlage für eine solide algorithmische Prognostik gefehlt hat (Bayerisches Landeskriminalamt 2021).

Kindeswohlgefährdung

Die Gefährdung des körperlichen und seelischen Wohls von Kindern und Jugendlichen durch erlittene Vernachlässigung, durch Ausbeutung, durch seelische und körperliche Misshandlungen oder durch sexuelle Gewalt innerhalb von Familien stellt eine massive Notfallsituation dar, auf die die Soziale Arbeit unmittelbar reagieren muss. Die Schutzmaßnahmen, die in solchen Fällen von den Jugendämtern, den Familiengerichten sowie den Einrichtungen der Kinder- und Jugendhilfe getroffen werden, können gravierende Konsequenzen für die Familiensysteme haben, z. B. die Herausnahme des Kindes aus der Familie, die Inobhutnahme und die Unterbringung in der stationären Heimerziehung (Britze 2020, S. 68 ff.). Zudem sind strafrechtliche Konsequenzen für ein oder beide Elternteile möglich. In der Praxis der Sozialen Arbeit stellt eine begangene, nicht verhinderte Kindeswohlgefährdung, die letztlich sogar bis zum Tod eines Kindes führen kann, das schlimmste Szenario dar. Insofern fällt der Entwicklung von präventiven Maßnahmen zur Verhinderung von familiärer Gewalt und Missbrauch eine hohe Bedeutung zu. Traditionellerweise beruhte die

5.2 Algorithmen und Prognosen

Praxis der jugendamtlichen Prognosestellung bzgl. einer Kindeswohlgefährdung auf der Diskussion und Interpretation von allen fallbezogenen Informationen, die einer Fachkraft vorlagen: z.b. Akten, Dokumente, Protokolle von Hausbesuchen, Gespräche mit den Betroffenen, strukturierten Interviews, Genogrammen, Zeichnungen der Kinder, Fremdbeurteilungen von Erzieher*innen, Lehrkräften oder Ärzt*innen. Die Urteilsbildung der Fachkräfte erfolgte daraufhin entweder unsystematisch »intuitiv-diskursiv« alleine auf der Basis von Berufserfahrung, Fachwissen, kollegialer Beratungen, Vergleichen mit Fällen aus der Vergangenheit sowie Bauchgefühl oder »fallrekonstruktiv-diskursiv« durch eine systematische, methodischen Prinzipien und Regelungen folgende Erhebung, Sichtung, Strukturierung, Gewichtung und Diskussion aller fallbezogenen Informationen in einer gemeinsamen Teamsitzung mit allen beteiligten Fachkräften, d.h. auf der Grundlage kollegialer Berufserfahrung und kollegialen Fachwissens (Schrödter u.a. 2018, S. 3f.).

Durch die Novellierungen des *Kinder- und Jugendhilfegesetzes* (insbesondere § 8a SGB VIII, 2005) und das *Gesetz zur Stärkung eines aktiven Schutzes von Kindern und Jugendlichen* von 2012 wurde die Entwicklung und der Einsatz von diversen standardisierten Instrumenten zur Risikobewertung und Gefährdungsprognostik forciert. »Hatten 2004 nur sechs Prozent der Jugendämter ein verbindliches Dokumentationsverfahren, waren es 2008 schon 51 und 2014 ganze 99%« (Dahmen 2020, S. 37). Das in Deutschland bewährteste der strukturierten Einschätzungsinstrumente ist der *Stuttgarter-Düsseldorfer-Kinderschutzbogen* (KSB: erstmals 2002, modifiziert 2006, aktuelle Version 2015). Der Bogen wurde bereits 2008 evaluiert (Strobel u.a.) und wird seit Jahren in der Praxis der Jugendämter eingesetzt. Bei der Entwicklung dieses umfangreichen standardisierten Instrumentariums wurden auch Ergebnisse der empirischen Forschung zu kindlichen Grundbedürfnissen sowie Risiko- und Schutzfaktoren, die mit Kindeswohlgefährdung korrelieren, berücksichtigt. Der KSB steht den Fachkräften in Papierform und als Access-Datenbank (Microsoft) zur Verfügung. Der Kinderschutzbogen ist überaus umfangreich und umfasst insgesamt 14 mehrseitige Bögen. davon vier altersdifferenzierte Bögen zur diagnostischen Beurteilung des Kindes/Jugendlichen (null bis drei Jahre, drei bis sechs Jahre, sechs bis 14 Jahre, 14 bis 18 Jahre) sowie drei altersdifferenzierte Bögen zur Beurteilung der elterlichen Erziehungsfähigkeit (null bis sechs Jahre, sechs bis 14 Jahre, 14 bis 18 Jahre). Hinzu kommen Beurteilungsbögen der Fachkräfte bzgl. Risikofaktoren, Sicherheitseinschätzungen, Gefährdungen, Ressourcen, Prognosen sowie Meldebögen (Landeshauptstadt Stuttgart & Landeshauptstadt Düsseldorf 2015). Der KSB dient den Fachkräften jedoch nicht nur zur Gefährdungsprognostik und Risikoklassifikation, sondern auch als ein Instrument zur breiten fallbezogenen Informationserfassung, zur Dokumentation, zur Einschätzung des erzieherischen Bedarfs sowie zur Diskussion der Hilfeplanung. Ganz ähnlich wie auch bei den zahlreichen anderen Bögen, die deutschlandweit in den Jugendämtern eingesetzt werden und sich mehr oder weniger an dem Stuttgart-Düsseldorfer Modell orientieren. Schrödter u. a. bezeichnen diese Form der Prognosebildung als »klassifikatorisch-diskursiv« (2018, S. 4f.).

Eine zunächst ähnlich erscheinende Form der Urteilsbildung stellen die aktuarialistischen Prognoseinstrumente dar, z. B. das *California Family Risk Assessment (CFRA)-Tool*, das 1998 vom Children's Research Center im Rahmen des *Structured Decision Making (SDM)-Projects* entwickelt wurde. Der CFRA dient ausschließlich dem Zweck der Risikoeinschätzung zur Kindeswohlgefährdung und beurteilt die Wahrscheinlichkeit zukünftiger Gefahren innerhalb einer Familie. Die aktuelle Version dieses kurzen Fragebogens aus dem Jahr 2015 enthält 16 Items, die sich direkt auf die Erfassung von Anschuldigungen bzgl. vergangener und gegenwärtiger Vernachlässigung oder Misshandlung/Missbrauch eines Kindes, auf dessen psychische Gesundheit, auf die Wohnsituation, auf Vorstrafen, auf Alkohol- und Drogenkonsum in der Familie beziehen; hinzu kommen sechs Zusatzfragen für weitere Risikofaktoren: »child gender identity/sexual orientation, unmarried partner of the primary caregiver, adults in the household who are not caregivers, household employment status, caregiver isolation, and safe and stable housing« (Mickelson, LaLiberte & Piescher 2017, S. 8). Der Fragebogen wird im ersten Schritt von der zuständigen Fachkraft ausgefüllt, die zuvor alle fallbezogenen Informationen gesichtet und beurteilt hat. Im zweiten Schritt erfolgt die Eingabe der Beurteilungen in die Software, die eine vollautomatisierte statistische Prognose einer Kindeswohlgefährdung auf der Grundlage empirischer Forschungsergebnisse (z. B. Schutz- und Risikofaktoren) ermittelt.

Diese Form der »klassifikatorisch-statistischen Urteilsbildung« (Schrödter u. a. 2018, S. 5) ist zwar kein selbstlernendes System im Sinne einer KI, es hat jedoch eine hohe Treffsicherheit und verändert dadurch die bisherige professionelle Entscheidungsfindung in der Praxis grundlegend. Indem das CFRA der Statistik den zentralen Platz zur Urteilsfindung einräumt, entsteht eine Konkurrenz zu den traditionellen diskursiv-fallverstehenden Praktiken der Fachkräfte und deren professionellen Prognosekompetenzen (Schneider & Seelmeyer 2018, S. 23). Aktuarialistische Instrumente in der Kindeswohlgefährdung werden daher in berufspolitischen Diskussionen als Treiber einer Deprofessionalisierung von Fachkräften der Sozialen Arbeit thematisiert. Auch wenn sich ihre Aufgabe lediglich auf die Prognose beschränkt und sie keine Aussagen über ursächliche Problemzusammenhänge, mögliche Lösungsstrategien oder geeignete Interventionsmethoden machen (Schrödter u. a. 2018, S. 5 f.; Schneider & Seelmeyer 2018, S. 23; Dahmen 2021, S. 36). Dennoch entsteht in der Praxis bzgl. der Risikoprognostik ein Ungleichgewicht: Einerseits belegen die Ergebnisse von Metastudien, dass statistische Verfahren eine deutlich höhere Vorhersagequalität als diskursive Verfahren haben; andererseits werden in Organisationen, in denen Instrumente zur systematischen Risikoeinschätzung zur Verfügung stehen, diese von den Fachkräften kaum oder nur zur abschließenden Dokumentation bereits erfolgter Urteilsbildungen eingesetzt (Gutwald u. a. 2021, S. 12.).

Perspektivisch besteht durch den Einsatz von selbstlernenden Prognosesystemen die Gefahr, dass sich durch die Analyse von großen strukturierten und unstrukturierten Datenmengen mittels statistischer Mustererkennung technologisch generierte Vorhersagekriterien für eine Kindeswohlgefährdung entwickeln, die zu einer starken Normierungs- und Normalisierungstendenz beitragen (Schneider & Seelmeyer 2018, S. 23; Görder 2020, S. 18). Denn deren Risikobeurteilung basiert auf quantifizierbarer sozialer Durchschnittlichkeit bzw. Unauffälligkeit und könnte jede Abweichung von der Norm als Gefahr interpretieren. Durch die selbstlernenden Systeme könnte also eine verzerrende Konstruktion von gesellschaftlicher Normalität entstehen, die jede autonome Form von individueller Lebensführung als potentielles Risiko etikettiert. Für Prognosen im Bereich der Kindeswohlgefährdung könnte dies bedeuten, dass z. B. eine von der Norm abweichende Wohnsituation einer Familie (beispielsweise in einem Campingwagen auf einem sogenannten Landfahrerplatz) unmittelbar zu einer Risikoprognose und einer Interventionsempfehlung führen könnte. Ebenso könnten Elternteile, die in der Vergangenheit straffällig geworden sind und eine Haftstrafe verbüßt haben, unter besonderem Verdacht bzgl. einer Kindeswohlgefährdung stehen. »Für den Kindesschutz wären solche Effekte besonders problematisch, da dies eine ohnehin schon stark stigmatisierte Gruppe trifft, die dann umso stärker Gegenstand des Verdachts und der Kontrolle wäre« (Schrödter u.a. 2018, S. 9).

Solange es jedoch noch keine belastbaren Hinweise darauf gibt, dass eine Kindeswohlgefährdung bereits begangen wurde oder unmittelbar bevorsteht, ist letztlich die Beurteilung, ob die körperliche und seelische Gesundheit eines Kindes in einer Familie prognostisch bedroht ist, auch abhängig von der Beurteilung kultureller, sozioökonomischer, gesellschaftspolitischer und religiöser Wertvorstellungen (Görder 2020, S. 19). Denn diese vorurteilsbehafteten Vorstellungen beeinflussen die Erwartungen auf zukünftiges Verhalten der Betroffenen. Die umfassende, fachliche Bewertung all dieser Faktoren auf das Gesamtbild spezieller Falldynamiken ist von grundlegender Bedeutung für das Fallverstehen – sie kann jedoch inhaltlich kaum durch Algorithmen erstellt werden. Es bedarf daher im Vorfeld einer sozialarbeiterischen Intervention im Kontext von Kindeswohlgefährdung einer präzisen professionellen Deutung der Sachlage aufgrund von fundierten Informationen durch erfahrene Fachkräfte. Die Prognosen und Empfehlungen der algorithmischen Systeme können dabei eine wichtige aber nicht *die* wichtigste Informationsquelle darstellen.

5.3 Berufspolitische Perspektiven

Die Verwendung von personalisierter, fallbezogener algorithmusbasierter Prognostik und KI in der Risikoanalyse bei Kindeswohlgefährdung, Kriminalitätsprävention oder Rückfallprophylaxe wird auf unabsehbare Zeit ein hochaktuelles Thema bleiben, das in der Fachwelt weiterhin äußerst kontrovers diskutiert werden wird (etwa Schrödter u. a. 2018; Görder 2020; Kutscher 2020a, 2020b). Denn die professionsethischen und rechtlichen Fragestellungen, die der künftige Einsatz dieser Systeme in der Praxis der Sozialen Arbeit erzeugen könnten, sind überaus komplex und würden viele althergebrachten Selbstverständlichkeiten in der Interaktion zwischen den Fachkräften und der Klientel erschüttern. Sobald algorithmische Filterungen, Vorstrukturierungen, Bewertungen und Entscheidungsvorschläge in der Einzelfallarbeit von Dienststellen offiziell für die Praxis zugelassen wären, dürften sie von den Fachkräften nicht mehr ignoriert werden, sondern müssten bei der Beurteilung eines Falles berücksichtigt werden. Dadurch würden sich die professionellen Handlungsspielräume und die Autonomie von Fachkräften auf vielfältige Weise einschränken:

- Die scheinbar objektiven statistischen Berechnungen und die vielfältigen personenbezogenen Informationen aus der Technosphäre würden in der Praxis die Fachkräfte in ihrer Wahrnehmung und Sichtweise bzgl. ihrer Klientel beeinflussen und dadurch Auswirkungen auf die künftige Zusammenarbeit und Kommunikation haben. Aufgrund eines möglichen Algorithmic Bias könnten die Systeme auch diskriminierende Zuschreibungen für spezifische Gruppen von Klient*innen tätigen, was zu Verzerrungen der realen fallbezogenen Informationslagen führen kann. Zudem könnten die Prognosesysteme technische Fehlfunktionen produzieren, die zu falschen maschinellen Beurteilungen führen, die wiederum von den Fachkräften nicht als falsch erkannt werden können. Insbesondere bei gravierenden Problemlagen (z. B. Kindeswohlgefährdung) könnten diese Fehlfunktionen also für alle Beteiligten zu massiven negativen Konsequenzen führen (Görder 2020, S. 17).

- Fachkräfte würden ihre eigenen Fallbewertungen, die sie traditionell aufgrund von Vier-Augen-Gesprächen, Dokumentenanalyse und Aktensichtung entwickelt haben, mit den Ergebnissen der algorithmischen Systeme abgleichen müssen. Dabei würden sich zwangsläufig die Fragen stellen: Welchen Wert haben die individuellen Einschätzungen der Fachkräfte, im Gegensatz zu den Empfehlungen, die von einem Algorithmus ermittelt wurden? »Wer traut sich gegen die Software zu entscheiden?« (Kutscher 2020b, S. 87). Die professionelle Autonomie und Urteilsbildung von Fachkräften würden zudem eingeschränkt werden, wenn Entscheidungen stets durch die Hinzuziehung einer vermeintlich objektiven technologischen Instanz abgesichert werden müssten.
- Die algorithmischen Systeme sind nicht nur in der Lage, Risikobewertungen zu ermitteln, sondern könnten darüber hinaus auch automatische Empfehlungen für die weiteren Maßnahmen, die nächsten Schritte in einer Fallbearbeitung sowie Vorschläge für bestimmte Unterstützungsleistungen für einzelne Klient*innen geben. Dadurch könnten die Systeme Einfluss auf die Gestaltung eines Hilfeprozesses nehmen. Zudem könnten sie letztlich empfehlen, welche personellen, zeitlichen und materiellem Ressourcen einzelnen Klient*innen durch die Fachkräfte angeboten werden sollten (Görder 2020, S. 17f.). Hierdurch würden ethische Probleme entstehen, die die Prinzipien der professionellen Fürsorge, Hilfeleistung, Verteilungsgerechtigkeit sowie den Ermessensspielraum von Fachkräften betreffen. Vor allem dann, wenn es durch technische Fehlfunktionen zu falschen Bewertungen kommt und der Klientel berechtigte Leistungen vorenthalten werden. Denn die Grenzen der algorithmischen Systeme zeigen sich vor allem dort, wo es um Verteilungsgerechtigkeit geht, also z.B. bei Entscheidungen, ob Menschen notwendige Ressourcen wie Gesundheitsleistungen, Sozialhilfe, Wohnraum und Sachmittel bereitgestellt werden. Hier können selbstlernende Systeme, deren Empfehlungsgrundlagen im Zweifelsfall intransparent sein können, noch nicht eingesetzt werden. Hier bleibt es essenziell, dass Fachkräfte mit Blick auf die reale individuelle und familiäre Situation der Hilfesuchenden entscheiden und nicht die statistischen Berechnungen (Geuter 2021).
- Nicht alle Problemlagen, Fragestellungen und Themen innerhalb eines sozialarbeiterischen Hilfeprozesses sind quantifizierbar. Insbesondere

komplexe Fallkonstellationen, die von einer Vielzahl von internen und externen Faktoren beeinflusst werden – z. b. die große Familienverbände betreffen, die mit starken Emotionen (Verzweiflung, Hoffnung, Schuld, Ekel, Abneigung, Angst, Hass, Liebe usw.), Wertkonflikten (Loyalitäten, Autonomie, Nicht-Schaden, Förderung von Inklusion u. a.) und individuellen Ressourcen (Talente, Fähigkeiten, Hobbys u. a.) verbunden sind –, können von algorithmischen Prognosesystemen noch nicht adäquat verarbeitet werden (Görder 2020, S. 20). All dies sind aber wichtige Informationen, mit denen Fachkräfte in der Praxis sehr häufig konfrontiert sind und aus denen sie Strategien für den Hilfeprozess entwickeln. Daher sollten sich gerade in diesen komplexen Konstellationen qualitative Unterschiede zeigen, zwischen den algorithmischen Bewertungen und dem professionellen Fallverständnis von erfahrenen Fachkräften auf der Basis einer vertrauensvollen Arbeitsbeziehung zu den Klient*innen.

In Anbetracht der Potentiale der digitalen Prognoseinstrumente werden sich für die Praxis der Sozialen Arbeit im Bereich der Kinder- und Jugendhilfe künftig grundlegende Fragen stellen:

1. Kann in Zukunft durch eine Big-Data-Analyse der algorithmischen Systeme tatsächlich Gewalt und Missbrauch an den Kindern verhindert werden, deren Leid ansonsten unentdeckt durch die zuständigen Behörden geblieben wäre?
2. Wenn dies möglich sein sollte, wäre die Soziale Arbeit dann nicht verpflichtet, diese Systeme prinzipiell in jedem Verdachtsfall einzusetzen, um Schaden von den Opern abzuwenden – auch auf Kosten der persönlichen Datensicherheit der Klientel sowie der professionellen Urteilsbildung von Fachkräften?

Trotz der gegenwärtig noch existierenden technischen Schwächen und trotz der noch starken inhaltlichen Skepsis von Fachkräften gegenüber den algorithmischen Systemen wird es letztlich wohl nur noch eine Frage der Zeit sein, bis umfassende personalisierte Prognosetechnologien in der Praxis der Sozialen Arbeit Einzug halten werden. Sehr wahrscheinlich ist dieser Prozess langfristig nicht mehr aufzuhalten und er wird in der Zukunft auch wesentliche Teile des Berufsbildes und der Praxis der Sozialen Arbeit verändern. Vor dem Hintergrund des gegenwärtigen und künftigen Einsatzes von digitalen Instrumenten in der Praxis der Sozialen Arbeit wird es aus professionsethischer Perspektive (Schrödter u. a. 2018, S. 2; Kutscher 2020b, S. 89; Deutsches Rotes Kreuz 2021; Görder 2021, S. 6) vor allem darum gehen, dafür zu sorgen,

1. dass die Fachkräfte in der Fallarbeit weitestgehende Verantwortlichkeit, Autonomie, Entscheidungskompetenz und Kontrolle behalten,
2. dass die Fachkräfte ihre Klientel vor den potentiellen negativen Folgen dieser technologischen Instrumente schützen (z. B. potentielle Diskriminierung verhindern, Diversität schützen, Datenschutz gewährleisten), sie über potentielle Gefahren durch die Nutzung digitaler Medien informieren sowie deren Lebensqualität verbessern,
3. dass transparent gemacht wird, welche digitalen System wann und mit welcher Zielsetzung in welchem Kontext zum Einsatz kommen sowie welcher Einfluss auf Entscheidungen ihnen zugeschrieben wird,
4. dass dem Einsatz digitaler Systeme in Institutionen widersprochen werden kann, dass deren Wirkmacht auf Entscheidungsprozesse begrenzt wird und letztlich nicht alles was technisch möglich wäre auch angewendet wird,
5. dass Fachkräfte eigene informationstechnologische Kompetenzen erwerben, die sie in die Lage versetzen, die digitalen Systeme im Arbeitsalltag souverän einzusetzen sowie an den innovativen Planungen zum künftigen Einsatz dieser Systeme aktiv mitzuwirken,
6. dass digitale Systeme zur Unterstützung und zur Entlastung der Fachkräfte im Arbeitsalltag eingesetzt werden, aber nicht mit dem Ziel, diese zu ersetzen.

Auch wenn diese berufspolitischen Forderungen in Anbetracht der Wirkmächte der Digitalisierung naiv klingen mögen, so ist es dennoch notwendig, dass durch Fachkräfte der Sozialen Arbeit praxisorientierte Positionen bezogen und Perspektiven entwickelt werden. Denn in Anbetracht der schon jetzt umfassenden Präsenz der Informationstechnologien im beruflichen Alltag und in der Arbeit mit den hilfesuchenden Klient*innen wird es letztlich um die Frage gehen, ob die Soziale Arbeit auch in Zukunft das bleiben wird, was sie heute ist: eine Menschenrechtsprofession.

Zwischenruf anstelle eines Schlussworts

Die Prozesse der Digitalisierung sind vielfältig und komplex. Sie umfassen und durchdringen alle Bereiche des täglichen Lebens: die Arbeitswelt und die Privatheit, die öffentliche und persönliche Kommunikation, das Wirtschaftsleben und den Konsum, die Wissenschaft und die Produktion, die Bildung und die Freizeit. Vor allem kennzeichnet die Digitalisierung die Eigenschaft, dass ihre Entwicklung einen überaus dynamischen Verlauf nimmt und sich dabei stets erneuert, verändert und anpasst. Möglicherweise stehen wir heute – im Jahr 2023 – erst am Anfang eines vielgestaltigen und wandlungsfähigen Prozesses, dessen Siegeszug vor 30 Jahren, am 30. April 1993, mit der Freigabe des World-Wide-Web-Standardbrowsers »libwww« durch das europäische Kernforschungszentrum CERN begann (▶ Kap. 3.3). Dass dies für technologische Produkte des Alltags ein vergleichsweise geringer Zeitraum ist, zeigt die Geschichte und die Entwicklung des Automobils: Seit dem ersten Personenkraftwagen mit Verbrennungsmotor, dem *Patent-Motorwagen Nummer 1* von Carl Benz aus dem Jahr 1886, bis zu den auf Fertigungsstraßen von Robotern massenproduzierten Kraftwagen mit Elektro- oder Wasserstoffantrieb der Gegenwart und den voll digitalisierten selbstfahrenden Modellen der nahen Zukunft hat die Evolution des Automobils nie aufgehört – im Gegenteil, sie schreitet weiter voran. Es ist naheliegend zu prognostizieren, dass sich die Hard- und Softwareprodukte der Digitaltechnologie kurz-, mittel- und langfristig weiterentwickeln werden:

- Die Speicherkapazitäten, die Rechnerleistungen und Datenübertragungsgeschwindigkeiten werden sich weiter erhöhen.
- Die Computerprogramme werden umfassender, praktikabler, funktionaler, leistungsfähiger und benutzerfreundlicher.

- Der Komplexitätsgrad von bereits heute hyperkomplexen Systemen wie der Künstlichen Intelligenz (KI) wird sich weiter steigern.

In Anbetracht dieser immensen soziotechnischen Dynamik haben wir uns entschieden, das Buch nicht mit einem Schlusswort, einem Fazit oder gar einem Resümee zu beschließen, da uns dies zum gegenwärtigen Zeitpunkt völlig unpassend erscheint. Allenfalls ein Zwischenruf erscheint uns hier angemessen. Auch weil viele Themen und Probleme, die wir in diesem Buch behandelt haben, jüngeren Leser*innen schon im Jahr 2033 als veraltet und überholt vorkommen werden und Leser*innen im Jahr 2043 möglicherweise viele Inhalte gar nicht mehr nachvollziehen können bzw. den Text allenfalls als ein historisches Dokument aus der Frühphase der Digitalisierung betrachten.

Auf welche Bereiche und Branchen sich die Digitalisierung im deutschsprachigen Raum in der Zukunft besonders intensiv erstrecken wird, kann derzeit nicht seriös prognostiziert werden. Anzunehmen ist, dass es Bereiche sein werden, in denen aus Sicht der führenden privatwirtschaftlichen Tech-Konzerne die größten finanziellen Gewinne zu erwarten sind. In den vergangenen Jahren haben die Tech-Konzerne insbesondere durch die Vermarktung von personenbezogenen Daten von Millionen von Internet-Nutzer*innen enorme Gewinne erwirtschaftet. Dies zeigt sich nicht zuletzt daran, dass acht der zehn wertvollsten Unternehmen der Welt aus der Software- bzw. Internetbranche stammen, davon sechs aus den USA und zwei aus China (Statista 2021). Die rein kommerzielle Verhaltensbeobachtung von Internet-Nutzer*innen und die Big-Data-Analyse ist das primäre Geschäftsmodell der Digitalisierung unter einer neoliberalen und überwachungskapitalistischen Perspektive. Dieses Geschäftsmodell, das von den großen US-amerikanischen Tech-Konzernen betrieben wird, repräsentiert jedoch nur die eine Seite der Medaille – auf der anderen Seite steht die Digitalisierung in Händen von autoritären Regimen als Instrument der politischen Verhaltenskontrolle, so wie es von der chinesischen Regierung betrieben wird (▶ Kap. 3.3). Sowohl die kommerzielle als auch die autoritäre Instrumentalisierung der digitalen Medien ist eine Gefahr für den Erhalt von Privatheit, Intimität, Selbstbestimmung, persönlicher Freiheit und bürgerlichen Grundrechten. All dies sind letztlich auch unerlässliche Voraussetzungen demokratischer Systeme.

Insofern stellt sich die Frage, ob es in Zukunft möglich sein wird, dass digitale Technologien und Netzwerke neuen Typs entwickelt werden können, die eine ernsthafte Alternative zu den US-amerikanischen und chinesischen Plattformen und Kontrollinstrumentarien darstellen. Mächtige Technologien, Instrumente und Programme, deren Ziel weder die privatwirtschaftliche Gewinnmaximierung noch die politische Unterdrückung ist, sondern die Förderung von Menschenrechten und sozialer Gerechtigkeit.

Die Digitalisierung könnte dann ein *Instrument zur Verbesserung der Welt* sein,

- wenn sie das Gemeinwohl, die Solidarität, die gesellschaftliche Teilhabe und die demokratische Partizipation fördert,
- wenn die Auftraggeber*innen und die Entwickler*innen die Potentiale der algorithmischen Systeme nicht in erster Linie zum Zwecke des Marketings und der Überwachung nutzen würden, sondern für die Förderung von Vielfalt, Pluralismus und Inklusion,
- wenn die Nutzer*innen der digitalen Medien die Souveränität über ihre Daten erhalten und diese nicht mehr als personifizierbarer Rohstoff von Dritten gehandelt werden (Schnurer 2021; Heuser 2021, S. 22).

Schritte in diese Richtung werden in der Europäischen Union durchaus unternommen, z. B. im Rahmen des EU-Projekts DECODE (Decentralised Citizen Owned Data Ecosystem, 2017–2020). Die Idee der Entwicklung eines digitalen Gemeinwohls hat einen hochpolitischen Charakter, möglicherweise sogar einen weltpolitischen, denn sie impliziert einen überaus kritischen Widerspruch zum privatwirtschaftlichen, neoliberalen und profitorientierten bzw. autoritären, überwachenden und sanktionierenden Charakter der gegenwärtigen Digitalisierungsphase und plädiert voller Optimismus für einen neuen Weg (Boeing & Zeug 2022). Denn letztlich wurde die digitale Welt unserer Gegenwart von keinem Gott erschaffen, noch nicht einmal von einem Maschinengott – zum Glück nicht. Sie wurde *nur* von handelnden Menschen mit Plänen, Zielen, Visionen und

Interessen entwickelt und gestaltet, weshalb sie auch durch Menschen weiterentwickelt und neugestaltet werden kann. Ferner sollten überall dort, wo die Digitalisierung zu Gewalt, Diskriminierung, Ausgrenzung, Missbrauch, Manipulation, Ausbeutung und Kriminalität geführt hat, baldmöglichst Veränderungen vorgenommen werden.

Für die Theorie und Praxis der Sozialen Arbeit, zu deren Verantwortungsbereich neben der Arbeit mit Klient*innen im Einzel- und Gruppensetting auch die Arbeit im Gemeinwesen und Sozialraum gehören, sollten daher die aktuellen und künftigen Diskurse bzgl. des digitalen Gemeinwohls von Interesse sein, um in diesem Themenfeld eigene berufspolitische und menschenrechtliche Positionierungen zu entwickeln.

Literatur

Anderson, C. (2013): Das Ende der Theorie. In: H. Geiselberger & T. Moorstedt (Hrsg.): Big Data. Das neue Versprechen der Allwissenheit (S. 124–130). Berlin: Suhrkamp.
Appiah, K. A. (2019): Identitäten. Die Fiktionen der Zugehörigkeit. Berlin: Hanser.
Assheuer, T. (2017): Die Big-Data-Diktatur. In: Die Zeit, 21.12.2017.
Aufenanger, S. (2007): Medienkonservatismus. In: Zeitschrift für Medienpsychologie, 19 (2), S. 76–79.
Baecker, D. (1994): Soziale Hilfe als Funktionssystem der Gesellschaft. In: Zeitschrift für Soziologie, 23 (2), S. 93–110.
Baecker, D. (2007): Studien zu nächsten Gesellschaft. Berlin: Suhrkamp.
Baecker, D. (2013): Metadaten. Eine Annäherung an Big Data. In: H. Geiselberger & T. Moorstedt (Hrsg.): Big Data. Das neue Versprechen der Allwissenheit (S. 156–186). Berlin: Suhrkamp.
Baecker, D. (2018): 4.0 oder Die Lücke die der Rechner lässt. Leipzig: Merve.
Baecker, D. (2019). Digitalisierung und die nächste Gesellschaft. Beitrag zur Redenreihe »Making Sense of the digital Society«. Online verfügbar unter: https://www.bpb.de/mediathek/video/297810/dirk-baecker-digitalisierung-und-die-naechste-gesellschaft/, Zugriff am 17.5.2022.
Bayerisches Landeskriminalamt (2021): Predictive Policing bei der Bayerischen Polizei (27.10.2021). Online verfügbar unter: https://www.polizei.bayern.de/aktuelles/pressemitteilungen/018804/index.html, Zugriff am 1.3.2022.
Beauchamp, T. L. & Childress, J. F. (2012): Principles of Biomedical Ethics. 7. Auflage. Oxford University Press.
Belardi, N. (2017): Beratung. In: D. Kreft, & I. Mielenz (Hrsg.): Wörterbuch Soziale Arbeit. 8. Auflage (S. 177–179). Weinheim & Basel: Beltz Juventa.
Belluck, P. (1996): The Symptoms of Internet Addiction. In: New York Times, 1.12.1995.
Beranek, A. (2021a): Soziale Arbeit im Digitalzeitalter. Eine Profession und ihre Theorien im Kontext digitaler Transformation. Weinheim & Basel: Beltz Juventa.
Beranek, A. (2021b): Auch eine Frage der Menschenrechte: Was ist Künstliche Intelligenz? In: Politikum, 7 (1), S. 4–11.

Bertsche, O. (2014): Die digitale Gesellschaft im Fokus der Medienpädagogik. In: ders. & F. Como-Zipfel (Hrsg.): Digital-interaktive Medien und Soziale Arbeit. Diskurse, Optionen, Risiken (S. 13–59). Coburg: ZKS.

Bertsche, O. & Como-Zipfel, F. (Hrsg.) (2014): Digital-interaktive Medien und Soziale Arbeit. Diskurse, Optionen, Risiken. Coburg: ZKS.

Bertsche, O. & Como-Zipfel, F. (2016): Sozialpädagogische Perspektiven auf die Digitalisierung. In: Soziale Passagen, 8 (2), S. 235–254.

Betancourt, M. (2018): Kritik des digitalen Kapitalismus. Darmstadt: WBG.

Bischof, G., Bischof, A., Meyer, C. u. a. (2013): Prävalenz der Internetabhängigkeit – Diagnostik und Risikoprofile. Online verfügbar unter: https://www.bundesgesundheitsministerium.de/fileadmin/Dateien/5_Publikationen/Drogen_und_Sucht/Berichte/Abschlussbericht/PINTA-DIARI-2013-Kompaktbericht.pdf, Zugriff am 14.5.2022.

BITKOM (2020): In 10 Schritten zum digitalen Staat, Positionspapier. Online verfügbar unter: https://www.bitkom.org/sites/default/files/2020-09/200921_pp_in-10-schritten-zum-digitalen-staat.pdf, Zugriff am 14.5.2022.

Block, K., Deremetz, A., Henkel, A. & Rehbein, M. (Hrsg.) (2022): 10 Minuten Soziologie: Digitalisierung. Bielefeld: transcript.

Boeing, N. & Zeug, K. (2022): »Wenn wir nicht handeln, wird Europa eine digitale Kolonie«. In: Zeit-Online 26.5.2022. Online verfügbar unter: https://www.zeit.de/zeit-wissen/2022/03/digitalisierung-europa-francesca-bria/komplettansicht#print, Zugriff am 1.6.2022.

Bommes, M. & Scherr, A. (1996): Soziale Arbeit als Exklusionsvermeidung, Inklusionsvermittlung und/oder Exklusionsverwaltung. In: R. Merten u. a. (Hrsg.): Sozialarbeitswissenschaft – Kontroversen und Perspektiven (S. 93–119). Neuwied u. a.: Luchterhand.

Bommes, M. & Scherr, A. (2012): Soziologie der Sozialen Arbeit. 2. Auflage. Weinheim & München: Beltz Juventa.

Bonin, H., Gregory, T. & Zierahn, U. (2015): Übertragung der Studie von Frey/Osborne (2013) auf Deutschland, ZEW Kurzexpertise, No. 57. Mannheim: Zentrum für Europäische Wirtschaftsforschung (ZEW). Online verfügbar unter: http://hdl.handle.net/10419/123310, Zugriff am 21.5.2022.

Bostrom, N. (2014): Superintelligenz. Szenarien einer kommenden Revolution. Berlin: Suhrkamp.

Bridle, J. (2018): New Dark Age. Der Sieg der Technologie und das Ende der Zukunft. München: C. H. Beck.

Britze, H. (2020): Sozialrechtliche Rahmung und Steuerungsverantwortung der öffentlichen Jugendhilfe in der Therapeutischen Heimerziehung. In: N. Beck (Hrsg.): Therapeutische Heimerziehung (S. 67–80). Freiburg i. B.: Lambertus.

Brinkemper, P. (2003): Neil Postman ist tot. Aber sein Slogan »Wir amüsieren uns zu Tode« lebt zweideutig weiter. Online verfügbar unter: https://www.heise.de/tp/features/Neil-Postman-ist-tot-3431573.html, Zugriff am 27.3.2022.

Literatur

Brumlik, M. (1987): Reflexionsgewinne durch Theoriesubstitution? Was kann die Systemtheorie der Sozialpädagogik bieten? In: J. Oelkers & H.-E. Tenorth (Hrsg.): Pädagogik, Erziehungswissenschaft und Systemtheorie (S. 232–258). Weinheim & Basel: Beltz.

Bruns, A. (2019): Are Filter Bubbles Real? Cambridge & Meford: Polity Press.

Bundesgesundheitsministerium (2020): Ärzte sollen Apps verschreiben können. Gesetz für eine bessere Versorgung durch Digitalisierung und Innovation (Digitale-Versorgung-Gesetz – DVG). Online verfügbar unter: https://www.bundesgesundheitsministerium.de/digitale-versorgung-gesetz.html, Zugriff am 4.3.2022.

Bundesministerium für Verkehr und digitale Infrastruktur (2021): Der Breitbandatlas. Online verfügbar unter: https://www.bmvi.de/DE/Themen/Digitales/Breitbandausbau/Breitbandatlas-Karte/start.html, Zugriff am 25.6.2021.

Bundespsychotherapeutenkammer (2022): Videobehandlung auch nach der Corona-Pandemie möglich. BPtK, PKV und Beihilfe beschließen dauerhafte Regelung (4.1.2022). Online verfügbar unter: https://www.bptk.de/videobehandlung-auch-nach-der-corona-pandemie-moeglich/, Zugriff am 24.2.2022.

Bunz, M. (2009): Vom Speicher zum Verteiler. Die Geschichte des Internet. Berlin: Kulturverlag Kadmos.

Capgemini Research Institute (Hrsg.) (2021): Digital Mastery. How Organizations Have Progressed in Their Digital Transformations over the Past Two Years. Online verfügbar unter: https://www.capgemini.com/de-de/wp-content/uploads/sites/5/2021/01/Report-Digital-Mastery-1.pdf, Zugriff am 14.5.2022.

Capurro, R. (2017): Digitale Ethik. Online verfügbar unter: http://www.capurro.de/DigitaleEthik.html, Zugriff am 21.6.2021.

Capurro, R. (2020): Ethik der Digitalität. Online verfügbar unter: http://www.capurro.de/ethikderdigitalitaet.html, Zugriff am 21.6.2021.

Castells, M. (2001): Bausteine einer Theorie der Netzwerkgesellschaft. In: Berliner Journal für Soziologie, 11 (4), S. 423–439.

Castells, M. (2017): Der Aufstieg der Netzwerkgesellschaft. Das Informationszeitalter. Wirtschaft. Gesellschaft. Kultur. Band 1. 2. Auflage. Wiesbaden: Springer.

Como-Zipfel, F., Kohlfürst, I. & Kulke, D. (2019): Welche Bedeutung hat Ethik in der Sozialen Arbeit? Berlin & Freiburg i. B.: Deutscher Verein für öffentliche und private Fürsorge e. V. & Lambertus.

Como-Zipfel, F. & Löbmann, R. (2014): Exzessive Onlinespiel- und Internetnutzung als Thema der Sozialen Arbeit. In: O. Bertsche & F. Como-Zipfel (Hrsg.): Digitalinteraktive Medien und Soziale Arbeit. Diskurse, Optionen, Risiken (S. 249–278). Coburg: ZKS.

Dahmen, S. (2021): Risikoeinschätzungsinstrumente im Kinderschutz. Zwischen Standardisierung und situierter Anwendung. In: Sozial Extra, 45 (1), S. 36–41.

DAK-Gesundheit (2020): Mediensucht 2020 – Gaming und Social Media in Zeiten von Corona. Online verfügbar unter: https://www.dak.de/dak/gesundheit/dak-studie-gaming-social-media-und-corona-2295548.html#/, Zugriff am 9.5.2022.

Datenethikkommission der Bundesregierung (2019): Gutachten der Datenethikkommission. Online verfügbar unter: https://www.bmi.bund.de/SharedDocs/downloads/DE/publikationen/themen/it-digitalpolitik/gutachten-datenethikkommission.pdf;jsessionid=0B5166DE495714CBB1048F939F784BDD.2_cid373?__blob=publicationFile&v=6, Zugriff am 14.5.2022.

Davis, R. A. (2001): A Cognitive-Behavioral Model of Pathological Internet Use. In: Computers in Human Behavior, 17 (2), S. 185–195.

Der Spiegel (1976): »Nur noch ein Gott kann uns retten.« Spiegel-Gespräch mit Martin Heidegger. In: Der Spiegel, 30 (23), S. 193–219.

Deutsche Gesellschaft für Soziale Arbeit (2020): Fachgruppen: Soziale Arbeit und Digitalisierung. Online abrufbar unter: https://www.dgsa.de/fachgruppen/soziale-arbeit-und-digitalisierung, Zugriff am 9.5.2022.

Deutscher Berufsverband für Soziale Arbeit (2014): Berufsethik des DBSH. In: Forum Sozial, 20 (4).

Deutscher Berufsverband für Soziale Arbeit (2016): Deutsche Übersetzung der Definition Sozialer Arbeit des FBTS und der DBSH (2016). Online verfügbar unter: https://www.dbsh.de/media/dbsh-www/redaktionell/bilder/Profession/20161114_Dt_Def_Sozialer_Arbeit_FBTS_DBSH_01.pdf, Zugriff am 14.5.2022.

Deutsches Rotes Kreuz (2021): Künstliche Intelligenz und ihre Rolle im Sozialen. Online verfügbar unter: https://drk-wohlfahrt.de/blog/eintrag/kuenstliche-intelligenz-und-die-rolle-im-sozialen, Zugriff am 11.3.2022.

Deutsches Zentrum für Suchtfragen des Kindes- und Jugendalters (2019): Gaming- und Social-Media-Sucht. Informationen für Erwachsene, die viel gamen oder in sozialen Medien aktiv sind. Online verfügbar unter: https://www.dak.de/dak/download/dak-studie-gaming-social-media-und-corona-2296434.pdf, Zugriff am 9.5.2022.

Di Lorenzo, G. (2020): Kann Vergangenheit trösten? In: Die Zeit, Nr. 51, S. 1.

Diagnostisches und Statistisches Manual Psychischer Störungen DSM-IV-TR (2003). Göttingen: Hogrefe.

Diagnostisches und Statistisches Manual Psychischer Störungen DSM 5 (2015). Göttingen: Hogrefe.

Dick, P. K. (2014): Minority Report. In: P. K. Dick, Total Recall Revisited (S. 133–182). Frankfurt a. M.: Fischer.

Dickel, S. & Schrape, J.-F. (2015): Dezentralisierung, Demokratisierung, Emanzipation: Zur Architektur des digitalen Technikutopismus. In: Leviathan, 43 (3), S. 442–463.

Diehl, J. & Kartheuser, B. (2018): Predictive Policing. Ich weiß, was du heute tun wirst. In: Spiegel Online vom 27.1.2018. Online verfügbar unter: https://www.spiegel.de/panorama/justiz/kriminalitaet-in-deutschland-polizei-setzt-auf-computer-vorhersagen-a-1188350.html, Zugriff am 16.9.2021.

Dolinsky, H. & Helbig, N. (2015): Risky Business: Applying Ethical Standards to Social Media Use with Vulnerable Populations. In: Advances in Social Work, 16 (1), Special Issue: Technology, the Internet & Social Work Practice, S. 55–66.

Dreier, M., Duven, E., Müller, K., Beutel, M. & Wölfling, K. (2013): Externalisierung, Internalisierung und die Verbindung zu verschiedenen Idealtypen exzessiver Internetnutzung. In: Suchttherapie, 14. DOI: 10.1055/s-0033-1351598.

Ebner, J. (2019): Radikalisierungsmaschinen. Berlin: Suhrkamp.

Eco, U. (1987): Apokalyptiker und Integrierte. Zur kritischen Kritik der Massenkultur. Frankfurt a. M.: Fischer.

Eggers, D. (2014): The Circle. Köln: Kiepenheuer & Witsch.

Eggers, D. (2021): Every. Köln: Kiepenheuer & Witsch.

Ehrenstein, C. (2012): Datensicherheit: Millionen deutsche Digital Outsider fürchten das Web. In: Die Welt, 28. 2. 2012.

Eichenberg, C. & Auersperg, F. (2018): Chancen und Risiken digitaler Medien für Kinder und Jugendliche. Ein Ratgeber für Eltern und Pädagogen. Göttingen: Hogrefe.

Engelke, E., Spatscheck, C. & Borrmann, S. (2009): Die Wissenschaft Soziale Arbeit. 3. Auflage. Freiburg i. B.: Lambertus.

Ernest & Young (2021): EY Jobstudie 2021: Digitalisierung im Arbeitsleben. Online verfügbar unter: https://assets.ey.com/content/dam/ey-sites/ey-com/de_de/news/2021/10/ey-jobstudie-2021.pdf, Zugriff am 11.11.2021.

Fauth-Bühler, M. & Mörsen, C. (2014): Neurologische Befunde zur Computerspiel- und Internetsucht. In: K. Mann (Hrsg.): Verhaltenssüchte. Grundlagen, Diagnostik, Therapie, Prävention (S. 119–126). Berlin & Heidelberg: Springer.

Fehling, C. u. a. (2013): Algorithmus. In: ders. u. a. (Hrsg.): Kompakt-Lexikon Wirtschaftsinformatik (S. 5). Wiesbaden: Springer Gabler.

Fielitz, M. & Marks, H. (2020): Digitaler Faschismus. Die sozialen Medien als Motor des Rechtsextremismus. Berlin: Dudenverlag.

Flammer, P. & Hörmann, M. (2018): Blended Counseling – flexibel und passgenau beraten. In: ZESO – Zeitschrift für Sozialhilfe, 115 (3), S. 16–18.

Frey, C. B. & Osborne, M. A. (2013): The Future of Employment: How Susceptible Are Jobs to Computerisation? Online verfügbar unter: https://www.oxfordmartin.ox.ac.uk/downloads/academic/The_Future_of_Employment.pdf, Zugriff am 19.5.22.

Frölich, J. & Lehmkuhl, G. (2012): Computer und Internet erobern die Kindheit: Vom normalen Spielverhalten bis zur Sucht und deren Behandlung. Stuttgart: Kohlhammer.

Fuchs, P. & Schneider, D. (1995): Das Hauptmann-von-Köpenick-Syndrom. In: Soziale Systeme, 1 (2), S. 203–224.

Game – Verband der deutschen Games-Branche e. V. (2020): Immer mehr Menschen ab 60 Jahren spielen Games (Pressemitteilung 2.4.2020). Online verfügbar unter: https://www.game.de/immer-mehr-menschen-ab-60-jahren-spielen-games/, Zugriff am 22.5.2021.

Gapski, H. (2021): Big Data und Soziale Arbeit. Kontexte, Beispiele und Perspektiven aus einer kommunikationswissenschaftlichen Sicht. In: P. Hammerschmidt u. a.

(Hrsg.): Big Data, Facebook, Twitter & Co. und Soziale Arbeit. 2., erw. Auflage (S. 74–93). Weinheim & Basel: Beltz Juventa.

Gartzke, U. (2014): Einsatzmöglichkeiten für Social Media-Anwendungen in sozialen Einrichtungen. In: O. Bertsche & F. Como-Zipfel (Hrsg.): Digital-interaktive Medien und Soziale Arbeit. Diskurse, Optionen, Risiken (S. 135–157). Coburg: ZKS.

Geiselberger, H. & Moorstedt, T. (Hrsg.) (2013): Big Data. Das neue Versprechen der Allwissenheit. Berlin: Suhrkamp.

Geuter, J. (2021): Künstliche Intelligenz: Der Fehler liegt im System. In: Zeit-Online 30.9.2021. Online verfügbar unter: https://www.zeit.de/digital/2021-09/kuenstliche-intelligenz-begriffserklaerung-ki-systeme-strukturelle-probleme-gemeinwohl/komplettansicht, Zugriff am 1.10.2021.

Gleich, U. & ARD-Forschungsdienst (2019): Auswirkungen von Echokammern auf den Prozess der Meinungsbildung. In: Media Perspektiven, 2, S. 82–85.

Goldberg, I. (1995): Internet Addictive Disorder (IAD). Diagnostic Criteria [Electronic Version]. Retrieved 13.6.2008 from http://www.psycom.net/iadcriteria.html.

Görder, B. (2020): Wann ist KI OK? Der Einsatz künstlicher Intelligenz in der Sozialen Arbeit aus ethischer Perspektive. In: Soziale Arbeit, 69 (1), S. 16–22.

Görder, B. (2021): Die Macht der Muster. Die Ethik der Sozialen Arbeit vor professionsbezogenen und gesellschaftlichen Herausforderungen durch ›künstliche Intelligenz‹. In: EthikJournal, 2. Online verfügbar unter: https://www.ethikjournal.de/fileadmin/user_upload/ethikjournal/Texte_Ausgabe_2021_2/Goerder_Ethikjournal_2.2021.pdf, Zugriff am 14.5.2022.

Grimm, P. & Müller, M. (2014): Die Meta-Narrative des Social Web. Eine Hinführung zum Thema SocialMania. In: dies. (Hrsg.): SocialMania. Medien, Politik und die Privatisierung des Öffentlichen (S. 7–22). Stuttgart: Franz Steiner.

Grotlüschen, A. u.a. (2019): LEO 2018 – Leben mit geringer Literalität. Online verfügbar unter: http://blogs.epb.uni-hamburg.de/leo, Zugriff am 14.9.2021.

Grüsser, S. M. & Thalemann, R. (2006): Verhaltenssucht – Diagnostik, Therapie, Forschung. Bern: Hogrefe.

Gutwald, R., Burghardt, J., Kraus, M. u.a. (2021): Soziale Konflikte und Digitalisierung – Chancen und Risiken digitaler Technologien bei der Einschätzung von Kindeswohlgefährdungen. In: EthikJournal, 2. Online verfügbar unter: https://www.ethikjournal.de/fileadmin/user_upload/ethikjournal/Texte_Ausgabe_2021_2/Gutwald_u._a._Ethikjournal_2.2021.pdf, Zugriff am 2.3.2022.

Hahn, A. & Jerusalem, M. (2001): Die Internetsuchtskala (ISS). Psychometrische Eigenschaften und Validität. Online verfügbar unter: https://www.andre-hahn.de/downloads/pub/2010/2010_Internetsuchtskala.pdf, Zugriff am 3.3.2021.

Han, B.-C. (2013): Im Schwarm. Ansichten des Digitalen. Berlin: Matthes & Seitz.

Han, B.-C. (2021): Infokratie. Digitalisierung und die Krise der Demokratie. Berlin: Matthes & Seitz.

Literatur

Hannemann, P. (2021): Barrierefreie Software: Die besten Tools zum Download. Diese Apps und Programme helfen Menschen mit Behinderung. In: CHIP vom 2.9.2021. Online verfügbar unter: https://www.chip.de/artikel/Inklusive-Softwa re-Apps-fuer-Menschen-mit-Behinderung_183001054.html, Zugriff am 11.1. 2022.

Heidegger, M. (2000): Die Frage nach der Technik. In: Martin Heidegger Gesamtausgabe, 1. Abteilung: Veröffentlichte Schriften 1910–1976, Band 7, Vorträge und Aufsätze (S. 5–36). Frankfurt a. M.: V. Klostermann.

Helbing, D. (Hrsg.) (2019): Towards Digital Enlightenment. Essays on the Dark and Light Sides of the Digital Revolution. Cham: Springer.

Herbold, A. (2021): Frau Brühl macht auf. In: Die Zeit, 14.10.2021, S. 35.

Herzog, L. (2019): Die Rettung der Arbeit. Ein politischer Aufruf. Berlin: Hanser.

Heuser, U. (2021): Digital, aber gut. In: Die Zeit, 14, S. 22–23.

Heyen, N. B. & Dickel, S. (2019): Was ist Personal Health Science? In: B. N. Heyen u. a. (Hrsg.): Person Health Science. Persönliches Gesundheitswissen zwischen Selbstsorge und Bürgerforschung (S. 1–19). Wiesbaden: Springer VS.

Höffe, O. (2013): Ethik. Eine Einführung. München: C. H. Beck.

Hofstetter, Y. (2016): Das Ende der Demokratie. Wie die künstliche Intelligenz die Politik übernimmt und uns entmündigt. München: C. Bertelsmann.

Horkheimer, M. & Adorno T. W. (1947): Dialektik der Aufklärung. Amsterdam: Querido.

Hussain, S., Sianaki, O. A. & Ababneh, N. (2018): A Survey on Conversational Agents/Chatbots Classification and Design Techniques. Online verfügbar unter: https://www.researchgate.net/publication/331746678_A_Survey_on_Conversa tional_AgentsChatbots_Classification_and_Design_Techniques, Zugriff am 31.12.2021.

Initiative D21 (2021): D21-Digital-Index 2020/21. Jährliches Lagebild zur Digitalen Gesellschaft. Online verfügbar unter: https://initiatived21.de/app/uploads/2021/ 02/d21-digital-index-2020_2021.pdf#page=38, Zugriff am 1.9.2021.

International Classification of Diseases 11th Revision (ICD 11), World Health Organization. Online verfügbar unter: https://icd.who.int/en, Zugriff am 3.3.2021.

Iske, S. & Kutscher, N. (2020): Digitale Ungleichheiten im Kontext Sozialer Arbeit. In: N. Kutscher u. a. (Hrsg.): Handbuch Soziale Arbeit und Digitalisierung (S. 115–128). Weinheim & Basel: Beltz Juventa.

Jörissen, B. & Marotzki, W. (2009): Medienbildung – Eine Einführung. Stuttgart: Klinkhardt/UTB.

Kakutany, M. (2019): Der Tod der Wahrheit. Gedanken zur Kultur der Lüge. Stuttgart: Klett-Cotta.

Kaminsky, C. (2017): Ethik in der Sozialen Arbeit. In: J. Bischkopf u. a. (Hrsg.): Soziale Arbeit in der Psychiatrie (S. 158–174). Köln: Psychiatrie Verlag.

Kaminsky, C. (2021): Digitale Transformation Sozialer Arbeit? – Ethische Orientierungen auf neuem Terrain. In: EthikJournal, 2. Online verfügbar unter: https://

www.ethikjournal.de/fileadmin/user_upload/ethikjournal/Texte_Ausgabe_2 021_2/Kaminsky_Ethikjournal_2.2021.pdf, Zugriff am 4.7.2022.

Kantayya, S. (2020): Coded Bias. USA (netflix.com).

Kartheuser, B. (2018): Forscherin zu Predictive Policing »Gefahr der Diskriminierung«. Interview mit Lorena Jaume-Palasí. In: Spiegel Online vom 27.1.2018. Online verfügbar unter: http://www.spiegel.de/panorama/justiz/predictive-policing-wo-die-gefahren-in-der-arbeit-mit-der-neuen-software-liegen-a-1189340.html, Zugriff am 9.6.2021.

Kielholz, P. & Ladewig, D. (1973): Die Abhängigkeit von Drogen. München: DTV.

King, C. (2020): Schule der Rebellen. Wie ein Kreis verwegener Anthropologen Race, Sex und Gender erfand. München: Hanser.

Klein, A. & Pulver, C. (2020): Onlineberatung. In: N. Kutscher u.a. (Hrsg.): Handbuch Soziale Arbeit und Digitalisierung (S. 190–200). Weinheim & Basel: Beltz Juventa.

Klüsche, W. (1999): Ein Stück weitergedacht. Beiträge aus Theorie und Wissenschaftsentwicklung der Sozialen Arbeit. Freiburg i. B.: Lambertus.

Krämer, S. (2022): Kulturgeschichte der Digitalisierung. Über die embryonale Digitalität der Alphanumerik. In: APuZ, 72 (10/11), S. 10–17.

Kreidenweis, H. (2018): Soziale Arbeit im Wandel. Online verfügbar unter: https://www.caritas-nrw.de/magazin/2018/artikel/soziale-arbeit-im-wandel, Zugriff am 23.11.2021.

Kreidenweis, H. (2021): Sozialinformatik. In: R. Amthor u.a. (Hrsg.): Wörterbuch Soziale Arbeit (S. 823–824). Weinheim & Basel: Beltz Juventa.

Krotz, F. (2007): Mediatisierung. Fallstudien zum Wandel der Kommunikation. Wiesbaden: Springer VS.

Krotz. F. (2017): Mediatisierung. Ein Forschungskonzept. In: ders u.a. (Hrsg.): Mediatisierung als Metaprozess. Transformationen, Formen der Entwicklung und die Generierung von Neuem (S. 13–32). Wiesbaden: Springer VS.

Krüger, U. (2016): Medien im Mainstream. Problem oder Notwendigkeit? In: Pressefreiheit. In: APuZ, 66 (30/32), S. 22–27.

Kucklick, C. (2014): Die granulare Gesellschaft. Wie das Digitale unsere Wirklichkeit auflöst. Berlin: Ullstein.

Kupfer, A. & Mayer, M. (2019): Digitalisierung der Beratung. Onlineberatung für Kinder und Jugendliche und die Frage nach Möglichkeiten des Blended Counseling in der Kinder- und Jugendhilfe. In: Soziale Passagen, 11 (2), S. 243–265.

Kurzweil, R. (2013): Menschheit 2.0. Die Singularität naht. Berlin: Lola Books.

Kutscher, N. (2020a): Ethische Fragen Sozialer Arbeit im Kontext der Digitalisierung. In: N. Kutscher u.a. (Hrsg.): Handbuch Soziale Arbeit und Digitalisierung (S. 347–361). Weinheim & Basel: Beltz Juventa.

Kutscher, N. (2020b): Ethische Fragen im Kontext der Digitalisierung der Sozialen Arbeit. In: C. Kaminsky u.a. (Hrsg.): Digitale Technologien zwischen Lenkung und Selbstermächtigung (S. 76–91). Weinheim & Basel: Beltz Juventa.

Kutscher, N., Ley, T. & Seelmeyer, U. (2014): Mediatisierte Lebens- und Arbeitswelten. Herausforderungen der Sozialen Arbeit durch die Digitalisierung. In: Blätter der Wohlfahrtspflege, 161 (3), S. 87–90.

Landeshauptstadt Stuttgart & Landeshauptstadt Düsseldorf (2015): Kinderschutzbogen, Stand: Februar 2015.

Langer, P. F. (2020): Lessons from China – The Formation of a Social Credit System: Profiling, Reputation Scoring, Social Engineering. In: S.-J. Eom & J. Lee (Hrsg.): dg.o ›20: The 21st Annual International Conference on Digital Government Research (S. 164–174). Online verfügbar unter: https://doi.org/10.1145/3396956.3396962, Zugriff am 14.5.2022.

Lanier, J. (2018): Zehn Gründe, warum du deine Social Media Accounts sofort löschen musst. Hamburg: Hoffmann und Campe.

Latour, B. (2005): Reassembling the Social: An Introduction to Actor-Network-Theory. New York: Oxford University Press.

Levy, S. (1996): Breathing Is also Addictive. Newsweek, 29.12.1996.

Lobo, S. (2019): Realitätsschock: Zehn Lehren aus der Gegenwart. Köln: Kiepenheuer & Witsch.

Lovink, G. (2017): Im Bann der Plattformen. Die nächste Runde der Netzkritik. Bielefeld: transcript.

Lovink, G. (2019): Digitaler Nihilismus. Thesen zu dunklen Seiten der Plattformen. Bielefeld: transcript.

Luhmann, N. (1997): Die Gesellschaft der Gesellschaft. Band 1 und 2. Frankfurt a. M.: Suhrkamp.

Luhmann, N. (2002): Das Erziehungssystem der Gesellschaft. Frankfurt a. M.: Suhrkamp.

Mainzer, K. (2016): Zur Veränderung des Theoriebegriffs im Zeitalter von Big Data und effizienten Algorithmen. In: Berliner Debatte Initial, 27 (4), S. 22–34.

Mann, K. & Fauth-Bühler, M. (2014): Konzept und Positionierung der Verhaltenssüchte in der Klassifikation psychischer Erkrankungen. In: K. Mann (Hrsg.): Verhaltenssüchte. Grundlagen, Diagnostik, Therapie, Prävention (S. 1–7). Berlin & Heidelberg: Springer.

Mau, S. (2017): Das metrische Wir. Über die Quantifizierung des Sozialen. Berlin: Suhrkamp.

Mau, S. (2021): Sortiermaschinen. Die Neuerfindung der Grenze im 21. Jahrhundert. München: C. H. Beck.

McLuhan, M. & Fiore, Q. (2016): Das Medium ist die Massage. Ein Inventar medialer Effekte. 4. Auflage. Stuttgart: Tropen.

Meerkerk, G. J., Van Den Eijnden, R., Vermulst, A. A. & Garretsen, H. F. L. (2009): The Compulsive Internet Use Scale (CIUS): Some Psychometric Properties. In: Cyberpsychology & Behavior, 12 (1), S. 1–6.

Medienpädagogischer Forschungsverbund Südwest (2015): JIM-Studie 2015. Jugend, Information, Medien. Basisstudie zum Medienumgang 12- bis 19-Jähriger.

Online verfügbar unter: https://www.mpfs.de/studien/jim-studie/2019/, Zugriff am 3.3.2021.

Menne, K. (2021): Geld allein macht nicht intelligent. In: Die Zeit, Nr. 45, S. 47.

Mickelson, N., LaLiberte, T. & Piescher, K. (2017): Assessing Risk. A Comparison of Tools for Child Welfare Practice with Indigenous Families. University of Minnesota. Online verfügbar unter: https://cascw.umn.edu/wp-content/uploads/2018/01/Risk-Assessment_FinalReport.pdf, Zugriff am 2.3.2022.

Moll, B. & Thomasius, R. (2019): Kognitiv-verhaltenstherapeutisches Gruppenprogramm für Jugendliche mit abhängigem Computer- oder Internetgebrauch. Göttingen: Hogrefe.

Morozov, E. (2013): Smarte neue Welt. Digitale Technik und die Freiheit des Menschen. München: Karl Blessing.

Mößle, T. & Rehbein, F. (2013): Predictors of Problematic Video Game Usage in Childhood and Adolescence. In: Sucht, 59 (3), S. 153–164.

Müller, K. & Wölfling, J. (2017): ACIA Strukturiertes klinisches Interview zu internetbezogenen Störungen. Online verfügbar unter: http://www.fv-medienabhaengigkeit.de/fileadmin/images/Dateien/AICA-SKI_IBS/Klinisches_Interview_AICA-SKI_IBS.pdf, Zugriff am 14.5.2022.

Müller-Brehm, J., Otto, P. & Puntschuh, M. (2020a): Einführung und Überblick: Was bedeutet Digitalisierung? In: IZPB, 344 (3), S. 4–5.

Müller-Brehm, J., Otto, P. & Puntschuh, M. (2020b): Zentrale Elemente der Digitalisierung. In: IZPB, 344 (3), S. 7.

Müller-Brehm, J., Otto, P. & Puntschuh, M. (2020c): Handlungsspielräume und digitalethische Fragen. In: IZPB, 344 (3), S. 72–77.

Nassehi, A. (2019a): Muster. Theorie der digitalen Gesellschaft. München: C. H. Beck.

Nassehi, A. (2019b): Für welches Problem ist die Digitalisierung eine Lösung? Beitrag zur Redenreihe »Making Sense of the digital Society«. Online verfügbar unter: https://www.bpb.de/mediathek/297838/armin-nassehi-fuer-welches-problem-ist-die-digitalisierung-eine-loesung, Zugriff am 14.5.2022.

Nassehi, A. (2021): Die Lösung wird zum Problem. Vera Linß im Gespräch mit Armin Nassehi. In: tv diskurs, 25 (2), S. 74–79.

Neuberger, C. (2022): Digitale Öffentlichkeit und liberale Demokratie. In: APuZ, 72 (10/11), S. 18–25.

Orwell, G. (1950): 1984. Zürich: Diana.

Österreichische Gesellschaft für Soziale Arbeit (2021): AG Digitalisierung und Soziale Arbeit. Online verfügbar unter: https://www.ogsa.at/arbeitsgemeinschaften/ag-digitalisierung-und-soziale-arbeit/, Zugriff am 14.5.2022.

Palfrey, J. & Gasser, U. (2008): Generation Internet: Die Digital Natives: Wie sie leben – Was sie denken – Wie sie arbeiten. München: Hanser.

Paschke, K., Austermann, M. I. & Thomasius, R. (2020): Assessing ICD-11 Gaming Disorder in Adolescent Gamers: Development and Validation of the Gaming Disorder Scale for Adolescents (GADIS-A). Journal of Clinical Medicine, 9 (4),

S. 993. Online verfügbar unter: https://pubmed.ncbi.nlm.nih.gov/32252305/, Zugriff am 16.5.2022.

Pentland, A. (2014): Social Physics. How Good Ideas Spread – Lessons from a New Science. New York: Penguin Books.

Piesold, R.-R. (2021): Kommunales E-Government: Grundlagen und Bausteine zur Digitalisierung von Verwaltungen. Berlin: Springer Gabler.

Pörksen, B. (2015): Der Hass der Bescheidwisser. In: Der Spiegel 2, S. 72.

Pörksen, B. (2018): Irgendwann wird der größte Medienclown zum Präsidenten: Der Medienwissenschaftler Neil Postman hat schon vor mehr als 30 Jahren einen Donald Trump vorhergesagt. In: Neue Züricher Zeitung vom 21.10.2018. Online verfügbar unter: https://www.nzz.ch/feuilleton/trump-wurde-von-neil-postman-vor-mehr-als-30-jahren-vorhergesagt-ld.1428458, Zugriff am 27.3.2022.

Pörksen, B. (2020): Aufklärungspessimismus als politische Gefahr. Über die falsche Lust am Untergang – eine Einführung. In: ders. & A. Narr (Hrsg.): Schöne digitale Welt (S. 9–17). Köln: Herbert von Halem.

Postman, N. (1988): Wir amüsieren uns zu Tode: Urteilsbildung im Zeitalter der Unterhaltungsindustrie. Frankfurt a.M.: Fischer.

Prensky, M. (2001a): Digital Natives, Digital Immigrants. Online verfügbar unter: https://www.marcprensky.com/writing/Prensky%20-%20Digital%20Natives,%20Digital%20Immigrants%20-%20Part1.pdf, Zugriff am 16.9.2021.

Prensky, M. (2001b): Digital Natives, Digital Immigrants. Part II: Do They Really Think Differently? Online verfügbar unter: https://www.marcprensky.com/writing/Prensky%20-%20Digital%20Natives,%20Digital%20Immigrants%20-%20Part2.pdf, Zugriff am 16.9.2021.

Pynchon, T. (2014): Bleeding Edge. Reinbek: Rowohlt.

Rammert, W. (2016): Technik – Handeln – Wissen. Zu einer pragmatistischen Technik- und Sozialtheorie. 2. Auflage. Wiesbaden: Springer VS.

Randow, G. (2020): Ist der nicht niedlich? In: Die Zeit, Nr. 50 vom 3.12.2020, S. 35.

Reamer, F. (2013): Social Work in a Digital Age: Ethical and Risk Management Challenges. In: Social Work, 58 (2), S. 163–172.

Reckwitz, A. (2017): Die Gesellschaft der Singularitäten. Zum Strukturwandel der Moderne. Berlin: Suhrkamp.

Reckwitz, A. (2018): Digitalisierung und Gesellschaft der Singularitäten. Beitrag zur Redenreihe »Making sense of the digital society«. Online verfügbar unter: https://www.bpb.de/mediathek/video/290024/andreas-reckwitz-digitalisierung-und-gesellschaft-der-singularitaeten/, Zugriff am 4.6.2021.

Reckwitz, A. (2020): Das Ende der Illusionen. Politik, Ökonomie und Kultur in der Spätmoderne. Berlin: Suhrkamp.

Rehbein, F., Kleinmann, T. & Mößle, T. (2009): Computerspielabhängigkeit im Kindes- und Jugendalter: Empirische Befunde zu Ursachen, Diagnostik und Komorbiditäten unter besonderer Berücksichtigung spielimmanenter Abhängigkeitsmerkmale. Kriminologisches Forschungsinstitut Niedersachen, Forschungsbericht Nr. 108.

Rehbein, F., Kleimann, M. & Mößle, T. (2010): Prevalence and Risk Factors of Video Game Dependency in Adolescence: Results of a German Nationwide Survey. In: Cyberpsychology, Behavior and Social Networking, 13 (0), S. 1–9.

Ritschel, G. & Müller, T. (2016): Big Data als Theorieersatz? In: Berliner Debatte Initial, 27 (4), S. 4–11.

Roeske, A. (2018): Digitalisierung Sozialer Arbeit: Widersprüche im fachlichen Handeln. In: Sozial Extra, 42 (3), S. 16–20.

Röll, F. J. (2014): Medienpädagogik an Fach-Hochschulen. In: P. Imort & H. Niesyto (Hrsg.): Grundbildung Medien in pädagogischen Studiengängen (S. 153–164). München: kopaed.

Rosanvallon, P. (2017): Die Gesellschaft der Gleichen. Berlin: Suhrkamp.

Rottkemper, B. & Kühn, M. (2021): Künstliche Intelligenz und ihre Rolle im Sozialen. Online verfügbar unter: https://drk-wohlfahrt.de/blog/eintrag/kuenstliche-intelligenz-und-die-rolle-im-sozialen/, Zugriff am 30.11.2021.

Rumpf, H.-J., Meyer, C., Kreuzer, A. & John, U. (2011): Prävalenz der Internetabhängigkeit (PINTA). Bericht an das Bundesministerium für Gesundheit, Universität Lübeck, Klinik für Psychiatrie und Psychotherapie & Universitätsmedizin Greifswald, Institut für Epidemiologie und Sozialmedizin. Greifswald & Lübeck.

Russ-Mohl, S. (2017): Die informierte Gesellschaft und ihre Feinde. Warum die Digitalisierung unsere Demokratie gefährdet. Köln: Herbert von Halem.

Ryan-Mosley, T. (2021): Warum Schönheitsfilter ein Massenexperiment an Mädchen und jungen Frauen sind. Online verfügbar unter: https://www.heise.de/hintergrund/Warum-Schoenheitsfilter-ein-Massenexperiment-an-Maedchen-und-jungen-Frauen-sind-6152352.html, Zugriff am 14.5.2022.

Schierz, S. (2022): Soziotechnische Arrangements als Grenzobjekt der (risikoorientierten) Bewährungshilfepraxis. In: EthikJournal, 1. Online verfügbar unter: https://www.ethikjournal.de/fileadmin/user_upload/ethikjournal/Texte_Ausgabe_2022_1/Schierz_Ethikjournal_1.2022.pdf, Zugriff am 1.3.2022.

Schildt, A. (2020): Medien-Intellektuelle in der Bundesrepublik. Göttingen: Wallstein.

Schmidt, E. & Cohen, J. (2013): Die Vernetzung der Welt. Ein Blick in unsere Zukunft. Reinbek bei Hamburg: Rowohlt.

Schneider, D. & Seelmeyer, U. (2018): Der Einfluss von Algorithmen. Neue Qualitäten durch Big Data Analytics und Künstliche Intelligenz. In: Sozial Extra, 42 (3), S. 21–24.

Schinzel, B. (2017): Algorithmen sind nicht schuld, aber wer oder was ist es dann? In: FIfF-Kommunikation, 2, S. 5–9. Online verfügbar unter: https://www.fiff.de/publikationen/fiff-kommunikation/fk-2017/fk-2017-2/fk-2017-2-content/fk-2-17-p5.pdf, Zugriff am 14.5.2022.

Schinzel, B. (2022): Von Software-Beton, falschen Vorhersagen und »intelligenter« Diskriminierung. Wie digitale Entscheidungsarchitekturen Menschen und Lebensräume ordnen. In: APuZ, 72 (10/11), S. 26–34.

Schnurer, J. (2021): Bewegt sich was? – Es bewegt sich was! In: Sozial. Das Nachrichtenportal, 26. 4. 2021. Online verfügbar unter: https://www.sozial.de/es-bewegt-sich-was!.html, Zugriff am 1. 6. 2022.

Schrape, J. F. (2021): Digitale Transformation. Bielefeld: transcript/UTB.

Schrödter, M., Bastian, P. & Taylor, B. (2018): Risikodiagnostik in der Sozialen Arbeit an der Schwelle zum »digitalen Zeitalter« von Big Data Analytics. Online verfügbar unter: https://www.researchgate.net/publication/323267949_Risikodiagnostik_in_der_Sozialen_Arbeit_an_der_Schwelle_zum_digitalen_Zeitalter_von_Big_Data_Analytics, Zugriff am 15. 9. 2021.

Schuhler, P. & Vogelsang, M. (2011): Abschalten statt Abdriften: Wege aus dem krankhaften Gebrauch von Computer und Internet. Weinheim & Basel: Beltz.

Schuhler, P. & Vogelsang, M. (2012): Pathologischer PC- und Internet-Gebrauch. Eine Therapieanleitung. Göttingen: Hogrefe.

Schulz, T. (2018): Zukunftsmedizin. München: DVA/Spiegel.

Seelmeyer, U. (2021): Digitalisierung, Informationsgesellschaft. In: R. Amthor u. a. (Hrsg.): Wörterbuch Soziale Arbeit. 9. Auflage (S. 197–201). Weinheim & Basel: Beltz Juventa.

Seelmeyer, U. & Waag, P. (2020): Hybridisierung personenbezogener sozialer Dienstleistungen. In: N. Kutscher u. a. (Hrsg.): Handbuch Soziale Arbeit und Digitalisierung (S. 180–189). Weinheim & Basel: Beltz Juventa.

Seemann, M. (2021): Die Macht der Plattformen. Politik in Zeiten der Internetgiganten. Berlin: Ch. Links.

Selke, S. (2014): Lifelogging. Wie die digitale Selbstvermessung unsere Gesellschaft verändert. Berlin: Econ.

Selke, S. (2016): Ausweitung der Kampfzone. Rationale Diskriminierung durch Lifelogging und die neue Taxonomie des Sozialen. In: ders. (Hrsg.): Lifelogging. Digitale Selbstvermessung und Lebensprotokollierung zwischen disruptiver Technologie und kulturellem Wandel (S. 309–339). Wiesbaden: Springer VS.

Siller, F., Tillmann, A. & Zorn, I. (2020): Medienkompetenz und medienpädagogische Kompetenz in der Sozialen Arbeit. In: N. Kutscher u. a. (Hrsg.): Handbuch Soziale Arbeit und Digitalisierung (S. 315–332). Weinheim & Basel: Beltz Juventa.

Simanowski, R. (2020): Todesalgorithmus. Das Dilemma der künstlichen Intelligenz. Wien: Passagen.

Simanowski, R. (2021): Digitale Revolution und Bildung. Weinheim & Basel: Beltz Juventa.

Simon, J., Wong, P.-H. & Rieder, G. (2020): Algorithmic Bias and the Value Sensitive Design Approach. In: Internet Policy Review, 9 (4). https://doi.org/10.14763/2020.4.1534.

Specht, P. (2018): Die 50 wichtigsten Themen der Digitalisierung. München: Redline.

Spitzer, M. (2006): Vorsicht Bildschirm! Elektronische Medien, Gehirnentwicklung, Gesundheit und Gesellschaft. München: dtv.

Spitzer, M. (2012): Digitale Demenz. Wie wir uns und unsere Kinder um den Verstand bringen. München: Droemer.
Spitzer, M. (2015): Cyberkrank! Wie das digitalisierte Leben unsere Gesundheit ruiniert. München: Droemer.
Spitzer, M. (2018): Die Smartphone-Epidemie. Gefahren für Gesundheit, Bildung und Gesellschaft. Stuttgart: Klett Cotta.
Spitzer, M. (2020): Digitales Unbehagen. Risiken, Nebenwirkungen und Gefahren der Digitalisierung. München: mvg.
Srnicek, N. (2018): Plattform-Kapitalismus. Hamburg: Hamburger Edition.
Staab, P. (2019): Digitaler Kapitalismus. Markt und Herrschaft in der Ökonomie der Unknappheit. Berlin: Suhrkamp.
Stalder, F. (2016): Kultur der Digitalität. Berlin: Suhrkamp.
Statista (2021): Apple ist das wertvollste Unternehmen der Welt (14.6.2021). Online verfügbar unter: https://de.statista.com/infografik/25062/wertvollste-unternehmen-der-welt-nach-marktkapitalisierung/, Zugriff am 14.5.2022.
Statista (2022a): Marktanteile der Suchmaschinen weltweit nach mobiler und stationärer Nutzung im Januar 2022. Online verfügbar unter: https://de.statista.com/statistik/daten/studie/222849/umfrage/marktanteile-der-suchmaschinen-weltweit/, Zugriff am 18.5.2022.
Statista (2022b): Marktanteile der führenden mobilen Betriebssysteme an der Internetnutzung mit Mobiltelefonen weltweit von Januar 2011 bis März 2022. Online verfügbar unter: https://de.statista.com/statistik/daten/studie/184335/umfrage/marktanteil-der-mobilen-betriebssysteme-weltweit-seit-2009/, Zugriff am 18.5.2022.
Staub-Bernasconi, S. (1991): Das Selbstverständnis Sozialer Arbeit in Europa: frei von Zukunft – voll von Sorgen? In: Sozialarbeit, 23 (2), S. 2–32.
Stöcker, C. (2020): Wir sind das Experiment. München: Karl Blessing.
Stremmel, J. (2018): Buchautor Manfred Spitzer. Über einen, der aus Ängsten Geld macht. In: Süddeutsche Zeitung vom 8.5.2018.
Strobel, B., Liel, C. & Kindler, H. (2018): Validierung und Evaluation des Kinderschutzbogens. Ergebnisbericht, München: Deutsches Jugendinstitut.
Summen, G. (2018): Wie fühlst du dich heute? In: ND-aktuell. Online verfügbar unter: https://www.nd-aktuell.de/artikel/1105366.digitaler-seelentroester-wie-fuehlst-du-dich-heute.html, Zugriff am 4.1.2022.
Sümmerer, C. (2020): Psychotherapie auf Distanz? Spezifika und Implikationen der Arbeit mit Videositzungen. In: Psychotherapeutenjournal, 19 (4), S. 350–356.
Süssenguth, F. (2015): Die Organisation des digitalen Wandels. Zur Funktion von Digitalisierungssemantiken in Wirtschaft, Medien und Politik. In: ders. (Hrsg.). Die Gesellschaft der Daten. Über die digitale Transformation der Ordnung (S. 93–121). Bielefeld: transcript.
Thalemann, R., Albrecht, U., Thalemann, C. & Grüsser, S. M. (2004): Fragebogen zum Computerspielverhalten bei Kindern (CSVK): Entwicklung und psychometrische Kennwerte. In: Psychomed, 16 (4), S. 226–233.

Te Wildt, B. (2014): Internetabhängigkeit – Symptomatik, Diagnostik und Therapie. Online verfügbar unter: www.fv-medienabhaengigkeit.de/fileadmin/pdf_doc/internetabhaengikeit01.pdf, Zugriff am 14.5.2022.

Tsitsika, A., Janikian, M. Tzavela, E. u.a. (2013): Internet Use and Internet Addictive Behaviour among European Adolescents: A Cross-Sectional Study. National and Kapodistrian University of Athens (N.K.U. A.), Athens: EU NET ADB. Online verfügbar unter: https://www.narcis.nl/publication/RecordID/publicat%3A1002689, Zugriff am 16.5.2022.

Unz, D. & Brill, M. (2014): Serious Games und Soziale Arbeit. In: O. Bertsche, & F. Como-Zipfel (Hrsg.): Digital-interaktive Medien und Soziale Arbeit. Diskurse, Optionen, Risiken (S. 197–218). Coburg: ZKS.

Valeonti, F., Bikakis, A., Terras, M. u.a. (2021): Crypto Collectibles, Museum Funding and OpenGLAM: Challenges, Opportunities and the Potential of Non-Fungible Tokens (NFTs). In: Applied Sciences, 11 (21), 9931. https://doi.org/10.3390/app11219931.

Van Den Eijnden, R. J., Lemmens, J. S. & Valkenburg, P. M. (2016): The Social Media Sisorder Scale. In: Computers in Human Behavior, 61, S. 478–487.

Vasek, T. (2016): Vernunft und Technik. In: Hohe Luft, 2, S. 74–75.

Waag, P., Schiffhauer, B. & Seelmeyer, U. (2020): Chatbots in der Beratung. In: G. Ernst u.a. (Hrsg.): Digitale Transformation. Arbeit in Dienstleistungssystemen (S. 181–191). Baden-Baden: Nomos.

Wadephul, C. (2016): Führt Big Data zur abduktiven Wende in den Wissenschaften? In: Berliner Debatte Initial, 27 (4), S. 35–49.

Wallis, D. (1997): Just Click No. In: The New Yorker vom 13.1.1997.

Weinhardt, M. & Widulle, W. (2021): Beratung. In: R. Amthor u.a. (Hrsg.). Wörterbuch Soziale Arbeit. 9. Auflage (S. 136–139). Weinheim & Basel: Beltz Juventa.

Weinhardt, M. (2022): Offene Fragen an die Hilfeform Beratung im Spannungsfeld zwischen Digitalität und Digitalisierung. In: EthikJournal, 1. Online verfügbar unter: https://www.ethikjournal.de/fileadmin/user_upload/ethikjournal/Texte_Ausgabe_2022_1/Weinhardt_Ethikjournal_1.2022.pdf, Zugriff am 28.2.2022.

Woebot Health (2022): https://woebothealth.com, Zugriff am 13.7.2022.

Wolfangel, E. (2021): Der Chef sieht alles. In: Die Zeit Nr. 38, S. 24.

Wölfling, K., Jo, C., Bengesser, I. u.a. (Hrsg.) (2013): Computerspiel- und Internetsucht. Ein kognitiv-behaviorales Behandlungsmanual. Stuttgart: Kohlhammer.

Wölfling, K., Müller, K. W. & Beutel, M. E. (2008): Skala zum Onlinesuchtverhalten bei Erwachsenen (OSVe-S). Online verfügbar unter: http://www.mediensucht-paderborn.de/Fragebogen-zum-Thema-Medienabhaengigkeit, Zugriff am 14.5.2022.

Wölfling, K., Müller, K. W. & Beutel, M.E. (2011): Reliability and Validity of the Scale for the Assessment of Pathological Computer-Gaming (CSV-S). In: Psychotherapie Psychosomatik Medizinische Psychologie, 61 (5), S. 216–224.

Wölfling, K., Müller, K. W., Giralt, S. & Beutel, M.E. (2011): Emotionale Befindlichkeit und dysfunktionale Stressverarbeitung bei Personen mit Internetsucht. In: Sucht, 57 (1), S. 27–37.
Young K. S. (1996): Addictive Use of the Internet. A Case that Breaks the Stereotype. In: Psychological Reports, 79 (3), S. 899–902.
Young, K. S. (1998a): Internet Addiction: The Emerge of a New Clinical Disorder. In: CyberPsychology and Behavior, 1 (3), S. 237–244.
Young, K. S. (1998b): Caught in the Net. New York: John Wiley & Sons.
Zöllner, O. (2016): Digitalisierung und Selbstbestimmung. In: tv diskurs, 75 (1), S. 22–25.
Zollo, F., Novak, P. K., Del Vicario, M. u. a. (2015): Emotional Dynamics in the Age of Misinformation. In: PLoS ONE, 10 (9): e0138740. Online verfügbar unter: https://doi.org/10.1371/journal.pone.0138740, Zugriff am 14.5.2022.